REPENSANDO
EL ESTADO DOMINICANO
UNA VISIÓN DE PAÍS

Eglenin Morrison

REPENSANDO
EL ESTADO DOMINICANO
UNA VISIÓN DE PAÍS

Primera Edición Abril 2022
Esta edición cuenta con el auspicio de
la Editora Cosme Peña, S.R.L.
en Santo Domingo, República Dominicana

Impreso en Santo Domingo,
República Dominicana
EDITORIAL COSME PEÑA

Diseño de portada: Frank Calderón
Fotografía: Rafael Terrero Segura
Diagramación: Julio A. Díaz
Corrector de estilo: Samuel Ross

Dedicatoria:

A mi hermosa madre profesora Nelly Amador.
A mi hermana Efigenia Morrison, la persona que más cree en mí.
A Priska por ser mi compañera de viaje, te amo.
A mi Padre Profesor Ramón Morrison.
A mis hijos Maxwell y Marcos y a mis hijos que la vida me
regaló Enzo y Sade.
A Hiddekel Morrison mi Ejemplo desde el día 0.
En memoria de mi amada abuela Dionicia Brito
(cariñosamente Doña Nina).
En memoria de mi amigo Josué Tineo y Dionicio Martínez, algún
día nos volveremos a ver.
En memoria de mi profesora de español Lupe.
En honor a mis abuelos paternos que no conocí,
Egbert Morrison y Efigenia Fortunato.
Y a mi abuelo materno Ramon Amador, gallero de San Cristóbal.
A mis sobrinos: Kelvin, Diego, Nicolás, Hiddekel Joel,
NellyMarie y Megam
A mi cuñado: Kelvin Hernández por su apoyo de siempre.
Aramis y Griseldy Rafael Rodríguez mis dos mejores amigos.
A mis mejores amigas: Zuleika Vargas y Gwendolyne tejeda.
A José Fortunato: más que un primo mi hermano mayor
A mi hermana de otra madre Dra. Heidy Brea
A mis tíos Teófilo Cross y don Pericles Romero.

Agradecientos

*Señor Cosme Peña: Por su impulso, ejemplo de
honestidad y compromiso con nuestro país.
Daniel ivoskus por sus enseñanzas, amistad y por el reto
que pone sobre mis hombros.
A mi hermano de la vida Reynaldo Pérez, al mejor
venezolano Rony Pichardo, a Roberto Espinal.
A Victoria Martínez, en tí veo mi tía Denia que está en el
cielo.
A mi amigo Dilcio Gabin, por creer en el sueño de que
nuestra República Dominicana será mejor.
A Leticia y Augusto Oller, por creer cuando nadie creía.
Frank Calderón, por tu motivación a diario por 20 años
invitando en a que no abandone ni un instante.
Tony Mena, sin usted jamás tuviera kilómetros recorridos
en este viaje.
A Nidia Paulino y su hermosa familia, por ser mi mentora
y amiga fiel, valor tan ausente hoy día,
Ing Julio Paniagua, por atreverte u soñar cuando eras
lustrador de zapatos y hoy ser ingeniero civil de la
universidad donde realizabas la noble labor
de lustrar zapatos, INTEC.*

Eglenin Morrison

Es hijo de la maestra Nelly Amador y del profesor Ramon Morrison, economista de profesión; obtuvo un Máster in Business Administration (MBA) en Phoenix University, Estados Unidos, es facilitador nacional e internacional de temas de liderazgo y alta gerencia.

Es el único dominicano con la certificación internacional en Management y Liderazgo en El Nuevo Milenio, Los 10 retos del mánager eficaz y certificación en auditoría de management, programa avanzado de alta gerencia bajo la metodología de enseñanza del Doctor Peter Drucker, padre de la gerencia moderna y creador de la ciencia de Management, Barcelona (España).

Morrison fué presidente y editor de la revista especializada de liderazgo Business Mag. Revista que entrevistó a empresarios destacados como don Manuel Arsenio Ureña, el señor Moreno fundador de la prestigiosa empresa Bon y otros notables empresarios dominicanos, ha capacitado en liderazgo a más de 20 mil dominicanos y dominicanas en los últimos 15 años.

Expositor de alto impacto en temas de Liderazgo, Gerencia Moderna, Negociación, Trabajo en Equipo, Comunicación Efectiva y Manejo de Conflictos.

Fue catedrático universitario del Instituto Tecnológico de Santo Domingo (INTEC) y de la Pontificia Universidad Católica Madre y Maestra (PUCMM) en la cátedra de liderazgo y éxito.

Después de años impartiendo programas de capacitación y asesorando empresas en todo el país, Eglenin Morrison, con un equipo, en los últimos 12 meses ha recorrido el país en 2 ocasiones las 32 provincias y sus municipios, en estas visitas nacionales Morrison ha auscultado el sentir del país y levantado las necesidades de la gente, aplicando encuestas y escuchando, de primera mano, a la gente, esta ha sido una loable labor en donde ha podido conocer cientos de historias inspiradoras de dominicanos y dominicanas de todos los estratos sociales que le han servido de inspiración y motivación a su compromiso con el presente y el futuro de nuestra amada República Dominicana.

Eglenin Morrison es padre de Maxwell Augusto Morrison y de Marcos Alejandro Morrison quienes son su mayor inspiración; su compañera y ayuda idónea es la doctora Priska Lottermman con quien construye un hermoso proyecto de vida juntos.

TABLA DE CONTENIDO

PRÓLOGO

Existe un sentimiento que describe al pueblo de República Dominicana y lo hablamos a diario con colegas, amigos y con todos aquellos conocidos que hayan tenido la posibilidad de visitarla. Ese sentimiento es la pasión, que se expresa en las callecitas de Santo Domingo, de Santiago de los Caballeros, y de cada pueblo que, a lo largo y a lo ancho, dibujan el ecosistema dominicano.

La política no es la excepción, cada habitante de este país es conocedor al extremo de todo el mapa que recorre el escenario del poder. Y lo vive con pasión absoluta. La sociedad discute a sus líderes, se enoja con ellos cuando las cosas no marchan como desea, los respalda en los momentos importantes.

El filósofo alemán Bertold Bretch, concluyó alguna vez que el peor analfabeto es el analfabeto político: "No oye, no habla, no participa de los acontecimientos políticos. Él no sabe que el costo de vida, el precio del arroz, la habichuela, del pan, de la harina, de la ropa, del zapato y de la medicina, dependen de decisiones políticas. El analfabeto político es tan burro que se enorgullece y ensancha el pecho diciendo que odia la política", escribió.

El analfabeto político es el peor enemigo del crecimiento de un Estado equitativo, sustentable, competitivo. Pensemos imaginariamente en un país habitado por una enorme mayoría de estos seres apolíticos. Su desinterés, del que tanto disfrutan y alardean, los llevaría como corderos al matadero, donde posiblemente dirigentes sin ningún tipo de necesidad de rendir cuentas ante una sociedad apática, manejarían a piaccere los designios de un Estado con clara tendencia a la corrupción, la autocracia y el descontrol.

República Dominicana está definitivamente a salvo de este flagelo, porque subyace en todos sus habitantes una predisposición absoluta y total a comentar, a debatir con total conocimiento y a divulgar cada suceso político que ocurre en el país.

Buena parte de esta enorme vocación de análisis y participación democrática se expone en los niveles de evolución que ha experimentado el país. No fue magia: sociedades atentas, participativas y demandantes engordan la Democracia y crean mejores gobiernos. O, en su defecto, los castigan a través del voto, lleven el sesgo político que lleven.

Eglenin Morrison es un símbolo de ese dominicano comprometido e incansable, que en forma permanente analiza de qué manera lograr un territorio más sustentable, con mejores oportunidades, con una economía ordenada que contribuya a disminuir las brechas entre los distintos estratos sociales.

Toda esa mirada está plasmada en este libro. A través de estas 400 páginas, el lector prevenido -y también el desprevenido- podrá nutrirse con una perspectiva integral de la realidad del país, de los obstáculos que aún arrecian contra el crecimiento, recorriendo un mapa imprescindible y sustancial para entender la coyuntura de las 32 provincias dominicanas. Esas 32 provincias y sus municipios visitados por Eglenin Morrison y me consta que lo hizo, para constatar personalmente las necesidades de la gente y sus metros cuadrados, él salió a poner el oído en el corazón de la gente.

Reflexionar junto a Eglenin a través de esta obra es hacerlo, sin ningún lugar a dudas, junto a uno de los exponentes más sólidos en materia de conocimiento de territorio. Es hacerlo junto a uno de los referentes dominicanos que mejor entiende que un liderazgo bien consagrado es un aporte directo a un país moderno, con un sistema educativo bien estructurado, con una red de energía de resultados visibles y sin contratiempos, un pasaporte a una nación que aprovecha al máximo cada elemento que contribuya a su expansión.

Años atrás tuve la fortuna de coincidir con Eglenin en un proyecto en común, y allí me encontré con un hombre comprometido con la causa de su país al máximo, con propuestas específicas para el desarrollo, uno de esos líderes que inspiran a través de la responsabilidad y de los objetivos concretos.

Un dirigente que comprende a la perfección que liderar es conectar, es construir un sistema de comunicación a partir de la autenticidad, de la cercanía, de la confianza, y de la credibilidad. Eglenin Morrison responde cabalmente a todos esos valores y cada línea de este libro obra como prueba de eso.

Entre miles de aprendizajes a los que tuve acceso en mis años de consultoría política, siempre me desveló uno en particular: cientos de políticos se preparan para disputar campañas de alto voltaje, para conformar equipos que funcionen en el devenir de esas campañas y puedan ir moldeando triunfos. Sin embargo, una vez que esa campaña terminó, muy pocos son los que están preparados para la segunda parte del plan: gobernar en forma coherente, con una estrategia abocada a los reales problemas de la gente, con un horizonte de 10 o 20 años.

Cada página de este libro da respuesta a ese viejo slogan que repetimos como un mantra "Ganamos…. y después qué", analizando desde un bunker imaginario diferentes alternativas para conjugar, para extraer conclusiones, para proyectar escenarios a partir de una mirada exhaustiva y reveladora, orientada a un verdadero proyecto de país que tenga como punto de partida a la gente.

Como a lo largo de casi toda su historia, Latinoamérica vuelve a encontrarse en etapa de ebullición por la acción de gobiernos que han provocado daños irreparables a sus respectivas naciones. Poderes que, en un comienzo, han sabido valerse del voto popular para perpetuarse y causar desastres inconmensurables de los que posiblemente cueste años o décadas regresar.

Gobiernos que no han tenido en cuenta ninguno de los pilares fundacionales de los que Morrison habla en esta obra, como una mirada consecuente asociada a la modernización, en el marco de un Estado de Derecho, con cimientos sólidos basados en el desarrollo económico y ambiental.

La llegada de la pandemia, por otro lado, determinó el final de muchas administraciones que no han estado a la altura de lo que los ciudadanos demandaban. La pandemia les provocó miedo a los líderes políticos, los dejó perplejos y sin la mínima posibilidad de administrar escenarios de incertidumbre. La sociedad cambió, y esa falta de interpretación de lo que realmente necesitaba el electorado generó que muchos oficialismos fueran derrotados y debieran abandonar el gobierno.

La explicación a este fenómeno es más sencilla de lo que parece. La Democracia es sistemáticamente empujada a buscar mecanismos de adaptación que le permita sobrevivir a los nuevos tiempos. Incentivar acuerdos políticos más amplios puede ser una llave al éxito, siempre y cuando esos acuerdos no sean de espaldas a la gente. Esta es otra de las grandes ideas que Morrison deja traslucir a través de su pluma y de la que podrían tomar nota, a lo largo y a lo ancho de nuestro continente, muchos gobernantes.

El que está a punto de disfrutar es un libro de diagnóstico, pero también de anticipación. A decir del estadounidense Tonny Robbins, "anticiparse es el poder más importante, los perdedores reaccionan, los líderes se anticipan". Conceptos más o menos parecidos esgrimió Sun Tzu en su épico "Arte de la Guerra", cuando escribió sobre la fortaleza de ganar la batalla antes de disputarla.

Si como lectores tienen la posibilidad de nutrirse de algunos de los aportes que procederán a leer, seguramente habrán ganado la batalla antes de disputarla.

*Prólogo de **Daniel Ivoskus**[1] a "Repensando el Estado Dominicano, una visión de país", de Eglenin Morrison*

---

1 ***Daniel Ivoskus:*** *Presidente del Comité Organizador Internacional de la Cumbre Mundial de Comunicación Política, Director Co-Fundador de www.mensaje360.com Magister en Desarrollo Económico Local (Universidad Autónoma de Madrid y Universidad Nacional de Gral. San Martín), Licenciado en Comercialización (Universidad de Palermo).Es consultor Asociado del Centro Interamericano de Gerencia Política, "La Escuela Política Latinoamericana" Miami, Florida (USA) ha participado en campañas electorales y asesorado a Gobiernos en Argentina, Colombia, México, Republica Dominicana, Perú y Ecuador*

INTRODUCCIÓN

Un Proyecto de Nación se construye teniendo como principal elemento la gente, esto así, debido a que es imposible ensamblar o poder articular acciones populares, sin que dentro de las propuestas y aplicaciones no se contemplen efectos directos en el corto y mediano plazo en los principales núcleos humanos que conforman la sociedad. De ello va a depender en gran parte el éxito de cualquier iniciativa que pretenda motorizar políticas abarcadoras, pero sobre todo, sinceras y transparentes. En un mundo que exhibe sociedades eminentemente democráticas, pero que a la vez le enrostran en la cara a los ciudadanos niveles desmedidos de opulencia, corrupción al más alto nivel, así como desigualdades en todos los sentidos, los proyectos de nación implican entonces brindar soluciones viables para el desarrollo, bienestar y sostenibilidad.

De lo que se trata es de aglutinar el mayor número de sectores sociales, económicos y políticos, a fin de comprometerlos de manera directa en el desarrollo de las actividades que den como resultado la consecución de los logros que se pretenden alcanzar con el proyecto de nación. Vale destacar que un pueblo organizado y comprometido, será aquel con capacidad para afrontar exitosamente los retos que el mundo moderno y complejo les presenta de manera constante. Las instituciones religiosas y las agrupaciones comunitarias, también forman parte de un proyecto de nación, pues ellas están directa y constantemente conectadas con las masas, escuchando sus peticiones y observando sus necesidades.

En esta oportunidad y con la presente entrega, deseamos llevar al ánimo de la sociedad dominicana, un proyecto de nación, cuyos pilares resumimos a los siguientes pilares:

1) Modernización del Estado.

2) Estado de Derecho.

3) Económico – Ambiental.

4) Social. A su vez, los 4 pilares se alimentan de los ejes básicos definidos por la estrategia integral de desarrollo.

La propuesta incorpora todos los elementos de una Agenda Nacional o un Plan Nacional de Desarrollo; pero al mismo tiempo contempla elementos de seguimiento de la ejecución mediante instrumentos de auditorías de desempeño, análisis de brechas, es decir la distancia entre lo planeado y lo ejecutado para cada cierto período de tiempo; así como la auditoria de calidad de las distintas funciones y servicios públicos. Incluye la misión, visión y valores, esta última a partir de una nueva ética pública. La propuesta incorpora un componente de gestión financiera haciendo acento en la gestión presupuestaria.

De las 33 áreas que hasta el momento contiene la propuesta, cada una comprende como parte de su Plan Maestro, un resumen, la actualidad, los antecedentes y el diagnóstico; pero además cada área tiene una parte propositiva orientada hacia las soluciones de los problemas nacionales mediante programas de objetivos, programas de actividades y programas de tareas y subtareas que tendrán su principal expresión en los planes operativos regulares (trimestrales, cuatrimestrales o semestrales) a ser ejecutados. Como instrumento de gerencia estatal la propuesta Estado tiene un diseño digital que permitirá su uso desde cualquier computador.

El propósito es que después del proceso de consulta, es decir a partir del 2023, se colocará en Internet y se pueda conocer y seguir detenidamente por cualquier ciudadana o ciudadano cuanto se haga desde el Estado, solo con darle un "clic" al aspecto sobre el cual quiera saber o informarse; es esa una de las facilidades que permite hoy la Tecnología de Información, sin lo cual sería necesario imprimir varios volúmenes y se haría sumamente difícil su implementación práctica. El más profundo interés por el desarrollo de la República Dominicana nos ha llevado a trabajar por varios años en el estudio y búsqueda de alternativas efectivas y por tanto prácticas, hacia nuevas formas de dirección del Estado Dominicano.

Consideramos que partiendo de un conocimiento detenido de la realidad de la Nación Dominicana desde sus más remotos antecedentes y sobre todo de la historia contemporánea, así como de sus más variadas manifestaciones económicas, sociales, políticas y culturales, se puede encontrar un camino para aprovechar al máximo las potencialidades de tantas mujeres y hombres valiosos que participan en las más variadas actividades y de un pueblo que en medio de las más grandes adversidades siempre ha sabido levantar altiva su frente ante el mundo.

Grandes avances de la administración, de la tecnología de información y una más profunda y amplia comprensión del desarrollo que hoy se ha logrado a nivel internacional pueden ser plenamente aprovechas para conducir a la República Dominicana en los próximos 20 años y a un ritmo nunca visto, a grandes pasos de avance en su desarrollo; un desarrollo que tenga por centro el ser humano y la protección del ambiente para garantizar responsablemente el entorno en el que han de respirar las próximas generaciones que habitaran nuestro hermoso territorio.

Entendemos que uno de los más graves problemas del país es la forma en que el Estado ha sido dirigido en los últimos 20 años tomando en cuenta las enormes oportunidades para el desarrollo que se perdieron en ese lapso de tiempo.

La propuesta Estado Nuevo Siglo GERENCIA ESTATAL PARA EL DESARROLLO SOSTENIBLE, es una nueva forma para dirigir el país mediante un instrumento gerencial que hemos elaborado por varios años.

Queremos destacar el lugar ser humano en ese desarrollo por lo que procede citar el tercer principio de la Conferencia del El Cairo sobre Población y Desarrollo de 1994 y que establece lo siguiente, citamos: "Los seres humanos son el elemento central del desarrollo sostenible. Tienen derecho a una vida sana y productiva en armonía con la naturaleza. La población es el recurso más importante y más valioso de toda nación. Los países deberían cerciorarse de que se dé a todos la oportunidad de aprovechar al máximo su potencial...".

Cuando en la propuesta se habla de GERENCIA ESTATAL nos referimos desde el enfoque de consenso internacional en la administración moderna, a los componentes de planificación, organización, dirección y control que son parte de la propuesta.

En lo que corresponde al desarrollo procede junto a lo planteado incorporar el amplio enfoque que considera el desarrollo humano como la libertad para elegir el tipo de vida que tiene valor para la persona; tal enfoque contempla la llamada promoción de la capacidad que conduce a más altos niveles de libertad en la medida en que se amplían las oportunidades de las personas. De igual manera, la promoción de la capacidad como estrategia fundamental del desarrollo hace acento en los mayores grados de educación, salud, nutrición, ingresos entre un amplio conjunto de aspectos entre los cuales la cultura juega un importante papel por el poder de cohesión de la identidad en la diversidad.

¿Qué queremos con esta Visión País? Esencialmente, llevar al ánimo de los ciudadanos un sentimiento sincero, diáfano y sobre todo humanista, fijando objetivos y metas concretas en el mediano y largo plazo, a favor de la colectividad, independientemente de su condición social, económica, religiosa o de cualquier otra índole. Esto se logrará con el trabajo tesonero de un grupo de hombres y mujeres, de todas las edades, que cree fervorosamente en la recuperación de la economía y además en el fortalecimiento de todas y cada una de las actividades que nos encaminan como país hacia la consecución del desarrollo sostenido en todos los órdenes.

El desarrollo no es posible si no lo circunscribimos al ámbito del crecimiento económico con estabilidad. Si no fortalecemos nuestras instituciones, si no creamos un verdadero Estado de Derecho y si no ejecutamos una ambiciosa política social que tenga como objetivo fundamental el desarrollo humano, los frutos del crecimiento económico con estabilidad serán de alcance limitado y de breve duración, hasta que una nueva crisis, originada en las debilidades institucionales y/o la creciente brecha de la desigualdad, desencadene presiones que lo hagan sucumbir. Esa ha sido la historia dominicana.

El contenido de esta vision país parte de una conceptualización apoyada por fundamentos metodológicos, planes, programas y proyectos cuya adecuada aplicación permitirá resolver los principales problemas de la Nación.

El Fortalecimiento de las Instituciones, la Reconversión de la Educación, Protección y Preservación del Medio Ambiente y los Recursos Naturales, la Política Energética, la Seguridad Ciudadana y el tratamiento racional a los Recursos Hídricos, constituyen las áreas claves para afianzar el desarrollo sostenible. De ahí deriva el tratamiento especial que reciben dentro del Plan de Nación y en el proyecto para repensar el estado dominicano.

La modernización del Estado es un requisito imprescindible para avanzar hacia el desarrollo del país, por lo que se requieren estructuras y procedimientos actualizados, que faciliten y agilicen la operatividad de la gestión gubernamental, con el soporte de recursos humanos capaces e idóneos en el desempeño de sus labores.

En el Sistema Educativo deberán implementarse cambios importantes, con la finalidad de que se constituya en el catalizador de los sectores productivos y factor básico en la igualdad de oportunidades. Es imprescindible formar los recursos humanos necesarios para elevar la competitividad de la producción nacional y facilitar la incursión en los mercados internacionales con bienes y servicios de mayor valor agregado. La grave situación del Medio Ambiente y nuestros Recursos Naturales es un problema nodal, en un país donde el turismo constituye un eje fundamental para su mejor desempeño económico.

Existe escasa conciencia de la real situación existente, específicamente en los políticos que optan por destinar los recursos públicos a la construcción de obras faraónicas, en lugar de destinarlos al financiamiento de proyectos de desarrollo sostenible que, dentro del marco de la ley, hagan un uso racional de nuestros recursos naturales, fomenten su cuidado y preservación al tiempo que se crean fuentes de empleo en las áreas más deprimidas.

La política energética tendrá como meta garantizar un servicio eficiente y a menor costo para posibilitar la competitividad de la producción nacional. Es imprescindible entonces garantizar la seguridad jurídica, conjuntamente con la ciudadana, para crear las condiciones que permitan poner en vigencia las acciones que conlleven al bienestar general de la nación. En ese orden, se le otorga un tratamiento muy especial al problema del agua, debido a que este valioso recurso incide positivamente en la producción agrícola, agroindustrial, energética, en las micro, pequeña y mediana empresas, en el saneamiento ambiental, la salud, y en el control de inundaciones, entre otros.

En este sentido, se señala que el proceso de crecimiento económico será iniciado con la puesta en ejecución de aproximadamente entre diez (10) y once (12) proyectos de recursos hídricos prioritarios, distribuidos espacialmente de tal forma que cubran casi todo el territorio nacional. Estos proyectos, (presas, sistemas de regadío, alcantarillados pluviales y sanitarios, de innovaciones técnicas, entre otros), serán complementados por la inversión privada conformando grandes centros productivos. A partir de estos centros productivos se propone implementar un sistema de red vial, de manera que los bienes tengan facilidad de movilización. Las ejecuciones de los proyectos, hídricos y viales, permiten la conformación en todo el país de los Polos Regionales de Competitividad, que se clasifican en:

Agropecuarios, Turísticos y Metropolitanos.

Estos centros productivos o Polos Regionales de Competitividad se complementarán con servicios sociales de educación, salud y seguridad social, y viviendas, conformando de esta manera Polos Integrales, distribuidos estratégicamente en todo el territorio nacional a fin de propiciar el incremento de la productividad, los ingresos y el bienestar de los pobladores de las regiones a través del aumento del empleo y la mejora de la calidad de la educación. Con ello se busca disminuir la emigración rural hacia las principales áreas urbanas.

El Proyecto de Nación que entre todos acordemos contribuirá a crear una sólida conciencia nacional sobre la ruta crítica que debe seguir la Nación dominicana para alcanzar el desarrollo integral. El conocimiento general y pormenorizado de esta ruta, y el compromiso de los principales sectores organizados con el Proyecto de Nación, forzarán al Poder Político a poner en vigencia medidas acordes con la ruta acordada, independientemente del Partido que gobierne al país. La utilización continua de este Proyecto de Nación consensuado, como marco de referencia de la gestión gubernamental, obligará al establecimiento de políticas de Estado, como única garantía para lograr el bienestar general del pueblo dominicano.

A pesar de que la República Dominicana ha logrado avances significativos en las últimas décadas, y cierto progreso en la sistematización de los poderes que conforman el Estado, falta mucho camino por recorrer para alcanzar los niveles de institucionalidad que demanda un país en ruta hacia el desarrollo. El progreso físico urbano de la Nación es altamente relevante pero contrastante con el gran atraso social existente, colocando al país entre aquellos que no han podido poner en vigencia medidas que mejoren sustancialmente los índices de Desarrollo Humano, y están lejos de cumplir con los Objetivos de Desarrollo del Milenio establecidos por las Naciones Unidas.

La estabilidad macroeconómica y el crecimiento sostenido constituyen elementos vitales pero no suficientes para impulsar el avance integral del país. Hace tiempo fue comprobada la ineficacia de la teoría de que el derrame económico beneficia a todos, descartándola para propósito de bienestar general. Al Estado se le ha reasignado nuevamente la facultad de organizador social, para que ejecute las medidas que conllevan a la armonía de la sociedad. Mientras que los elementos que inciden en el agravamiento de las condiciones de vida de los hogares dominicanos son múltiples, de distinta naturaleza y están íntimamente vinculados. En consecuencia, el hecho de que dos o tres elementos se administren aceptablemente, no significa que el cuerpo social está bien.

Tomando en consideración la complejidad del proceso de desarrollo y con la finalidad de lograr un ordenamiento adecuado, esta vision país se apoya en un modelo multidimensional que comprende los aspectos Institucional (Modernización del Estado), Estado de Derecho, Eco-nómico-Ambiental y Social, en los cuales se requieren acciones esenciales. El desarrollo es imposible lograrlo a través de soluciones parciales. En consecuencia, y con la finalidad de obtener soluciones integrales, se ha ordenado el conjunto de elementos en los siguientes cuatro pilares, compuestos por ejes básicos.

Con respecto a la institucionalidad del Estado, el país ha ejecutado reformas temáticas y sectoriales para lograr su modernización, pero el proceso de su implementación se encuentra estancado. Las entidades que conforman el Poder Ejecutivo están sobredimensionadas en estructuras y puestos de desempeño, los procedimientos operativos son obsoletos y las decisiones se realizan en forma dispersa y anárquica. Paradójicamente también existe gran concentración de las decisiones en el Presidente de la República.

Hay que considerar que el Poder Ejecutivo es el órgano vital de la institucionalidad. En estas condiciones anómalas, es imposible canalizar con éxito las acciones económico-ambientales y sociales, tendentes a impulsar el proceso de desarrollo. Para racionalizar la operatividad, esta vision país propone un reordenamiento en la organización del Poder Ejecutivo, basado en el establecimiento de gabinetes: Económico, Social e Institucional, a los cuales se integrarán todas las entidades. En la cúspide se plantea un Consejo de Gobierno, conformado por el Presidente y el Vicepresidente de la República y los principales funcionarios de los gabinetes. Esta participación mínima de funcionarios en el Consejo de Gobierno garantizará su adecuada operatividad.

El reordenamiento del Poder Ejecutivo establece las estructuras y procedimientos que facilitan la participación de los representantes de la sociedad civil en puestos y jerarquías del aparato estatal, para que conjuntamente con los funcionarios públicos, ejecuten la gestión gubernamental. Con el propósito de enfrentar la sobredimensión del Estado y las múltiples entidades y programas que realizan funciones similares, se pondrán en vigencia una serie de medidas con la finalidad de corregir estas distorsiones institucionales. El desempeño de los puestos en el sector público deberá realizarse con eficiencia y las decisiones, aunque seguirán siendo tomadas por el Presidente de la República, se socializarán a través de los Gabinetes y del Consejo de Gobierno.

La seguridad jurídica es una de las bases fundamentales del Estado de Derecho y uno de los pilares de nuestra propuesta de gobierno, que garantiza que los derechos de los ciudadanos del país y del resto del mundo serán respetados por el Estado dominicano. En la actualidad, las violaciones continuas a la Constitución, Leyes, Decretos y Reglamentos, por parte de los funcionarios públicos del más alto nivel jerárquico, conllevan a una delicada situación de inseguridad jurídica, que constituye un enorme obstáculo en el proceso hacia un verdadero Estado de Derecho.

Tiene poco valor que el país firme acuerdos con otras naciones con el propósito de ampliar los mercados para sus bienes y servicios transables, y estimule la inversión, principalmente la extranjera, en un ambiente donde los empresarios no tienen seguridad de que sus inversiones serán respetadas en el mediano plazo.

Un Poder Ejecutivo anárquico, combinado con inseguridad jurídica, es el mejor caldo de cultivo para la corrupción administrativa, el principal obstáculo al "progreso" en el país. La ausencia de mecanismos de controles facilita que los funcionarios transfieran recursos públicos a sus cuentas personales. Este tipo de corrupción afecta a los poderes Ejecutivo, Legislativo y Judicial, y a los organismos en el plano electoral y a nivel municipal. Este flagelo azota al interior de organismos de vital importancia en la orientación y ejecución de acciones tendentes a lograr transparencia en la gestión gubernamental.

La corrupción y el irrespeto a la seguridad jurídica son dos males que estamos obligados a enfrentar y acabar, para garantizar la inversión privada, llamada a motorizar la expansión económica. Por ello es imprescindible que el marco que garantice seguridad jurídica a las inversiones comience con el respeto a la Constitución, las leyes, los decretos, los reglamentos y los acuerdos y negociaciones. Hacer el compromiso de rescatar los esfuerzos por establecer una política de transparencia en el Estado, que obligue a los funcionarios públicos a ser respetuosos, con la formalidad de la Nación, en el desempeño de sus facultades y con la administración de recursos del erario público.

Como tercer pilar está la política económica. Si bien en los últimos años el proceso económico ha sido estable, principalmente en lo relativo a la tasa de cambio, ha sido con políticas artificiales que resultan insostenibles en el tiempo. Se ha publicitado un crecimiento económico que no solo está sobredimensionado por errores metodológicos, sino que tampoco se siente en la mayoría de los hogares en término de empleos, mayores oportunidades o mayores ingresos. Lo único que ha crecido vigorosamente en la última década y media, ha sido la informalidad y el chiripeo, las desigualdades sociales y la brecha entre ricos y pobres.

La falta de acciones concretas del Gobierno para identificar las causas de esa desigualdad y disminuirla, ha ayudado a incrementar los niveles de pobreza y como consecuencia se generan delincuencia y criminalidad, convirtiendo la Inseguridad Ciudadana en uno de los graves problemas que afecta el progreso de la Nación. Mientras que los niveles de salarios relativamente bajos, con respecto al valor agregado nacional, la persistencia y aumento progresivo del desempleo, el incremento continuo de los precios de los productos de consumo básico y una excesiva y arbitraria tributación, son factores que inciden negativamente en el desarrollo nacional.

Los planteamientos anteriores explican el por qué los beneficios del publicitado "crecimiento económico", no llegan a la mayoría de los hogares dominicanos: porque todas estas variables disminuyen el poder de compra de los dominicanos, quedando incapacitados para adquirir los bienes y servicios que permitan satisfacer adecuadamente sus necesidades de alimentación, vestimentas, alojamiento, educación, salud, transporte, y vivienda. Mientras a esta desfavorable situación se le agregan las deficiencias y el alto costo de los servicios energéticos, en medio de tantas precariedades, el Gobierno destina un elevado porcentaje de la inversión pública a proyectos deficitarios que no enfrentan adecuadamente los problemas de servicios públicos.

La República Dominicana cuenta con un clima tropical y excelentes playas, recursos básicos para desarrollar el turismo. También posee tierras productivas, idóneas para la agricultura. Excelente ubicación geográfica, básica para el comercio en gran escala y abundancia de agua, que requiere las infraestructuras pertinentes para convertirse en el recurso natural de mayor importancia, capaz de desencadenar un proceso de desarrollo sostenible que garantice condiciones de vida digna para todos los dominicanos, en armonía y respeto al medio ambiente y nuestros recursos naturales.

Basado en estos recursos – fortalezas, es que planteamos, en una primera etapa, un proceso de expansión económica en todo el territorio nacional, en los sectores productivos generadores de riquezas: agropecuaria, agroindustria, turismo, micro, pequeña y mediana empresa, manufactura y zonas francas, y comercio, entre otros. El impulso a la educación con énfasis en las carreras técnicas y las soluciones a la problemática energética deben constituir los catalizadores para dinamizar las actividades de los sectores señalados.

Para garantizar el crecimiento económico y avanzar hacia el desarrollo sostenible en el mediano y largo plazo, es imprescindible fortalecer los recursos que actualmente no exhiben las condiciones requeridas para que el país se inserte exitosamente en la economía global. La principal debilidad de los recursos humanos en la República Dominicana se origina en un sistema educativo deficiente, debilidad que planteamos enfrentar priorizando la inversión social en una educación de calidad, en salud y seguridad social; y utilizando tecnologías innovadoras para lograr la expansión de los sectores productivos.

El Pilar Política Económica se basa en resultados analíticos sobre el comercio exterior, regulado por los tratados de libre comercio, con la finalidad de que la demanda interna y externa sea una guía obligatoria para la producción nacional. La estrategia de crecimiento económico planteada garantiza el aumento de la producción competitiva y del empleo en la mayor parte del territorio nacional. La simplificación del régimen impositivo y la eliminación del gasto público improductivo permitirán garantizar la estabilidad de precios y reducir en algunos casos los precios de bienes y servicios que inciden en el poder adquisitivo de los hogares.

El cuarto pilar, en este modelo multidimensional, es la Política Social y en este aspecto el proyecto para repensar el estado dominicano incluye el compromiso de elevar la inversión en educación a 7.0% del PIB.

Esta decisión persigue enfrentar la catastrófica situación de la educación pública en el país, caracterizada por su baja cobertura, enorme deserción, escasa calidad, falta de infraestructura, falta de estímulos y de posibilidades de aumentar la calificación de los maestros, ausencia de equipos y bajísima mal manejo de los recursos presupuestarios. Nuestra vision país expone claramente una Reconversión del Sistema Educativo, priorizando el acceso y la equidad, asegurando la calidad, gestión, monitoreo, descentralización, fortalecimiento institucional y financiamiento adecuado al sistema, con énfasis en la educación técnica.

Con respecto a la salud, se exponen las acciones para la modernización del Sector Salud y para impulsar la plena implementación de la Seguridad Social puesto que las leyes y reglamentos para la desconcentración y descentralización siguen esperando las decisiones de los ejecutivos, que temen con su implementación perder poderes políticos y materiales. Los servicios públicos de salud son ineficientes, afectando principalmente a la población pobre de bajos ingresos que no puede costear sus tratamientos en el sector privado.

El régimen de Seguridad Social no ha arrancado como se tenía previsto por la falta de voluntad política del Gobierno para su efectiva implementación, compatibilizando los intereses de todas las partes involucradas con el objetivo que persigue la Ley. Otro de los aspectos sociales contemplados es el de la solución habitacional para dar respuesta a la falta del diseño y puesta en vigencia de un programa de viviendas económicas. Toda esta situación planteada deja en evidencia la grave situación que enfrentan los sectores encargados de, a través de sus acciones, darle cumplimiento a las metas comprometidas por el país en la Cumbre del Milenio.

Existe el convencimiento de que los problemas de mayor relevancia del país difícilmente pueden resolverse en una gestión de cuatro años. De ahí la importancia de contar con un Proyecto de Nación con planes, programas y proyectos que cubran el corto, mediano y largo plazos, y un Programa enmarcado en ese Proyecto, por lo que, además, es vital seleccionar a un Presidente para la República dispuesto con determinación a ejecutar las reformas que demanda la sociedad dominicana para su verdadero progreso.

Este documento que presentamos a la sociedad contiene las premisas y propuestas que se someten a la consideración del pueblo dominicano, con la esperanza de que las mismas den paso a la construcción de un Proyecto de Nación en cuya implementación toda y toda nos podamos comprometer durante los próximos 10 años.

Finalmente, debo recordarles que después de más de 5 años de asistir a mi padre, el profesor Ramón Morrison, en labores de investigación social, docente y económica, además de conformar parte esencial de su equipo de ayudantes, en la elaboración de una propuesta de Plan Nacional de Desarrollo, originada en el año 2001, y visitar las principales universidades del país, fotocopiando cientos de libros, artículos, papers y documentos de investigación, se generó en mí el atrevimiento de cuestionar cómo debemos repensar las políticas públicas y sobre todo, su implementación para cambiar la vida de las personas. Muchas de las ideas expuestas en esta entrega, nacen de la égida motivación y el ADN intelectual que heredo de mi padre. Qué buena herencia...!

RECORRIDO PROVINCIAL:
NECESIDADES Y PUNTOS CRÍTICOS

En el ánimo de corresponder y poder escuchar a los ciudadanos residentes en diferentes puntos de la geografía nacional en torno a sus inquietudes, visitamos varias provincias. En estos encuentros pudimos advertir situaciones, necesidades y puntos críticos, expuestos por ellos mismos, los cuales necesariamente deben ser corregidos de forma oportuna. Cada una de estas situaciones, necesidades y puntos críticos, deberán ser estudiadas y analizadas, a fin de aportar las posibles soluciones a dichas problemáticas, con lo cual se busca elevar la calidad del nivel de vida de cada habitante.

Por ejemplo, en el recorrido por la provincia **Pedernales**, efectuado el sábado 8 de enero del año 2022, las personas con las que tuvimos contacto directo, manifestaron profunda preocupación en cuanto a las condiciones de los caminos vecinales para que los productos puedan tener salida, muchos de los cuales están en estado deplorable. Además reclamaron un mayor apoyo al proceso de comercialización de los mangos, aguacate y café. Otras de las preocupaciones de estos comunitarios estuvieron relacionadas con la confección de uniformes a través de la Federación de Madres, como había acordado el MINERD desde un principio.

De igual manera, reclamaron la motorización de un proyecto pesquero para la comunidad, así como también destinar recursos económicos y avituallamiento adecuado para los miembros del Cuerpo de Bomberos de la provincia **Pedernales**. Asimismo, las condiciones del Multiuso son deprimente y le impiden a los jóvenes practicar algún tipo de deporte, teniendo que hacerlo al aire libre. Por igual, sus preocupaciones se orientaron hacia la falta de agua potable para consumo humano.

En el recorrido por la Provincia **Azua de Compostela**, específicamente por la comunidad **Monte Bonito**, los comunitarios manifestaron necesidades inmediatas, relacionadas con las pajas del café, las cuales están afectando todo el medio ambiente, pues el polvillo que destila está afectando la salud de los moradores y emana un hedor insoportable. La comunidad no cuenta con un liceo (estructura física), el cual alojar a los estudiantes. En la actualidad tienen una matrícula de más de 90 estudiantes, los cuales deben auxiliarse de la escuela primaria en horario nocturno para poder impartirles la docencia.

En relación a la vialidad, expresaron que la carretera que conecta desde **Azua** hasta el pueblo de **Monte Bonito**, se encuentra afectada por unos muros y declives, los cuales hacen imposible el paso de vehículos livianos hasta el pueblo. Esta situación impide que los moradores de otras comunidades puedan visitar el hermoso pueblo, convirtiéndolos en una comunidad olvidada. Ciertamente, la comunidad no cuenta con un lugar de recreación para los jóvenes; no poseen ningún programa ni espacio relativo al deporte, el esparcimiento y la recreación. No hay boticas populares en el pueblo para adquirir medicamentos a bajo costo, razón por la que deben trasladarse hasta el Municipio de **Padre Las Casas**.

La Provincia **Barahona** fue visitada por nosotros por segunda vez y allí sus pobladores, en gran porcentaje demandó la construcción de un Proyecto Comunitario, especie de centro comunal, en el cual puedan ser realizados talleres y cursos con facilitadores de la misma comunidad, con el objetivo de poder preparar jóvenes e insertarlos al mercado laboral, de acuerdo con la preparación que requieren las industrias y la industria del entorno; de esta forma, se les facilitan mayores oportunidades de trabajo. Ellos explican que poseen los recursos humanos, pero no cuentan con las instalaciones, herramientas y recursos necesarios para llevar a cabo este proyecto, por lo cual nos piden tocar puertas de empresarios e instituciones del Estado dominicano para que les puedan brindar apoyo.

Respecto a las viviendas, los comunitarios expresaron tener necesidad de que el Estado vaya en auxilio, a fin de reconstruir algunas casas que en la actualidad presentan deterioro en sus estructuras. Esto podría lograrse en coordinación con la Fundación Corazones de Vida, liderada por uno de los principales líderes religiosos de la provincia y que se mostró absolutamente de acuerdo en iniciar labores de inmediato. Algunos detalles propios de la burocracia administrativa deben ser tomados en cuenta, a fin de que dicha fundación finalmente sea registrada e incorporada al régimen de asociaciones sin fines de lucro. Logrado este propósito, se estaría estableciendo comunicación directa con las autoridades del Instituto de Formación Técnica y Profesional (Infotep), a los fines de coordinar la impartición de docencia y formación técnica de los comunitarios, a través de talleres y diplomados.

Al tenor del anterior reclamo, es propicio recordar que un gran porcentaje (90%) de los maestros de la comunidad que participaron en el concurso de oposición docente, no logró pasarlo, por lo que solicitaron para el próximo concurso, se les brinde un taller de asesoría, a los fines de mejorar su calificación anterior.

En el recorrido que hiciéramos a la provincia **Barahona** (3ro), específicamente a la comunidad El Cachón, los comunitarios plantearon las necesidades siguientes:

- No cuentan con suministro de agua potable para consumo humano.

- El servicio de energía eléctrica no está regularizado, pues los postes y el tendido eléctrico son improvisados y en la actualidad, se encuentran en franco deterioro.

Al pasar nuestro recorrido por la región Este el domingo 9 de enero de 2022, visitamos la provincia **San Pedro de Macorís**, algunos comunitarios manifestaron una serie de necesidades, en el orden siguiente:

- No hay desagües; las calles se inundan cada vez que llueve.

La necesidad más prioritaria de la provincia es la creación de fuentes de empleo; las personas han tenido que desplazarse a las zonas hoteleras de **Bávaro y Punta Cana** por el alto índice de desempleo y la falta de oportunidades.

- Los adultos mayores llevan años luchando por obtener una pensión digna; estos trabajaron en los ingenios que ya llevan 21 años cerrados y los han dejado en el olvido.

- Necesidad de motorizar proyectos educativos y escuelas de formación para los jóvenes de la provincia.

- El sistema eléctrico no está regularizado; el tendido de los alambres no sirven.

- La problemática de la acumulación de desechos sólidos (basura) cada día azota más la población, generando brotes de enfermedades y otros males a la salud.

En la Provincia **La Romana**, el mismo domingo 9 de enero, los comunitarios nos manifestaron las siguientes necesidades inmediatas:

- Falta de agua potable para consumo humano. Es necesario construir varios acueductos, a fin de que el agua pueda llegar a todos los lugares
- Necesidad de fuentes de empleos
- Recogido de Basura
- Necesidad de recursos para el desarrollo del deporte
- Falta de Internet (conectividad)
- Necesidades educativas
- Falta de hospitales (médicos especializados)
- Escuelas – falta de conciencia de la ciudadanía

En la Provincia **Independencia (La Colonia, El Limón y La Descubierta)** el sábado 15 del mes de enero de 2022, los comunitarios expresaron tener las siguientes necesidades:

- Falta de conectividad
- Problemas encendido eléctrico
- Ampliar acueducto debido al crecimiento de la población
- Necesidad de escuelas, ya que la existente (Escuela Juan de la Cruz) está en franco estado de abandono.

- Necesidad de apoyo a los dirigentes para crear atletas de alto rendimiento
- Falta de mantenimiento al play de beisbol, construido en el año 1982 y solo se le ha dado mantenimiento dos veces en lo que lleva de inaugurado.

Crear una estrategia para las comunidades de **La Colonia y Japón**, ya que es una de las más productivas a nivel agrícola a pesar de haber quedado su desarrollo en los años 55.

El mismo domingo 15 de enero, visitamos el distrito **El Yaque**, Provincia **San Juan De La Maguana**, y los comunitarios expusieron entre otras, las siguientes necesidades:

- Ausencia de conectividad en algunos lugares de la comunidad
- Deficiente señal de la red Internet
- Terminación del Liceo Yaque
- El servicio telefónico es caótico, ya que las personas deben subir a una loma para poder llamar
- Arreglar la infraestructura de las escuelas existentes
- Asfaltar la carretera Las Guamas
- Llevar agua potable a toda la comunidad, a través de la construcción de una extensión del acueducto existente
- El Proyecto Hidroeléctrico Palomino forma parte del nuevo plan de generación de energía eléctrica, está ubicada en guaima (San Juan) República Dominicana en este caso tenemos la necesidad de asfaltar la carretera.

De igual manera, los comunitarios de Hondo Valle, Provincia **Elías Piña**, visitados el domingo 16 de enero de 2022, manifestaron tener las siguientes necesidades:

- Internet -Conectividad -Repetidores
- Se necesita un sistema por goteo para mejorar los resultados de la agricultura
- Es necesaria la construcción de otro acueducto
- Ausencia de dispositivos electrónicos
- La comunidad necesita de un invernadero
- Es impostergable fijar la mirada hasta los menos pudientes de la comunidad, ir en su auxilio y mejorar su calidad de vida

En la Provincia **Dajabón**, visitada el 22 de enero de 2022, los comunitarios manifestaron las siguientes necesidades:

- Renglón económico no tiene un orden para el desarrollo de mercado y falta de indicadores
- No tienen una política definida en la parte agrícola
- Falta de agua potable
- Explotar el sector turístico
- Necesidad de una escuela de música y teatro

Asimismo, en el recorrido por la Provincia **Valverde**, en la comunidad de Esperanza, el 22 de enero de 2022, los comunitarios, entre otras necesidades, dijeron tener las siguientes:

- Desaparición de las zonas francas de textil desde el año 2004 (principal fuente de ingreso del Municipio)
- El hospital de Mao lleva 9 años en construcción; solo cuentan con un pequeño hospital de atención primaria, el cuál no da abasto para la población. Esta situación los ha llevado a tener que ofrecer servicios de salud domiciliarios
- La población tiene un alto nivel de desempleo; la comunidad no cuenta con fuentes de trabajo más que

negocios informales

- No cuentan con ningún centro de capacitación; la formación técnica y profesional está en el olvido
- Todas estas problemáticas han sido a raíz de que las autoridades solo se han enfocado en la provincia cabecera de Mao.

En nuestro recorrido por **Monte Cristi,** el 23 de enero de 2022, los comunitarios expresaron tener las siguientes necesidades inmediatas:

- Mejoras en el servicio de agua potable para consumo humano (construcción de un nuevo acueducto)
- Demandan la construcción de una escuela de música
- Hace falta de orientación de mercado-Falta de indicadores
- No tiene una política definida en la parte agrícola
- El Politécnico Francisco Gregorio está trabajando actualmente un proyecto de formación en el área de mercadeo, contabilidad y enfermería
- El director del Politécnico expresa que una de las principales problemáticas que aquejan la provincia de Monte Cristi es la falta de oportunidades de estudios
- En cuanto a programas de preparación se refiere, esta provincia ha sido muy marginada; los jóvenes que tienen aspiraciones de capacitarse, se ven en la obligación de emigrar por falta de centros de capacitaciones técnicas profesionales
- El director expresa que la formación del idioma Inglés crearía un gran impacto para la región; debido a que la provincia es uno de los principales ejes actualmente para la explotación y desarrollo del turismo

El 27 de enero de 2022 visitamos la Provincia **Puerto Plata** y en ella sus comunitarios manifestaron tener las siguientes necesidades:

- Oportunidad laboral o fuentes de empleos

Asimismo, al llegar a **Gaspar Hernández** (Distrito Municipal Beragua) el 29 de enero de 2022, algunos de sus comunitarios nos manifestaron las siguientes necesidades:

- Cierre de las Zonas Francas; ha generado un alto índice de desempleo, ya que estas representaban la principal fuente de ingresos

- Uno de los peligros más grande que enfrenta la comunidad es el puente que conecta el centro al municipio de Esperanza. Se encuentra totalmente deteriorado, en tiempos de lluvias la comunidad queda totalmente incomunicada, impidiendo el traslado durante días de sus moradores hacia el municipio cabecera de Gaspar Hernández

- El asfalto de las calles. Se encuentran muy deterioradas, las carreteras están llenas de hoyos

- El aumento de la delincuencia común (asaltos, atracos a mano armada, etc.) arropa las calles. Los comerciantes se ven en la obligación de tener que cerrar los comercios a tempranas horas de la noche. A pesar de que la alcaldesa del Municipio ha creado dos obras muy importantes (el destacamento y la funeraria), el destacamento no ha dado abasto para salvaguardar la zona, lo que ha creado un gran temor en los munícipes.

PROYECTOS FUTUROS:

- Uno de los proyectos que está pendiente por desarrollar es la creación de una cooperativa de mujeres emprendedoras.

- Crear programas de capacitaciones.

Mientras que el 2do recorrido por Gaspar Hernández, Provincia Espaillat, los comunitarios manifestaron las siguientes fortalezas y problemáticas-necesidades:

- Sus principales fuentes de ingreso son:
  - El cultivo de Cacao
  - La ganadería
  - La pesca (aunque aún no ha sido explotada).
  - Sus atractivos turísticos (playas, ríos) entre los cuales están; Playa Paraíso, Playa Rogelio y Wendy's que ya es una marca ciudad.

- La principal necesidad de Gaspar Hernández es ser incluida dentro del paquete del turismo tanto nacional como internacional. A pesar de que Gaspar Hernández es poseedor de grandes fuentes de atractivos turísticos y lugares emblemáticos, ha sido olvidada y se desconocen sus riquezas Naturales

- Se necesitan líderes y autoridades que identifiquen las fortalezas que posee este pueblo y que sean explotadas turísticamente

- La seguridad: hay muy poca representación policial, ya que se encuentran huérfanos de autoridades policiales

- Agua potable: independientemente de que poseen los recursos hídricos, no cuentan con acueductos

- El Sector Cooperativo: la gran debilidad es que la mayoría de los dominicanos no tienen la conciencia de qué es una Cooperativa y qué persigue. Se necesita empujar para que sea aprobada la ley de respaldo a las cooperativas. Los ciudadanos deben educarse acerca de los beneficios y los compromisos que representan las cooperativas en los pueblos.

Del recorrido que hicimos por **San Francisco de Macorís** (3er encuentro), el 29 de enero de 2022, algunos comunitarios manifestaron tener las siguientes necesidades inmediatas:

- Por más de 9 años a partir del año 2013, el Ministerio de Educación de la República Dominicana (MINERD) se ha valido de un grupo de profesionales que no corresponden al área de educación en su gran mayoría (70%) a través de una habilitación docente para que estos puedan cubrir las faltas de maestros luego de que iniciará en el año 2012 la llamada Revolución Educativa.

- Estos profesionales han sido nombrados temporalmente como "monitores", pero en la nómina de Personal Administrativo NO docente, lo que los hace no tener los mismos derechos que los maestros dominicanos nombrados como "personal docente".

- Estos exigen sean nombrados no como monitores; sino como docentes para poder así disfrutar de los siguientes derechos;
  - Nombramiento permanente.
  - Igualdad de Salario
  - Derecho a incentivos.
  - Igualdad de derechos en la cooperativa de maestros.
  - Estos han planteado una serie de estrategias para lograr dicha lucha.

APORTES Y SOLUCIONES:

- Diálogo pasivo con las autoridades correspondientes.
- Promover contacto con las autoridades del MINERD para que sus planteamientos sean escuchados.
- Realización de charla para que puedan desarrollar su liderazgo en esa provincia.

En el recorrido por la Provincia **Hato Mayor del Rey**, el 30 de enero de 2022, los comunitarios manifestaron tener las siguientes necesidades:

- Soluciones de conectividad y computadoras
- Necesidad de acueductos, como prioritaria, ya que para el consumo humano utilizan agua de botellón
- Necesidad de almacenes o supermercado, solo cuentan con uno
- Algunas personas hacen pozos para poder subsistir
- Algunas personas se suplen de aguas para vender y llevarla a los demás de la comunidad
- En el sector Los Polanco, que es una comunidad en crecimiento, las calles están sin asfaltar y en muchas otras comunidades pertenecientes a Hato Mayor
- En años anteriores predominaba la comunidad por la producción de los cítricos, pero a raíz de coger plagas no se ha podido volver a la siembra del mismo, solo se está produciendo la chinola.

Mientras que por el recorrido a través de la provincia **María Trinidad Sánchez**, municipio de Nagua, al contactar a un grupo de maestros, manifestaron un ferviente deseo de ser emprendedores; otros eran portadores de un buen nivel de liderazgo en su comunidad. Asimismo, algunos tienen en carpeta el desarrollo de un proyecto habitacional con fines de alquilar y finalmente, algunos expresaron preocupación respecto a la falta de conectividad.

En el recorrido por la provincia de **Santa Bárbara de Samaná**, se advirtió el desarrollo en el sector turismo; siendo éste su principal fuente de empleo y desarrollo. Sin embargo, carece de formación del idioma inglés, al igual que de preparación técnica en las áreas afines a dicho sector. Algunos expresaron la enorme necesidad de un centro de formación como el INFOTEP para ofrecer programas de capacitación, no solo a la población común (especialmente los jóvenes), sino también a los profesionales de la educación de esa comunidad, para qué luego pudieren ser reproductores de ese conocimiento.

Algunos de los comunitarios expresaron otras de las deficiencias y debilidades del municipio, respecto a la falta de conectividad y accesibilidad a la Internet; no solo para los munícipes, sino en los puntos claves donde se hace vida turística. Para ellos, a parte del turismo, la pesca es otra de las fuentes de ingreso de la cual subsisten un gran porcentaje de las personas que hacen vida en esa provincia. El pescado es uno de los principales alimentos de consumo en esas localidades.

Como soluciones se pueden enlistar las siguientes:

- Donar becas para jóvenes, a fin de que puedan acceder a la plataforma de formación del idioma inglés; partiendo del gran impacto que causaría en esta comunidad turística.

- Gestionar el acceso a Internet en el punto donde se considere esté la mayor necesidad.

Del recorrido por la provincia **Santiago Rodríguez**, específicamente en el municipio San Ignacio de Sabaneta, hicimos contacto con las principales autoridades de la Federación Nacional de Cooperativas de Ahorros y Créditos; allí frente a la Cooperativa COOPSANO, se determinó que dicha institución que lleva alrededor de 47 años de fundada, es una de las cooperativas más sólida del país, cubre toda la isla Noroeste. Esta institución cuenta con 13 sucursales en distintos puntos. Esta representa una marca emblemática para la provincia de Santiago Rodríguez, ya que representa una de las principales fuentes de progreso económico en aquella localidad.

Sus manejadores expresaron que la cooperativa como prioridad se basa en un modelo de valores y principios de economía solidaria, donde entran los más pobres y necesitados y se les reconocen sus derechos, tanto al que tiene mucho como el que tiene poco ante la Asamblea General de Delegados son un solo voto.

Supimos que en esta institución sus actividades están fundamentadas en valores de igualdad (el servicio se ofrece de manera igualitario a todos los socios) y equidad (donde los beneficios se distribuyen de acuerdo a su participación económica y proporcional de cada socio). Una de sus dinámicas de valores de igualdad, es que sus miembros pueden llegar a ocupar uno de los órganos direccionales de la Cooperativa, sin importar los más bajos niveles sociales, tanto económicos como educativos.

La visión institución y particular del presidente de dicha entidad es crear una normativa donde se nos permita hacer negocios dentro del ecosistema digital, donde además a las cooperativas se les permita utilizar todos los instrumentos tecnológicos, tales como tarjeta de crédito, transacciones ACH, ATH, entre otros. Es decir, que las personas desde la comodidad de su hogar o desde cualquier punto donde se encuentren puedan realizar sus pagos y transacciones. Pero para esto tenemos una limitante que es la conexión con el sistema de pago nacional, que no solo esté en el gremio, sino que las cooperativas también sean parte.

A juicio de los representantes de la Cooperativa, la Ley de

Cooperativas no necesariamente se le llamaría obsoleta, ya que como sociedad se ha avanzado en el ramo del cooperativismo; sino que necesita una transformación donde se puedan modernizar y así dar mayor participación a los jóvenes insertando la tecnología que es lo que más estos consumen. Se cree que el movimiento cooperativista ha crecido muchísimo en la región, ya que en la actualidad sobrepasa un millón de socios a nivel nacional. Hace unos años atrás en cuanto al activo del sistema financiero nacional las estadísticas arrojaron a las cooperativas solo un 0.1 % en total de los activos; sin embargo actualmente se encuentran en un 7% del total de los activos.

En relación a las problemáticas de la provincia, supimos que la principal necesidad de Santiago Rodríguez, es tener un acueducto. A pesar de ser una de las provincias con más ríos, afluentes y presas, no se cuenta con un acueducto. En cuanto a la conectividad, se necesitan carreteras; hay una carretera vital para esta provincia que es la que comunica a Santiago Rodríguez con Monte Cristi, la cual se inició, pero aún no se ha terminado.

Otra de las necesidades es el asfaltado; hace mucho que no se hace un plan de asfaltado y la mayoría de las calles se encuentran en muy mal estado. En tanto que el tema de la cárcel pública también es muy delicado. La cárcel pública con la que cuenta la provincia se encuentra en el mismo centro del pueblo y ya no da abasto; los presos que están ahí se encuentran en condiciones inhumanas. Hace falta con urgencia un cementerio, ya que la provincia no tiene. El desempleo es otra de las problemáticas de la provincia.

En el recorrido por la provincia **Monte Plata**, se detectaron las siguientes necesidades:

- Hay muchos barrios con un sinnúmero de precariedades y pobreza.

- Falta conectividad en las escuelas y en el pueblo.
- El nivel de desempleo es muy alto. Los jóvenes cuando terminan el bachillerato quieren irse a Santo Domingo en busca de empleos porque aquí no los hay.
- La recogida de la basura afecta a toda la provincia, porque genera enfermedades.

Existen en la actualidad una serie de proyectos, en el orden siguiente:

- Proyectos ecológicos
- Zafacones
- Parque industrial de diferentes áreas
- Readecuación de la basílica de Bayaguana
- Planta de Tratamiento de aguas residuales
- Proyecto de viviendas para los más necesitados
- Proyecto de apoyo al agroturismo
- Saneamiento y construcción del parque Río Congo

En el recorrido que hicimos por la provincia **San José de Ocoa**, gran parte de los comunitarios desean el bienestar social de todos, razón por la que están dispuestos a seguir cualquier candidato que ofrezca y cumpla con el bienestar social de su comunidad. En cuanto a las necesidades de la provincia, se constató la falta de conectividad, motivo por el cual los maestros tienen que comprar paqueticos para poder dar las clases, o sea les hace falta Internet. En algunos casos se forman grupos y éstos van a lugares donde se ha abierto el Internet para poder dar las clases.

En cuanto al almuerzo que ofrece el Gobierno Central, la calidad es deprimente y no llevan suficientes raciones el número de estudiantes; la leche parece un suero según expresan. Existen p pocas condiciones para los alumnos en las escuelas, los maestros hacen lo posible para que las cosas pasen, pero necesitan más ayuda del Gobierno o de las autoridades pertinentes de la provincia.

La provincia necesita mayor inversión en el turismo; San José de Ocoa es un gran productor de vegetales, ya que el 70% de ellos se produce allí. Hacen falta muchos empleos.

En el recorrido por la provincia Sánchez Ramírez, municipio Cotuí, se plantearon los siguientes objetivos:

* Generar un proceso de recalificación del suelo para consolidar el centro urbano de la ciudad como centro institucional de alcance regional.

* Crear una oferta de servicios comerciales e institucionales que promuevan la desconcentración administrativa.

* Promover la ciudad como un centro de comercio en la región.

La descripción de este proyecto se concentra en el mejoramiento y rediseño del espacio público en el centro urbano, ofreciendo una renovada imagen de la ciudad, limitando las agresiones que el espacio público pueda presentar para el peatón y rediseñando parques y plazas para que sean flexibles a usos alternativos de índole cultural y social.

En la provincia existen en carpeta una serie de proyectos, tales como:

* Edificio de oficinas gubernamentales

* Sistema integral de abastecimiento de agua potable

* Sistema colector combinado

* Centro regional de especialidades médica

- Viviendas de protección social
- Intercambiador de transporte multimodal
- Centro tecnológico especializado de alto nivel en minería
- Escuela artesanal y de orfebrería
- Hub de desarrollo y capacitación agrícola
- Plaza agropecuaria provincial
- Planta de reciclaje
- Centro para el desarrollo de deportes acuáticos y fomento del turismo en hatillo
- Museo del oro y la minería de Pueblo Viejo
- Plaza y centro artesanal
- Museo del arroz en Fantino
- Sistema colector combinado
- Vía panorámica Cotuí - Maimón
- Entrada y circunvalación a la ciudad de Cotuí
- Observatorio para el control de actividades mineras
- Frente forestal para el desarrollo ecológico
- Centro para el manejo e investigación de desastres naturales
- Centro comunitario cultural y deportivo+circuito de interconexión vial fase I (reconstrucción y ampliación de la carretera Cotuí - La Mata - San Francisco)
- Circuito de interconexión vial fase II (ampliación de la carretera Cotuí - Piedra Blanca)
- Circuito de interconexión vial fase III (reconstrucción y ampliación de la carretera Cotuí   La Cueva - Cevicos - Don Juan - Villa Mella)
- Circuito de interconexión vial fase IV (reconstrucción y ampliación de la carretera Cotuí - Fantino - La Vega)

- Circuito de interconexión vial fase V (construcción de
  la carretera Cotuí - Platanal - Pimentel)

Por el recorrido realizado en la provincia **Bahoruco**, específicamente por el municipio y capital **Neiba**, existe un proyecto para la instalación de un sistema de abastecimiento de agua potable, el cual tiene como objetivos principales, los siguientes:

- Garantizar el abastecimiento de agua potable a todos
  los municipios de la provincia, considerando el
  crecimiento poblacional.

- Planificar el sistema de abastecimiento de agua y
  garantizar su potabilidad.

- Incrementar el aprovechamiento de los recursos
  hídricos.

En tal sentido, debido al crecimiento poblacional, el municipio cabecera tiene dificultad para abastecer de forma eficiente a las zonas urbanas y rurales. Además, se incrementará para hacer más eficiente el aprovechamiento de los recursos hídricos, así como se mejorará la potabilidad del agua.

Otros proyectos en carpeta son:

- Planta de tratamiento de aguas residuales
- Sistema colector combinado
- Centro de especialidades médicas
- Viviendas de protección social
- Estación del intercambiador urbano
- Nuevo mercado urbano de Bahoruco
- Centro saludable de procesamiento pecuario (rastro
  industrial)

- Centro de investigación vinícola
- Centro urbano institucional
- Albergue en la gran sabana
- Centro astronómico
- Centro agroturístico en la sierra de Neiba
- Centro ecoturístico en la sierra de Neiba
- Reacondicionamiento del monumento natural Las Marías
- Centro Tecnológico de Capacitación de Alto Estándar en Tamayo
- Centro Deportivo-cultural en Galván
- Centro Comunitario-cultural Apolinar Perdomo
- Instituto de Investigación en Limnología Enriquillo - Rincón
- Frente Forestal para el Desarrollo Ecológico en las sierras de Neiba y Bahoruco
- Circuito de interconexión vial Fase I (carreteras nodo Galván: Majagual, Batey San Rafael y La Cajita)
- Circuito de interconexión vial Fase II (carretera Tamarindo - Guaraguao)
- Circuito de interconexión vial Fase III

Al realizar el recorrido por **Bonao**, provincia **Monseñor Nouel**, pudimos constatar los siguientes proyectos:

De forma particular, algunos jóvenes han llevado a cabo varios emprendimientos personales, tales como una academia médica de formación y lleva un año operando una empresa de insumos médicos. En los hospitales no tienen espacios disponibles para las jóvenes trabajadoras poder descansar; en ocasiones utilizan un camarote para 4 personas. Mientras que en el área productiva, se cuenta a Bonao como un excelente productor de cacao, café en segundo plano, muy buena producción de arroz en la zona porífera. Se sabe que de los dos principales municipios de la provincia, (Piedra Blanca y Maimón), Piedra Blanca es el que está menos desarrollado.

Algunos maestros comentaron que ellos iniciaron la construcción del centro recaudando dinero con los mismos maestros y de igual forma, están conformando un club con sus propios recursos. En carpeta existen algunos proyectos, tales como:

- Planta de tratamiento de aguas residuales
- Sistema colector combinado
- Centro de especialidades médicas
- Viviendas de protección social
- Edificio de oficinas gubernamentales
- Red ferroviaria nacional de carga y pasajeros (línea Cibao) - estaciones Piedra Blanca y Bonao.
- Central de investigación minera
- Red de centros educativos laborales
- Mercado y centro de fomento de la orfebrería Doña Cachón
- Red de apoyo a la producción y al turismo agrario
- Central regional de acopio y distribución logística
- Nuevo mercado urbano
- Centro de procesamiento pecuario (rastro industrial)
- Centro de retiro para la tercera edad

Sobre el recorrido por la provincia **San Cristóbal**, podemos señalar algunos proyectos, dentro de los cuales encontramos los siguientes:

- Planta de tratamiento de aguas residuales
- Sistema colector combinado
- Centro de especialidades médicas
- Red de centros hospitalarios (Yaguate y Haina)
- Viviendas de protección social
- Red ferroviaria nacional de carga y pasajeros (línea Cibao) - estaciones Puerto de Haina y Villa Altagracia
- Renovación del Puerto de Haina
- Observatorio para el control de actividades industriales
- Consolidación y reinterpretación del sector industrial
- Procesadora agroindustrial de San Cristóbal
- Nuevo mercado urbano de San Cristóbal
- Centro de procesamiento pecuario (rastro industrial)
- Centro tecnológico de capacitación informática y emprendurismo en Cambita Garabitos
- Hotel urbano y centro de convenciones
- Ciudad gastronómica y comunidad pesquera Najayo - Palenque
- Centro de turismo cultural y de aventura El Pomier
- Centros de visitantes (Najayo - Palenque)
- Red de paradas y miradores carretera San Cristóbal - Villa Altagracia y autopista 6 de Noviembre
- Centro de turismo comunitario Sainaguá (fiestas de atabales)
- Red de centros deportivos, culturales y bibliotecas comunitarias
- Centro cultural de Haina
- Centro comunitario de Cambita Garabitos
- Rescate del patrimonio histórico-cultural

- Rescate y revalorización de cuencas (Nizao, Haina, Nigua, Ozama, Sainaguá e Itabo)
- Parque lineal y estuario del río Nigua
- Instituto de Estudios Forestales en Villa Altagracia

En el recorrido por la provincia Santiago de los Caballeros, se avistaron algunos proyectos, dentro de los que se cuentan los siguientes:

- Ampliación y mejora del sistema de tratamiento de aguas residuales
- Sistema colector combinado
- Ciudad hospitalaria de la mujer y de la atención al politraumatismo
- Viviendas de protección social
- Estación de intercambiador urbano
- Revalorización de estructuras culturales e históricas
- Corredores turísticos santiagueros
- Circuito de interconexión vial Fase I (reconstrucción de la carretera turística)
- Centro de retiro para la tercera edad
- Hacienda de café de Juncalito
- Centro de conservación del patrimonio y rescate de la arquitectura popular, Villa González y Villa Bisonó
- Centros ecoturísticos Cordillera Central, Jánico
- Circuito de interconexión vial Fase II (construcción de la carretera Santiago-San Juan)
- Corporación Portuaria del Atlántico (Muelle de Manzanillo)
- Red de acopio, almacenamiento y distribución de alimentos (Merca-Santiago)

- Centro saludable de procesamiento pecuario (rastro industrial)
- Parque agroindustrial de Jánico
- Museo y centro de promoción del tabaco de Villa González
- Sistema integrado de negocio (Cibao Trade Center)
- Centro-sistema de incubación de empresas
- Instituto de Formación Técnico-vocacional
- Red de centros deportivos, culturales y bibliotecas comunitarias
- Centro de capacitación en orfebrería y comercialización del ámbar, Tamboril
- Régimen general de gestión de cuencas de la ciudad de Santiago y su entorno regional
- Gestión de parques y espacios públicos (Parque Central de Santiago)
- Jardín Botánico
- Parque museo arqueológico histórico de Jacagua

En nuestro recorrido por la provincia **Santo Domingo** y algunos de sus municipios, encontramos los siguientes proyectos:

- Red municipal de plantas de tratamiento de aguas residuales
- Centro de Especialidades Médicas de Santo Domingo Este
- Intervención del Hospital General de la Ciudad de la Salud en Sabana Perdida
- Viviendas de protección social del sector Los Guaricanos
- Edificio de oficinas gubernamentales de Santo

Domingo Oeste

- Centro Diagnóstico Especializado de Los Alcarrizos
- Red de centros hospitalarios en los distritos municipales La Cuaba y La Guáyiga de Pedro Brand
- Edificio de oficinas gubernamentales de San Antonio de Guerra
- Red de áreas de uso público y recreativo en el municipio de Santo Domingo Este
- Frente forestal para el desarrollo ecológico de la ribera de los ríos Ozama e Isabela
- Intervención y remodelación del Centro Comunal de Los Mina
- Arena deportiva de San Luis
- Red de áreas de uso público y recreativo en el municipio de Santo Domingo Norte
- Rescate y revalorización paisajística del arroyo Yaguaza en Los Guaricanos
- Pabellón deportivo de Santo Domingo Norte
- Red de áreas de uso público y recreativo en el municipio de Santo Domingo Oeste
- Instituto Técnico Superior de Los Alcarrizos
- Red de áreas de uso público y recreativo en el municipio de Los Alcarrizos
- Red de áreas de uso público y recreativo en el municipio de Pedro Brand
- Instituto de Formación Técnico-vocacional del Distrito Municipal de La Cuaba
- Instituto de Formación Técnico-vocacional de Boca Chica
- Centro Deportivo, piscina deportiva y pabellón de

eventos de San Antonio de Guerra

- Red de áreas de uso público y recreativo en el municipio de San Antonio de Guerra
- Puerto marítimo y de turismo de barcaza en la ribera del río Ozama (rescate y saneamiento de la cuenca)
- Boulevard y plaza del chicharrón de Villa Mella
- Centro Cultural de Santo Domingo Oeste
- Centro Cultural de Pedro Brand
- Intervención en el Parque Nacional Submarino La Caleta
- Rescate y reacondicionamiento de la playa San Andrés de Boca Chica
- Centro-sistema de incubación de empresas de Santo Domingo
- Centro saludable de procesamiento pecuario (rastro industrial) de Santo Domingo Norte
- Plaza agropecuaria y artesanal de Boca Chica
- Plaza agropecuaria de San Antonio de Guerra
- Sistema de pasos a desnivel avenida Charles de Gaulle
- Readecuación y reconstrucción del puente Gregorio Luperón
- Intervención de la avenida Nuevo Camino Profesor Juan Bosch
- Reconstrucción de la avenida de Pantoja
- Intervención en la carretera Santo Domingo – Guerra
- Red de distribuidores de tránsito (Guáyiga, Parque Industrial y kilómetro 18 de la autopista Duarte)
- Sistema integral de abastecimiento de agua potable
- Tema municipal de colectores combinados
- Edificio de oficinas gubernamentales de Santo Domingo Este

- Edificio de oficinas gubernamentales de Santo Domingo Norte
- Cuerpo Especializado de Bomberos de Santo Domingo Oeste
- Centro Hospitalario de Pantoja
- Viviendas de protección social del sector Los Jobos de Suardi de Pedro Brand
- Centro Regional Materno-infantil de Boca Chica
- Reconstrucción y Ampliación del Hospital General de San Antonio de Guerra
- Gestión integral de residuos sólidos urbanos en Duquesa
- Intervención y remodelación del Centro Deportivo y Cultural Los Mina
- Instituto de Formación Técnico-vocacional de Santo Domingo Este
- Instituto de Formación Técnico-vocacional de Santo Domingo Norte
- Parque Lineal Urbano (rescate integral del río Higüero)
- Centro Deportivo y Cultural de Los Guaricanos
- Renaturalización del cauce y tratamiento de las aguas de las cañadas de Santo Domingo Norte
- Centro Deportivo de Santo Domingo Oeste
- Centro Comunitario y Deportivo de Los Alcarrizos
- Centro Deportivo y Piscina Municipal de Pedro Brand
- Saneamiento y revalorización paisajística de la cañada **La Pelúa** en **Pedro Brand**
- Red de áreas de uso público y recreativo en el municipio de **Boca Chica**
- Cineteca y Teatro de **Boca Chica**

- Instituto de Formación Técnico-vocacional de San Antonio de Guerra
- Centro Cultural de Santo Domingo Este
- Centro Cultural de Santo Domingo Norte
- Ciudad Gastronómica y Comunidad Pesquera en la ribera del río Isabela (rescate)

De igual forma, en el recorrido por el **Distrito Nacional**, también fueron encontrados los siguientes proyectos:

- Sistema sectorial de colectores combinados
- Centro Especializado Materno-infantil Nuestra Señora de La Altagracia
- Plan Sectorial de ciudades de protección social (Ciudad Los Praditos)
- Ciudad Tecnológica
- Centro de Retiro para Personas de la Tercera Edad
- Hotel Urbano y Centro de Convenciones
- Centro Deportivo y Cultural Juan Marichal
- Plaza agropecuaria
- Reestructuración de la Avenida Mella y reorientación del Mercado Modelo
- Plan de estacionamientos públicos
- Ampliación del corredor vial 27 de Febrero
- Red sectorial de plantas de tratamiento de aguas residuales
- Centro Especializado Enfermedades Crónicas y Tanatología
- Red Nacional de Bibliotecas Públicas
- Plan Sectorial de Construcción de Guarderías Infantiles

- Red Sectorial de Centros Deportivos y Culturales
- Tranvía del Distrito Nacional
- Remodelación del Centro Olímpico Juan Pablo Duarte
- Reorganización del comercio Avenida Duarte, Avenida Mella y Parque Enriquillo
- Circuito de interconexión vial Santo Domingo Centro
- Sistema de interconexión sur-norte
- Ampliación del Puente Avenida John F. Kennedy - Avenida Los Próceres

En el recorrido por **Higuey**, provincia **La Altagracia**, fueron identificados algunos proyectos de interés para la comunidad, los cuales resumimos a continuación:

- Planta de tratamiento de aguas residuales
- Sistema colector combinado
- Ciudad Hospitalaria de la Mujer y de la Atención al Politraumatismo
- Remodelación y ampliación del Hospital Regional Nuestra Señora de La Altagracia
- Red de centros hospitalarios (Verón, Bávaro-Punta Cana, Villa Cerro y Laguna de Nisibón)
- Viviendas de protección social
- Estación del intercambiador urbano
- Centro Internacional de Formación Turística
- Puerto ecoturístico y pesquero de Boca de Yuma
- Atracadero en Bayahíbe
- Centro de vacacionistas Saona
- Ruta de turismo histórico-urbana
- Centro cultural y mercado La Otra Banda

- Centro ecuestre higüeyano
- Circuito de interconexión vial - Fase I (Circunvalación de Salvaleón de Higüey)
- Circuito de interconexión vial - Fase II (red de conexiones viales: Autopista del Coral e Higüey; Boca de Yuma e Higüey; Boca de Yuma y Bayahíbe)
- Ruta turística Parque Nacional Punta Espada
- Centro Ornitológico
- Centro Escolar
- Centro de Investigación de Oceanografía Física y Geomorfología Costera
- Centro Tecnológico de Capacitación Informática de Alto Estándar en Bayahíbe
- Centro de Estudios Arqueológicos e Históricos San Rafael del Yuma
- Centro de Procesamiento Pecuario (rastro industrial)

La provincia de **El Seibo** es una de las más pujantes que tiene la República Dominicana en la Zona Este. En nuestro recorrido por aquella localidad, avistamos una serie de proyectos, los cuales enlistamos a continuación en orden de importancia:

- Planta de tratamiento de aguas residuales
- Sistema colector combinado1000
- Centro de Especialidades Médicas
- Viviendas de protección social
- Estación del intercambiador urbano
- Planta de procesamiento de productos lácteos de ganado bovino

- Escuela de Formación Ganadera
- Centro Saludable de Procesamiento Pecuario (rastro industrial)
- Nuevo mercado urbano de El Seibo
- Centro de Investigación, Promoción y Distribución de la Pesca Artesanal
- Centro de Fomento a la Agroindustria
- Centro de Estudios Agropecuarios Ciudad Abierta
- Centro Ecoturístico y Portuario en Miches
- Corredor Turístico Uvero Alto - Miches - El Cedro - Higüey
- Centro de Promoción del Turismo de Montaña y Playa en Miches
- Centro Urbano Institucional
- Hotel Urbano y Centro de Convenciones
- Instituto de Formación Superior en Alta Tecnología
- Casa de la Cultura de El Seibo
- Biblioteca y Centro Cultural Deportivo Santa Cruz
- Centro de Protección Ecológica Limón - Redonda
- Parque Lineal Periférico de El Seibo (zona oeste)
- Saneamiento y Revalorización del Frente Acuático de Los Ríos Seibo y Soco
- Clausura y Reubicación del Vertedero Municipal
- Centro de Capacitación Forestal

Considerado como la Capital del Sur, el municipio **Baní**, en la provincia **Peravia**, es uno de los municipios más importantes del Sur Medio; en él se encuentra una diversidad de proyectos, los cuales tenemos a bien señalar a continuación:

- Planta de tratamiento de aguas residuales
- Sistema colector combinado
- Centro Regional Materno-infantil
- Edificio de oficinas gubernamentales
- Viviendas de protección social
- Estación del intercambiador urbano
- Centro de procesamiento pecuario (rastro industrial)
- Centro de Fomento a la Agroindustria
- Oficina para el Fomento del Emprendurismo
- Instituto de Desarrollo Hortícola
- Red de Proyectos de Turismo Comunitario (Rancho Arriba y El Naranjal)
- Corredor Padre Luis Quinn
- Red de corredores verdes para la protección de las cuencas hidrográficas (Nizao, Ocoa y Yuna)
- Centro de Formación de Guardas Forestales Juan Bautista Pérez Rancier
- Centro para el Estudio de los Riesgos Geológicos y Geomorfológicos
- Red vial para la accesibilidad rural
- Red vial para la conectividad sur-norte
- Cultural de San José de Ocoa.
- Centro Politécnico-vocacional de Alto Estándar
- Centro Deportivo, piscina municipal y pabellón de eventos
- Sistema de parques urbanos

Fruto de la visita a las Hermanas Mirabal sus lideres desearían estas iniciativas

- Sistema múltiple de abastecimiento de agua potable
- Planta de tratamiento de aguas residuales
- Sistema colector combinado
- Centro de especialidades médicas
- Viviendas de protección social
- Estación del intercambiador urbano
- Planta de procesamiento de productos lácteos de ganado bovino
- Escuela de formación ganadera
- Centro saludable de procesamiento pecuario (rastro industrial)
- Nuevo mercado urbano
- Centro de fomento a la agroindustria
- Centro ecoturístico
- Centro de promoción del turismo de montaña y playa
- Centro urbano institucional
- Hotel urbano y centro de convenciones
- Instituto de formación superior en alta tecnología
- Casa de la cultura
- Biblioteca y centro cultural deportivo
- Centro de protección ecológica

ASPECTOS ESTRATÉGICOS: VISIÓN, MISIÓN Y VALORES

VISIÓN:

Una República Dominicana con un verdadero dominio de su presente y futuro; con un instrumento dirección y gestión del Estado que garantice su desarrollo sostenido; con una actividad productiva en un entorno social, económico y política adecuada y con indicadores de desarrollo humano que reflejen efectivamente la reducción sustancial de la pobreza.

MISIÓN:

Desarrollar un proceso de amplia participación y consulta sobre la gerencia estatal para el desarrollo sostenible y disponer de un efectivo instrumento de dirección y gestión del Estado dominicano.

VALORES:

Hacer predominar en las funciones públicas verdaderos servidores; Conscientes de su importante rol y comprometidos en la concepción y aplicación de efectivos instrumentos de dirección y gestión del Estado Dominicano, a partir de una nueva ética pública y por tanto contrario a toda forma de corrupción que aun en situaciones de adversidades o contingencias tomen las decisiones y acciones más apropiadas para la sociedad.

¿CUAL HA SIDO LA REALIDAD DE LA RELACIÓN ENTRE EL ESTADO Y EL DESARROLLO DOMINICANO EN LOS ÚLTIMOS 20 AÑOS?

En su discurrir histórico y especialmente en los últimos 20 años el Estado Dominicano como la forma más alta de organización de la sociedad ha carecido de una gerencia que sea una garantía para su desarrollo sostenido. Basta citar a manera de ejemplo situaciones que caracterizan áreas fundamentales para lograr el desarrollo nacional.

EDUCACIÓN

Los resultados del más reciente estudio comparativo internacional publicado hace menos de dos años situaron a los niños y las niñas dominicanas, a la sazón de tercero y cuarto grados, en el penúltimo y último lugar en Lenguaje y el antepenúltimo lugar en Matemática. Se destaca la situación no menos grave de otros niveles educativos, la capacitación del maestro, la gestión educativa y el desarrollo curricular, entre otros.

Se entiende que la escuela en atención a los grados de escolaridad otorga la calificación que avala la competencia y por tanto garantiza el desempeño apropiado en la vida en general y en el trabajo productivo en particular. Sin embargo como se ha comprobado, en una elevada proporción aquellas ciudadanas y ciudadanos dominicanos que van a la escuela si bien la educación los "califica", realmente no les otorga las competencias requeridas y por consiguiente el resultado es el pobre desempeño que los caracterizaría en potenciales actividades.

SEGURIDAD SOCIAL Y SALUD

La seguridad social es una de las políticas públicas más importante de los Estados Modernos y es parte de los códigos internacionales en la materia desde Junio de 1952 cuando se aprobó la Norma Mínima 102 de la Organización Internacional del Trabajo, y además es fundamento del Código Iberoamericano de Seguridad Social. Sucede que es 50 años de los códigos y acuerdos internacionales que referimos es que se aprueba la Ley 87-01 que crea el Sistema Dominicano de Seguridad Social.

Aunque se hicieron intentos de superar el atraso de varias décadas y cuando ya varios países de la región iniciaban sus esfuerzos de reformas en los años 80 y 90, en el país tales esfuerzos resultaron fallidos.

El 10 de enero de 1991 el Congreso aprobó un proyecto de Ley que introducía una reforma y nunca fue promulgado por el Poder Ejecutivo. El 28 de agosto de 1996 y mediante el decreto 382-96, el Poder Ejecutivo creó una comisión tripartita para elaborar un proyecto de Ley de Seguridad Social; el objetivo era elaborar una propuesta al Poder Ejecutivo que no debía sobrepasar el 27 de febrero de 1997 día de la Independencia Nacional. Dicha comisión cumplió con su cometido y el 21 de febrero entregó su trabajo. Más el proyecto en cuestión para sorpresa de muchos ciudadanos y ciudadanas se retuvo en el Palacio Nacional por dos años sin ser remitido a las cámaras legislativas y en esa transición una comisión de senadores elaboró otra propuesta, entregada en septiembre de 1998, y una versión posterior a ser sometida el 19 de julio de 1999 para luego transformarse en la actual Ley 87-01.

Se hace tal introducción respecto al sistema dominicano de seguridad social para que se vincule claramente dicha política pública con la ausencia de gerencia estatal para el desarrollo sostenible y sobre todo, para que comprendamos su sorprendente retraso. Fuera de la Seguridad Social que contempla la prestación de asistencia sanitaria o seguro de salud como una de sus partes principales ¿Cuál es la situación de la salud propiamente dicha?

Veamos algunos datos en función de indicadores y comparaciones internacionales de la Organización Mundial de Salud. Por ejemplo, al último trimestre del año 2020, en Latinoamérica, encabeza las estadísticas de esperanza de vida, Costa Rica (79,6 años), seguida de Cuba (79) y Panamá (78), mientras que los países con menor esperanza de vida en la región son Bolivia (71,5 años), Guatemala (73,2) y República Dominicana (73,5)[1], siendo una de las más bajas, de acuerdo a la OMS. En lo que corresponde a la mortalidad infantil, de acuerdo al informe de salud del Ministerio de Salud de la República Dominicana, al tercer trimestre del año 2020, tuvo un registro de 127 por 100.000 nacidos vivos, lo que representó un promedio muy alto respecto al resto de América Latina, que fue de 67 por 100.000 nacidos vivos[2].

ENERGIA

El Sistema Eléctrico Nacional, hace algunas décadas se basaba en el consumo de combustible fósiles (principalmente petróleo y sus derivados), situación que ha ido cambiado, ya que anteriormente

---

1   *Periódico Diario Libre (2020). La esperanza de vida en República Dominicana es de 73,5 años, una de las más bajas de la región. Disponible en: https://www.diariolibre.com/actualidad/ internacional/la-esperanza-de-vida-en-republica-dominicana-es-de-735-anos-una-de-las-mas-bajas- de-la-region-PA18815648.*
2   *Ministerio de Salud Pública (2021). Informe Monitoreo de Indicadores de Resultados de Salud. Santo Domingo, República Dominicana.*

se utilizaba el carbón, otro combustible fósil, que como todos sabemos, fruto de la deforestación, el medio ambiente queda afectado de manera sensible y muchas veces irreparable.

Recientemente en el espectro nacional, se ha introducido el tema de la energía renovable, que si bien puede ser un magnifico aporte, y debe ser utilizado los más eficientemente posible, hay que reconocer y comenzar a crear conciencia sobre el uso de las energías alternativas o mejor conocidas como Green Energy, las cuales en muchos países, han comenzado su implementación y han aumentado de forma significativa la oferta de energía de una manera sana y agradable al medio ambiente.

La República Dominicana se ha visto envuelta en discusiones y mesas de diálogo, en las que se han abordado temas como el fortalecimiento del sector eléctrico, dejando de soslayo la dependencia estricta y directa del consumo de petróleo para la creación de energía. Un punto a destacar es que en el país existen condiciones propicias para atraer aquellas inversiones enfocadas a la creación de energía a partir de recursos renovables, los cuales están en abundancia y la nación dominicana por sus condiciones geográficas, puede aprovechar y maximizar los recursos para la creación de energía que ofrece la naturaleza.

En la República Dominicana la Comisión Nacional de Energía (CNE), es la institución encargada de trazar la política del Estado en el Sector Energía. Fue creada mediante la Ley General de Electricidad (LGE) No.125-01, del 26 de julio de 2001; la cual consagra las actividades de los subsectores: Eléctrico, Hidrocarburos, Fuentes Alternas y Uso Racional de Energía; es decir, del sector energético en general[3].

Atendiendo a los nuevos adelantos fruto del globalismo, que trajo

---

3   *Congreso Nacional (2007). Ley No. 187-06 que introduce modificaciones a la Ley General de Electricidad No. 125-01. Santo Domingo, Distrito Nacional, Comisión Nacional de Energía.*

consigo una multiplicidad de complejidades en todos los órdenes, el sector eléctrico no escapó a la ola de cambios y transformaciones, que procuraban adecuar la legislación existente respecto a dicho sector y en consecuencia, se promulgó en el año 2007 la Ley No. 186-07, la cual introdujo algunas modificaciones a la Ley General de Electricidad, No. 125-01, de fecha 26 de junio de 2001, para de esta forma sintonizar y robustecer todo el marco legal de este importante sector[4].

En la medida que avanzaba el tiempo, el sector eléctrico de la República Dominicana, y sobre todo, el país, continuaba necesitando la producción de un marco legal que estuviera acorde con el imperativo de ir cambiando la política energética; es decir, atender a los cambios globales que apuntaban cada vez con mayor énfasis, hacia el uso de otros tipos de combustibles, en vista del agotamiento de los combustibles convencionales. Por ello, se concibió entonces la Ley No. 5707 sobre Incentivo al Desarrollo de Fuentes Renovables de Energía y de Sus Regímenes Especiales[5].

Esta ley y su Reglamento de Aplicación No. 202-08, de fecha 12 de julio de 2012, significó para el país y para el Sistema Eléctrico Nacional, el aspecto jurídico-legal más innovador. Dicha ley ha sido concebida tomando en consideración el escenario que plantea el agotamiento progresivo de los recursos no renovables y que por décadas han sido la principal fuente para la producción de energía eléctrica en la República Dominicana país y en otras naciones. Dicho documento, entre otros aspectos señala poder aumentar la diversidad energética del país, en cuanto la capacidad de autoabastecimiento, de los insumos estratégicos, que significan los combustibles y la energía no convencionales, siempre que resulten más viables; además de reducir la dependencia de los combustibles fósiles importados; estimular los proyectos de

---

4   *Ídem.*
5   *Ídem.*

inversión privada, desarrollados a partir de fuentes renovables de energía[6].

Lo más interesante de esta ley es que se constituye en un estímulo por parte del Estado dominicano hacia la inversión los "proyectos que aprovechen cualquier fuente de energía renovable", como establece su segundo artículo. Con esta importante ley, se procura la disminución del uso o dependencia de los recursos no renovables y a su vez, promover las fuentes de energía que utilizan recursos renovables; mitigando de esta manera el impacto negativo que causa en el ambiente el uso de combustibles fósiles (acápite e, artículo 3).

De conformidad con el artículo 112 de la citada Ley No. 57-07, las empresas que produzcan energía eléctrica a partir de medios no convencionales que son renovables, como: la hidroeléctrica, la eólica, solar, biomasa, marina y otras fuentes de energía renovable, tendrán derecho de preferencia, en igualdad de precios y condiciones, en la venta y despacho de electricidad. A tales fines, el OC y el CCE estarán obligados a hacer efectivo dicho derecho de preferencia al momento de despachar y ejecutar la operación del SENI. Asimismo, de conformidad con el párrafo III del artículo 11 de la citada Ley, se excluye de dicho porcentaje la generación de energía eléctrica a partir de medios no convencionales que son renovables provenientes del viento, el sol, el agua y otras fuentes de energía renovable.

Ley No. 5707 sobre Incentivo al Desarrollo de Fuentes Renovables de Energía y de sus Regímenes Especiales, ofrece incentivo al desarrollo energético de República Dominicana en materia de energía renovable, la cual aplicará exención de hasta un 100 % de los impuestos a toda compañía nacional y extranjera o personas que deseen desarrollar proyectos que produzcan energía renovable.

---

6   *Ídem.*

Ciertamente, el desarrollo de esta energía en el país, es visto y apoyado por la ciudadanía en general, debido a que el Gobierno está aplicando políticas claras al respecto, que buscan reducir nuestra dependencia del consumo de combustibles fósiles, que son importados a cambio de divisas (dólares) que pudieran ser utilizadas en otros renglones de la economía, y las generadoras y distribuidoras que tenemos en la actualidad de electricidad, han querido mantener un monopolio en el sector.

En otro ámbito, a pesar de que en la República Dominicana no existe una ley que de forma específica regule el uso, explotación y comercialización de la energía nuclear, sí existe dentro del Ministerio de Energía y Minas, un viceministerio de energía nuclear. A la fecha en el país y desde antes de que se nombrara a una viceministra con el objetivo de "organizar y regular el área nuclear" local, en la Comisión Nacional de Energía de la República Dominicana, funciona una Dirección Nuclear que se encarga, entre asuntos de permisos y licencias, de la seguridad de las instalaciones radiactivas, de vigilar los niveles de radiactividad dentro y fuera de esas instalaciones, controlar las dosis de radiación que reciben los trabajadores y limitar el impacto radiológico en las personas y en el medio ambiente[7].

En ese sentido, no podemos afirmar que esas iniciativas sean parte de una política dirigida especialmente a la energía nuclear. Es por tal motivo que conviene abordar la temática relacionada con la política oficial de República Dominicana en materia de energías renovables, que sí cuentan con el aval legal de la Ley No. 57-07 –citada anteriormente- sobre Incentivo al Desarrollo de Fuentes Renovables de Energía y sus Regímenes Especiales, emitida en julio del año 2012. En un esfuerzo por contrarrestar el uso intensivo de los recursos no renovables y sobre todo, bajo la óptica de que

---

7   *Mejía, M. (2018). Los usos "desconocidos" de la energía nuclear en la República Dominicana. Disponible en: https://www.diariolibre.com/actualidad/tecnologia/los-usos-desconocidos-de-la-energia-nuclear-en- la-republica-dominicana-AC11643245.*

dichos recursos y que la tendencia futura apunta a que sean más escasos y tal vez ni existan, los países desarrollados y los que están en vía de desarrollo, procuran mejorar su relación con el medio ambiente, a la vez que van tras la producción de energía eléctrica, utilizando recursos renovables (sistemas eólicos y de biomasa), por lo que para ello el marco jurídico y legal, es imperativo. Cada vez con mayor énfasis la sostenibilidad del planeta desde el ámbito medioambiental, obliga a los estados a trazar políticas de conservación de los recursos y su uso racionalizado.

Nuestro país ha desarrollado además uno de los más importantes proyectos de energía renovable. Conocido como Parque Eólico Los Cocos, esta unidad está ubicada en la comunidad Juancho, Provincia Pedernales, al suroeste de la República Dominicana. El mismo tiene una extensión hasta la comunidad Enriquillo, en la provincia Barahona; este proyecto está considerado como la primera central de energía a partir del viento instalada en el país. Con el desarrollo de este proyecto se maneja el concepto de procurar "prácticas verdes como vía del desarrollo sostenible de las naciones", haciendo alusión al aprovechamiento de los vientos. Su construcción estuvo a cargo de la Empresa Generadora de Electricidad Haina (EGE Haina) y tuvo su inicio en el año 2010. Por esta razón la República Dominicana ha venido innovando y mejorando su relación con el medio ambiente, al punto que concibió la Ley No. 57-07, tomando en consideración el escenario que plantea el agotamiento progresivo de los recursos no renovables y que por décadas han sido la principal fuente para la producción de energía eléctrica en el país y en otras naciones.

Lo más interesante de esta ley es que se constituye en un estímulo por parte del Estado dominicano hacia la inversión de proyectos que aprovechen cualquier fuente de energía renovable. Con esta importante pieza legal, se busca la disminución del uso o dependencia de los recursos no renovables y a su vez, promover las fuentes de energía que utilizan recursos renovables; mitigando de esta forma el impacto negativo que causa en el ambiente el uso de combustibles fósiles (acápite e, artículo 3) –citado anteriormente. Con el uso de la biomasa para aprovechar el factor energético, esta ley contempla una serie de incentivos para la producción de energía limpia y tomando como base el uso de los biocombustibles, lo cual se estima mejorará sustancialmente la cogeneración eléctrica de República Dominicana.

Como ejemplo de la aplicabilidad de dicha ley, la República Dominicana cuenta en la actualidad con tres iniciativas energéticas que tienen como punto de partida el uso de la biomasa. Dichas iniciativas están ubicadas "en la provincia Monseñor Nouel, específicamente en el municipio Bonao; otra en la provincia Monte Plata y la última en San Pedro de Macorís. Cada una de las cuales genera 1 mega"[8]. Las facilidades e incentivos que están previstas en la Ley No. 57-07 permitirán en lo adelante el uso intensivo de los recursos renovables, por lo que ya está en curso la instalación de otros proyectos de biomasa y el remozamiento de los existentes, a los fines de dotarles de mayor capacidad en la generación eléctrica.

POLÍTICA CULTURAL

Con todo y los esfuerzos realizados aun predomina la poca comprensión del vínculo entre política cultural y desarrollo de los últimos 20 años en el país con todo y que la mundialización demanda de urgentes programas orientados a fortalecer la identidad y diversidad nacional cultural. Podrá sorprender de entrada la relevancia de la política cultural cuando hablamos de gerencia estatal para el desarrollo sostenible y es que precisamente las más modernas teorías del desarrollo otorgan una especial

---

8 *Mejía Aquino, J.C. (2018). República Dominicana enciende motores del desarrollo limpio con la biomasa como combustible del futuro. Disponible en: http://hoy.com.do/republica-dominicana-en-ruta-hacia-eliminacion-de-emisiones-a-la-atmosfera-con-biomasa-como-energia-del-futuro/.*

consideración a la política cultural. Incluso actualmente se le considera entre las claves olvidadas del desarrollo.

Para respaldar aún más las afirmaciones anteriores destaquemos lo que al respecto expresan dos de los más destacados economistas a nivel mundial, ambos premio Nóbel de Economía. Se trata de Amartya Kumar Sen (Premio Nobel 1998) y Joseph Stiglitz (Premio Nobel 2000) Amartya Sen, hizo grandes contribuciones al concepto de desarrollo humano, aportando además a su medición. Sen expresa que En tanto que miembros de familias y comunidades, las personas valoran de manera muy especial la cohesión social y el derecho a afirmar sus tradiciones y su cultura propia[9].

Para Joseph Stiglitz preservar los valores culturales tiene gran importancia para el desarrollo, por cuanto sirven como una fuerza cohesiva en una época en que muchas otras se están debilitando[10].

En tal sentido, vale reconocer que la República Dominicana es un mosaico de culturas con tres principales fuentes originarias: los aborígenes, los españoles y los africanos; ninguna homogénea pues como se sabe los esclavos provenían de lugares distintos de África y en muchos casos no hablaban la misma lengua; los españoles por igual y se destaca la presencia de canarios con características distintivas. Así como las influencias de varias naciones del mundo en sus distintas manifestaciones. Y con todo y ello la cultura dominicana ha llegado a ser realmente diferente que las distintas fuentes que le dieron origen.

Se destaca como la cultura dominicana nació primero que la Independencia y fue su principal fundamento como se expresó aun con más fuerza en la Restauración ¿Cómo no entender y priorizar

---

9   *Sen, A. (2000). El desarrollo como libertad. Revista Gaceta Ecológica, núm. 55, pp. 14-20.*
10   *Stiglitz, J. (2002). El desarrollo no es solo crecimiento del PIB. Icónos Revista de Ciencias Sociales, núm. 13, pp. 72- 86.*

su lugar para el desarrollo sostenido del país? Otra vertiente de mucha importancia y que ha de requerir un proactivo liderazgo en la perspectiva de una gerencia estatal para el desarrollo sostenible corresponde a las denominadas industrias culturales.

Para la UNESCO en su estudio Cultura, Comercio y Globalización, el concepto de Industrias Culturales comprende "aquellos sectores que conjugan creación, producción y comercialización de bienes y servicios basados en contenidos intangibles de carácter cultural, generalmente protegidos por el derecho de autor"[11]. Se refiere que también son denominados en algunos países como "industrias creativas". "industrias del contenido".

De acuerdo a la misma fuente, las industrias culturales incluyen la "edición impresa y multimedia, la producción cinematográfica y audiovisual, la industria fonográfica, la artesanía y el diseño[12]. Se precisa que ciertos países extienden este concepto a la arquitectura, las artes plásticas, las artes del espectáculo, los deportes, la manufactura de instrumentos musicales, la publicidad y el turismo cultural.

Las industrias culturales aportan un valor añadido a los contenidos al mismo tiempo que construyen y difunden valores culturales de interés individual y colectivo. Se considera que resultan esenciales para promover y difundir la diversidad cultural así como para democratizar el acceso a la cultura y además conocen de altos índices de creación de empleos y riqueza. Ciertamente, el panorama en las perspectivas del desarrollo sostenible que presentamos no es exclusivo de las áreas que hemos considerado hasta el momento con ciertos detalles y solo como pequeñas muestras de la situación actual de la República Dominicana.

---

11   *UNESCO (2002). Cultura, comercio y globalización, preguntas y respuestas. España: Editora de la UNESCO.*
12   *Ibídem.*

Lo dicho se extiende a la INDUSTRIA respecto a la cual los empresarios del sector expresan que se ha abandonado la reconversión industrial, fundamental para elevar la competitividad ante la integración en cuyos foros incluso las autoridades oficiales asisten con frecuencia. Se destaca en este sentido la Encuesta del Banco Central revela que se ha producido un deterioro de la actividad industrial para Este periodo con un comportamiento negativo.

En lo que respecta a la AGRICULTURA se destaca que si bien tuvo un desempeño positivo en la década de los setenta (3.3% de ascenso en promedio anual), y luego se fue deteriorando hasta llegar a un escaso 1.4% de crecimiento en los ochenta. La recuperación en la década de los noventa, sobre todo en la segunda mitad, parece indicar la existencia de márgenes de crecimiento, que podría resultar más estable con el respaldo del mercado interno, la mayor articulación con el turismo y la eventual recuperación del mercado externo. En todo caso se requeriría mejorar la competitividad, reducir los costos de producción (financiamiento, servicios básicos), y ampliar la difusión e incorporación de mejoras tecnológicas para elevar los rendimientos.

Se considera que el sector enfrenta cuatro retos en los que las políticas macroeconómicas y sectoriales tienen un gran peso. El primero es el ordenamiento del uso y propiedad de la tierra de acuerdo con su capacidad productiva. El segundo consistiría en incorporar sistemáticamente el criterio de sostenibilidad medioambiental en la producción. El tercero y más importante, por su trascendencia económica, social y política, es la reducción de la heterogeneidad productiva entre unidades campesinas, cooperativas y empresas agropecuarias, así como la disminución de la desigualdad y la pobreza en el campo. El cuarto es el ordenamiento institucional del sector.

EL TURISMO

Una de las principales áreas de desarrollo económico y social de la República Dominicana, es una de las principales columnas sobre la que descansa la Nación Dominicana. Para el último trimestre de 2019, el país contaba con más de 192,000 habitaciones; no obstante para el período enero-diciembre de 2020, recibió unos 2.2 millones de turistas[13]. Mientras que para el período enero-agosto de 2021, llegaron unos 2.9 millones de turistas a la República Dominicana[14]; situando la tasa promedio de ocupación en establecimientos de alojamiento turístico en un 56.08 %[15].

Como se observa, este sector contribuye con un porcentaje del PIB que pudiera ser mayor, y si se añaden el turismo doméstico y el emisor, representa un aun mayor del consumo total de la economía en este año. La actividad genera importante % del empleo. La tasa de ocupación hotelera para el período enero-agosto de 2020, se aproximó al 30.4 % y la tarifa promedio ha rondado los 85 dólares diarios en la última década. Los flujos de inversión extranjera en el sector fueron.

Sin embargo existen indicadores preocupantes: los promedios de gasto y estadía, y la tarifa promedio sigue siendo una de las más bajas del mundo debido a los niveles de calidad, a la alta dependencia del sector hotelero de los intermediarios turísticos o "tour operadores" europeos y a la competencia entre los destinos de sol y playa del Caribe, el Mediterráneo y la región Asia-Pacífico.

Algunos elementos evidencian fallas que podrían incidir negativamente en el crecimiento sostenido del turismo en el futuro.

---

13   *Oficina Nacional de Estadísticas (2021). Llegadas de pasajeros por vía aérea, motivo de viaje y el mes. Santo Domingo: ONE.*
14   *Ramírez, J. (2021). Han llegado 2.9 millones de turistas en ocho meses. Santo Domingo: Periódico Listín Diario, Sección Economía & Negocios. Disponible en: https://listindiario.com/ economia/2021/09/09/687416/han-llegado-2-9-millones-de-turistas-en-ocho-meses*
15   *Oficina Nacional de Estadísticas (2021). Tasa promedio de ocupación en establecimiento de alojamiento turístico. Santo Domingo: ONE.*

Se han registrado daños al medio ambiente social y natural debido a un desarrollo poco armónico del sector, la falta de infraestructura básica, agua potable, energía eléctrica, vías de comunicaciones terrestres y en particular la eliminación de desechos sólidos y de agua servidas. Algunos países en desarrollo han encontrado en el turismo un instrumento para crecer. Sin embargo, al ser un sector intensivo en capital, recursos humanos, conocimiento técnico e información, sujeto a un mercado globalizado, su desarrollo debe considerar las repercusiones positivas y negativas potenciales sobre la economía, la sociedad y el medio ambiente.

EL DEPORTE, LA EDUCACIÓN FISICA Y LA RECREACIÓN

Después de los Juegos Panamericanos ya hace mucho tiempo requiere un nuevo enfoque que releve el deporte para todos como componente importante de la actividad física que es hoy uno de los principales componentes de la promoción de la salud de los ciudadanos y ciudadanas; junto a la educación física y prioritariamente el deporte escolar instrumento probado como muy efectivo para la salud física y mental, así como base de una cantera por excelencia de atletas de alto rendimiento como se ha probado en países como Estados Unidos y Cuba. De tales políticas estamos muy lejos aún en la República Dominicana y solo el presupuesto de tan importantes vertientes del desarrollo se vio significativamente incrementado en ocasión de los Juegos Panamericanos que evidentemente y con todo el éxito, esplendor y disfrute de los mismos, solo se orientaban al deporte de alto rendimiento practicado por un grupo muy reducido de la población dominicana.

¿QUE HA SUCEDIDO CON EL FINANCIAMIENTO DEL DESARROLLO?

CONSIDERACIONES SOBRE EL PRESUPUESTO DE LOS ÚLTIMOS 10 AÑOS

El análisis detenido del presupuesto de los últimos 10 a años revela que la gerencia estatal no está orientada hacia el desarrollo sostenible, sino que se refleja tan escasa y débil comprensión del desarrollo que constantemente se reducen de manera alarmante los pocos recursos que se destinan a renglones tan importantes como educación y salud; o áreas y programas como los de agricultura, competitividad industrial, turismo y política cultural.

LA ECONOMÍA

Es importante hacer algunas sencillas precisiones conceptuales sobre la economía con el propósito de establecer algunas orientaciones generales. Los seres humanos desde tiempos remotos y sobre todo en la actualidad no podemos producir todos los bienes y servicios que necesitamos para desenvolvernos en la vida. Cuantas cosas que utilizamos cada día la producen otras personas o nos brindan el servicio correspondiente. Hagamos un rápido listado alimentos, teléfonos, vehículos, viviendas, vestimenta, muebles, distintos tipos de entretenimientos; servicios de salud, de educación, de transporte. La lista puede ser muy larga pero lo dejaremos ahí.

Es decir, que si hay algo que caracteriza a países como el nuestro y la inmensa mayoría de los países del mundo es la existencia de lo que se denomina como mecanismo del mercado y que es la vía para ofrecer los bienes, servicios y capitales (denominación un tanto separada que damos al dinero) que producimos y para adquirir los que nos no producimos que ya hemos visto que son muchos. Precisamente es ese el objeto de estudio de la Economía, la producción de bienes y servicios; más la economía no solo se queda en la producción sino que considera además la distribución de esos bienes y servicios y el consumo.

Si una economía de cualquier país aumenta su producción general de bienes y servicios con respecto al año anterior se dice que hay crecimiento económico y si ese crecimiento económico es mayor que el crecimiento de la población decimos que hay un crecimiento real pues al otro que no toma en cuenta el crecimiento de la población se le llama crecimiento nominal.

SISTEMA EMPRENDEDOR
(StarUp Gob)

Sin duda, entre las innumerables dificultades implícitas en el proceso de crear una nueva empresa, encontrar financiación y ayudas para abrir un negocio, suele ser lo más complicado. La ausencia de recursos se acaba convirtiendo en la principal pesadilla de muchos potenciales emprendedores que terminan echando atrás por la escasez de financiación. En este punto juegan un buen papel las ayudas y subsidios para emprender al proporcionar recursos y asesoría de acompañamiento a estos futuros empresarios.

Los subsidios para emprendedores serán convocados anualmente (aunque los criterios no van a variar sustancialmente) por el propio Estado, y se clasificarán por sector de actividad.

El nuevo Sistema Emprendedor (StartUp Gob) será una plataforma digital desarrollada con el objetivo de brindarte una experiencia innovadora e integral. El nuevo Sistema será creado para recibir, procesar y dar seguimiento a tus solicitudes de apoyo de una forma sencilla, eficiente y transparente. Solo tendrás que registrarte e iniciar sesión para comenzar a utilizar esta nueva herramienta, a través de la cual podrás solicitar apoyos en las convocatorias del Fondo Nacional Emprendedor.

¿Tienes una gran idea para poner un negocio, pero no tienes dinero para hacerlo? Una alternativa es buscar financiamiento y así poder hacerlo realidad.

De esta forma, se creará a través del Instituto Nacional del Emprendedor, entidad que se creará y que conjuntamente a la

Cooperativa del Emprendedor (CopEmprende) crearán el FONDO NACIONAL DEL EMPRENDEDOR:

Los créditos estarán disponibles para negocios de todo tipo (excepto proyectos del sector primario como agricultura, pesca, explotación forestal, minería y/o ganadería) y para ingresar deberán estar registrados en el sistema del emprendedor.

Se la lanzarán convocatorias del Fondo Emprendedor cada 6 meses y existirán 27 categorías. Cada una tendrá distintos requisitos y montos para préstamo, aunque la mayoría requiere que el interesado aporte cierto porcentaje del total del costo del proyecto. Algunos ejes estratégicos serán:

1. Programas de sectores estratégicos y desarrollo regional
2. Programas de desarrollo empresarial
3. Programas de emprendedores y financiamiento
4. Programas para MiPyMES.

Los programas estarán dirigidos a instituciones públicas, incubadoras, empresas, emprendedores, entre otros interesados, y se accederá a ellos por medio de convocatorias; deberán estar atentos a la página web que se creará para saber cuándo aplicar y los detalles del protocolo de requisitos. En esa página web podrán revisar cuál es la que más se acomoda a tus necesidades; considera que se da prioridad a proyectos de sectores estratégicos, que puedes consultar en tiempo real.

Estos programas estarán enfocados hacia la franja de dominicanos entre 18 y 35 años de edad, y aunque el préstamo se hace con instituciones bancarias y cooperativas, el respaldo del gobierno dominicano permite que éstas ofrezcan tasas preferenciales. El monto de los préstamos va desde 50 mil hasta 2.5 millones de pesos y habrá dos modalidades principales; una para comenzar un negocio y otra para impulsar uno que ya está funcionando.

INICIAR TU NEGOCIO. Puedes obtener hasta 150 mil pesos. La tasa anual fija será de 8% y se contará hasta con cuatro años para pagar el préstamo. Es necesario contar con un diploma del Programa de Emprendimiento que se ofrecerá en la plataforma, con una calificación mínima de 80. Éste será un curso de 20 horas conformado de 5 módulos que te da conocimientos básicos para crear una empresa; el cual se impartirá en varias universidades del país. Una vez obtenido, deberá contactar a la entidad más cercana para dar curso a su expediente.

¿Hacer crecer tu negocio?

Habrá dos submodalidades: Crédito para crecer y Pyme Joven, ambas con una tasa anual fija de 8% y hasta 4 años de plazo para pagar el préstamo. El monto dependerá del tipo de crédito que elijas.

A continuación, las características de cada modalidad

1. Crédito para crecer. Puedes obtener hasta 300 mil pesos. Los requisitos son: Contar con al menos 12 meses de operación formal en el negocio. Tener historial sano en Buró de Crédito. Contar con información financiera positiva en el último año de operación. Una vez cumplidos, no quedará más que contactarte con alguno de los bancos participantes, formalizar y contratar el crédito.

2. Programa: Pyme joven. Podrás obtener hasta 2.5 millones de pesos. La tasa anual es de 8% si el monto es mayor al millón de pesos. Los requisitos son: Contar con al menos 12 meses de operación formal en el negocio. Tener historial sano en Buró de Crédito. Contar con información financiera positiva en el último año de operación. Si estás interesado en alguno de los programas, deberás ponerte en contacto con las entidades vinculadas.

Fondo Nacional Emprendedor y el Nuevo Sistema emprendedor

EL INSTITUTO NACIONAL DEL EMPRENDEDOR

¿Qué será el Instituto Nacional del Emprendedor?

Será un organismo público creado para fomentar y dar apoyo a emprendedores 2024 y a las micro, pequeñas y medianas empresas. En la página oficial del Instituto Nacional del Emprendedor a partir del 16 de agosto del 2024, podrán encontrar la información que te ayudarán en el proceso de tu emprendimiento o la consolidación de tu negocio. Con el propósito de contribuir a la construcción de una economía más diversa, innovadora e incluyente, las nuevas convocatorias tendrán los siguientes objetivos específicos:

- Apoyar el fortalecimiento de las empresas dominicanas de menor tamaño a través del apoyo para obtener acompañamiento, asistencia técnica y/o capacitación grupal que contribuyan a mejorar sus procesos de producción e incrementar sus ventas.

- Contribuir al mejor desempeño de la actividad productiva de dichas empresas mediante apoyo para la adquisición de equipamiento.

- Promover la vinculación a cadenas de cluster y cadenas de valor para fomentar el crecimiento y la competitividad de las empresas, mediante apoyo para la obtención de certificaciones que permitan su inserción en nuevos mercados o incrementar su competitividad en mercados donde ya participan.

Préstamos Personales

Este tipo de préstamos en realidad son subsidios que otorgarán las administraciones en las que no se exige su devolución cuando se justifica el destino final de los fondos. Son por tanto ayudas del Gobierno cuyo objetivo es poder equilibrar las desigualdades sociales o para emprendimiento de tipo social.

¿Qué son los recursos a fondo social?

Un préstamo a fondo social es una oportunidad excelente para tratar de crear un negocio propio. Los préstamos a fondo social son aportaciones que se hacen a las empresas que demuestran ser merecedoras de una protección especial. Cuando un emprendedor solicite el apoyo al fondo, deberá de tener en cuenta cuáles son los puntos principales en los que se centra la política del Instituto Nacional del Emprendedor.

Entre las diversas modalidades de apoyo a mujeres emprendedoras en un nuevo período de gobierno, se otorgarán por medio de programas que brindan apoyos a emprendimientos incluyendo programas complementarios de alimentación, becas educativas, servicios de salud y apoyo a proyectos productivos por parte del Programa de Inclusión Social:

Programa Emprende Mujer!

Son más que apoyos económicos como su nombre lo indica, para la implementación de proyectos productivos, que promuevan la reinversión de los ingresos generados por el proyecto, dirigidos a personas con ingresos por debajo de la línea de bienestar conformados en grupos sociales que cumplen con los criterios y requisitos de la modalidad establecidos en las reglas de operación.

Préstamos del próximo gobierno para mujeres

Estos préstamos se conseguirán a través de empresas y negocios liderados por mujeres, de cualquier giro comercial, industria o servicios, que requieran desarrollar su modelo de negocio y recursos financieros para crecer.

¿Qué beneficios tienen estos proyectos productivos?

- Las mujeres emprendedoras tendrán acceso a financiamiento con tasas de interés preferenciales de hasta 8% anual fijo, dependiendo el monto solicitado y con plazos hasta 5 años.

- Préstamos desde 50,000.00 hasta 5 millones de pesos.

- Sin aval u obligado solidario ni garantía hipotecaria en créditos hasta 500,000 pesos, y de 500,000 hasta 2.5 millones de pesos, sin garantía hipotecaria.

¿Qué requerirán las mujeres dominicanas para solicitar estos préstamos y/o proyectos?

- Ser mujer y tener entre 18 y 75 años.

- Ser dueña de un negocio con al menos 2 años de antigüedad en el régimen formal (ya sea como persona física o persona moral).

- Si tu empresa es una persona moral, deberás acreditar ante el banco que la propiedad mayoritaria (51%) y las principales decisiones gerenciales son de mujeres, con los siguientes documentos:

- Acta constitutiva de la empresa;

- Identificación oficial de la o el representante legal y

- NCF de la empresa.

- Deberá contar con buen historial crediticio e información legal y financiera actualizada.

- Si no está registrada su empresa podrán solicitar el programa Crezcamos Juntas, para negocios con al menos un año de haber iniciado.

Programa Emprende Mujer! Más detalles:

¿Cómo funciona el Programa Mujeres PYME?

Este programa desde su creación buscará el desarrollo y consolidación de micro, pequeñas y medianas empresas dirigidas y lideradas por mujeres, con acceso a un financiamiento de máxima preferencia y a herramientas de desarrollo empresarial. Dicho programa Mujeres PYME ofrece los siguientes beneficios:

- Acompañamiento especializado para el fortalecimiento de tu negocio, de acuerdo con el nivel de desarrollo en que se encuentre.

- Acceso a financiamiento con tasas de interés preferenciales de entre 9% y 9.9% anual fijo, dependiendo el monto solicitado y con plazos hasta 5 años.

- Préstamos desde 50,000.00 hasta 5 millones de pesos.

- Sin aval u obligado solidario ni garantía hipotecaria en créditos hasta 500,000 pesos. Y de 500,000 hasta 2.5 millones de pesos, sin garantía hipotecaria.

- Si tu empresa ha recibido asesoría por parte de alguna incubadora o aceleradora reconocida por el Instituto Nacional del Emprendedor, el proceso es más rápido.

Los apoyos del gobierno o prestamos del gobierno para mujeres 2024 podrán ser solicitados desde del mismo 16 de agosto del 2024. Los apoyos del gobierno pueden ser solicitados por mujeres y hombres por igual y francamente las Mujeres son las que tienen más probabilidades de adquirir o conseguir dichos apoyos.

La participación de las mujeres en la economía será vital

Los retos de nuestro país son muchos, pero uno de los principales para generar desarrollo y lograr la igualdad sustantiva, es la baja participación de las mujeres en la vida económica. Sólo el 43% de ellas, mayores de 15 años, pertenecen a la población económicamente activa, y de las mujeres ocupadas, únicamente el 2.5% es empleadora, cifra que representa poco más de 500 mil mujeres en la República Dominicana.

En cuanto al nivel de instrucción de las personas económicamente activas por sexo, el 41.2% de las mujeres cuenta con estudios a nivel medio superior y superior, mientras que la representación de los hombres en el mismo grado de estudios es de un poco más de la tercera parte (35.4%). Según estudios del Informe de Desarrollo Humano de los últimos 4 años en la República Dominicana. Los roles y estereotipos por razón de género han colocado a las mujeres en sectores considerados "tradicionales", tales como el comercio (53.7% mujeres y 35.5% hombres), y servicios (25% mujeres y 14.9% hombres).

¿Quiénes pueden recibir los apoyos de gobierno para emprendedores?

Estos apoyos del próximo gobierno estarán destinados a todas aquellas personas físicas, morales e instituciones que requieran de un incentivo para aumentar las capacidades productivas y generar empleos, para hacer crecer sus negocios, para exportar, desarrollar nuevas tecnologías, aplicar nuevos métodos y modelos de negocio. En general estos apoyos del gobierno son para ser más productivo mediante la creación y comercialización de productos y servicios generando valor agregado.

El apoyo máximo que se da sobre proyecto micro ya armado, es de $150 mil. Por este medio sólo se otorgarán apoyos en especie: computadoras, celulares, circuito cerrado, pantallas, kits punto de venta, etc.

¿Qué requisitos debo cumplir para aplicar a los apoyos gubernamentales para emprendedores?

Generalmente todas las dependencias piden los mismos requisitos ya sea para personas físicas o personas morales, y son los siguientes:

- Estar legalmente constituido y contar con Registro Nacional de Contribuyentes (Personas morales).
- Contar con Registro Nacional de Contribuyentes (Personas Físicas).
- No tener antecedentes penales.
- Estar al corriente con las obligaciones fiscales en la DGII.
- Ser de nacionalidad dominicana (Personas físicas y morales).
- Contar con una cuenta bancaria.
- Contar con un proyecto y plan financiero.
- Invertir el dinero recibido en lo que se declaró en su proyecto.

¿Qué clase de proyectos podrán recibir los apoyos económicos para emprendedores?:

Todos los proyectos de negocios tienen las mismas posibilidades de obtener incentivos económicos, el factor más importante y necesario es saber cómo presentar la propuesta y fundamentar las probabilidades de éxito del proyecto. Más de la mitad de la población mundial es menor de 30 años, y los jóvenes emprendedores ofrecen soluciones innovadoras para los problemas a los que se enfrentan sus comunidades. "En un momento en el que nos enfrentamos a desafíos que ningún país puede superar por sí mismo: sacar a la gente de la pobreza, combatir el cambio climático, evitar la expansión de enfermedades; ayudar a los emprendedores".

"Tiene como meta empoderar a los aspirantes a emprendedores, proporcionándoles acceso a mentores, redes de contactos profesionales y financiación de emprendedores sociales a movilizarse y organizarse, une a más personas para encontrar soluciones".

Ayudas y subvenciones para emprender:
El pago único por desempleo:
El Pago Único por Desempleo (también conocido como Capitalización del Desempleo) es la primera entre las ayudas y subvenciones para emprender que vamos a analizar. Esta ayuda tiene como objetivo facilitar el arranque de proyectos emprendedores orientados al autoempleo. Para cobrarla hay que cumplir los siguientes requisitos:

1. Tener reconocida una prestación por desempleo del nivel contributivo. Se debe tener en cuenta que los subsidios y ayudas, como por ejemplo mayores de 55 años.

2. Una vez hecha la solicitud, tener pendiente de percibir tres meses de prestación.

3. En los 4 años anteriores a la solicitud, no se debe haber obtenido ningún pago único de prestación por desempleo.

4. En caso de iniciar una actividad en una sociedad laboral o cooperativa, debe hacerse como socio trabajador o trabajo de carácter estable, no temporal.

5. No haber iniciado la actividad antes de la fecha en que se presenta la solicitud.

6. Si hubiera impugnado el cese de la relación laboral, la solicitud se debe presentar después de que se haya resuelto el procedimiento correspondiente.

7. No haber compatibilizado la prestación por desempleo o haber sido autónomo en los 24 meses anteriores.

8. Es obligatorio iniciar la actividad en el plazo máximo de un mes desde el cobro de esta prestación.

9. En el caso de entrar en una sociedad creada durante los 12

meses anteriores, no podrá ser una entidad con la que se haya tenido una relación laboral o se haya tenido con alguna empresa del mismo grupo.

Ayudas paras mujeres emprendedoras
Uno de los recursos más interesantes para apoyar a mujeres emprendedoras es el

Programa de Apoyo Empresarial a las Mujeres

A través de este servicio se ofrece asesoramiento y acompañamiento especializado a todas las mujeres emprendedoras. Pero veamos las ayudas y subvenciones para emprender más interesantes.

- Tarifa Plana: La tarifa plana de 5000 pesos es general a todos los nuevos autónomos. Pero en el caso de las mujeres encontramos alguna particularidad. Por ejemplo, mujeres con menos de 30 años que se den de alta, tendrán una bonificación del 30% sobre la cuota de contingencias comunes. Por otro lado, en caso de que ya se haya sido autónoma, pero se paró la actividad por causas de maternidad, cuando se quiera volver a la actividad, si se hace dentro de los dos años siguientes a la fecha que se paró la actividad, tendremos derecho a una nueva bonificación.

- Microcréditos otorgados por el Ministerio de la Mujer. Esta es otra de las opciones disponibles como ayudas para mujeres emprendedoras. Las condiciones de este tipo de financiaciones son muy atractivas. Por ejemplo, no necesitan presentar aval aquellos proyectos calificados como viables. Pueden optar a estas ayudas todas las mujeres dispuestas a emprender y que presenten dificultades de acceso a la financiación (o que no posean aval).

- El Ministerio de la Mujer ofrecerá numerosas ayudas a las mujeres que desean emprender como por ejemplo, asesoramiento técnico y financiero.

Ayudas a la innovación

En un país claramente dominado por actividades económicas de escaso componente tecnológico, parece razonable que una parte de las ayudas y subvenciones para emprender estén orientadas a fomentar las actividades tecnológicas. El Ministerio de Economía, Planificación y Desarrollo ofrecerá un apoyo que como emprendedor puede interesarte: Una reducción fiscal entre el 35% y el 60% para aquellos proyectos orientados a la investigación y el desarrollo tecnológico.

Ayudas y subvenciones para empresas de base tecnológica:

- Emprende Tec: Estará pensado para apoyar a empresas de base tecnológica de carácter innovador. En este caso se exige una mayor precisión en el plan de negocio.

- NEOTEC: Las ayudas del Programa Neotec financian la puesta en marcha de nuevos proyectos empresariales que requieran el uso de tecnologías o conocimientos desarrollados a partir de la actividad investigadora, en los que la estrategia de negocio se base en el desarrollo de tecnología.

Ayudas y subsidios para emprender en las Comunidades Más pobres

Ayudas especiales gestionadas desde la Cancillería con Business Angels:

Los inversores, fondos privados y los llamados business angels son una buena opción para la financiación de los emprendedores. Un Business Angel aporta dinero, experiencia o una combinación de estos factores es lo que se denomina "smart money", porque te pueden aportar contactos, conocimiento y muchas cosas más. Pero debes saber que a través de la ley de emprendedores hay importantes ayudas y deducciones para ellos y si se lo explicas puedes ser de ayuda para lograr su apoyo. Por ejemplo, podrán deducir de su declaración de la renta un 20%.

Otra de las asignaturas pendientes de la República Dominicana, sin duda es el comercio exterior. El Centro de Exportación e Inversión ofrecerá ayudas y subvenciones para emprender a aquellos que quieran lanzarse a conquistar el mercado exterior.

Como se observa, las ayudas y subsidios para emprender estatales ponen un poco más al alcance del ciudadano el sueño de llegar a emprender, pero si no dispones de una formación base tu proyecto tendrá menos probabilidades de llegar a buen puerto.

Existirá la formación y mentoría a tu alcance para convertirte en un emprendedor que necesitas.

¿Qué podemos financiar?

- Liquidez

- Inversiones dentro del territorio nacional:

- Activos fijos productivos nuevos o de segunda mano.

- Vehículos.

- Adquisición de empresas.

- Liquidez con el límite del 50% de la financiación obtenida para esta modalidad de inversión.

- Rehabilitación de viviendas y edificios.

- Modalidad: préstamo/leasing para inversión y préstamo para liquidez.

- Tipo de interés: fijo o variable.

- Plazo de amortización y carencia: Si se financia 100% liquidez: 1, 2, 3 y 4 años con la posibilidad de 1 año de carencia. Si se financia inversión: 1, 2, 3, 4, 5, 6, 7, 8, 9, 10, 12, 15 y 20 años con hasta 2 años de carencia.

- Comisiones: la Entidad de Crédito no puede cobrar comisión, salvo por amortización anticipada.

- Garantías: a determinar por la Entidad de Crédito con la que se tramite la operación salvo aval.

Ayudas y subsidios para emprendedores discapacitados:

Existirán diferentes ayudas y subsidios para personas con discapacidad. Los trabajadores autónomos con discapacidad, que causen alta inicial o que no hubieran estado dados de alta en los dos años inmediatamente anteriores a la fecha de su afiliación, podrán beneficiarse, si eligen cotizar por la base mínima, de una reducción sobre la cotización por contingencias comunes durante los primeros 12 meses inmediatamente siguientes a la fecha del alta, que consistirá en un bono para emprender desde el sector cooperativo. Este bono incluirá tanto las contingencias comunes como las profesionales pues estos trabajadores, al igual que las víctimas de violencia de género o las víctimas abuso.

Ayudas para jóvenes emprendedores:

Con un desempleo juvenil superior al 50% y una dificultad añadida para acceder al crédito parece obvio que los jóvenes reciban un apoyo adicional para emprender. Entre las ayudas y subvenciones para emprender, destaca el Préstamo Participativo de Creación de Empresas para Jóvenes (Empresa Nacional de Innovación). Se establecen los siguientes requisitos:

1. Ser una pyme, conforme a la definición de la Unión Europea.

2. Tener personalidad jurídica propia, independiente de la de tus socios o partícipes.

3. Que tu empresa haya sido constituida, como máximo, durante los 24 meses anteriores a la solicitud.

4. Tener tu actividad principal y tu domicilio social en el territorio dominicano.

5. Que tu modelo de negocio sea innovador, novedoso o con claras ventajas competitivas.

6. La mayoría del capital tiene que estar en manos de personas físicas de edad no superior a 25 años.

7. Financiamos la adquisición de activos fijos y del circulante

necesario para la actividad.

8. Los socios tendrán que aportar, vía capital o a través de fondos propios, al menos un 50 % del préstamo.

9. Tendrás que demostrar la viabilidad técnica y económica de tu proyecto empresarial.

10. Debes tener las cuentas del último ejercicio cerrado depositadas en el Registro Mercantil o en otro registro público que proceda.

11. Quedan excluidos los sectores inmobiliario y financiero.

DESARROLLO ECONÓMICO SOSTENIBLE

Es más que importante, fundamental que la economía crezca pues así crece la riqueza general de un país y si hay gran inversión en salud, educación, nutrición, capital social y cultura, energía se ha demostrado que no solo debe crecer, sino que también ese crecimiento debe de provocar una mejor distribución de la riqueza generada.

Las consideraciones anteriores nos dice que la situación actual de la economía debe producirnos mucha preocupación a todos y el descuido de las áreas clave del desarrollo consternación, pues indica que el crecimiento que hemos tenido en algunas etapas como lo que acaeció en el intervalo de 1992-2016, es a lamentar pues como vimos al inicio de esta exposición esas áreas fundamentales del desarrollo sostenido fueron sorprendentemente descuidadas.

Desde las primeras tres décadas del siglo pasado por los años 1930 se comenzó a comprender la necesidad de una intervención directa en la economía fuera del mecanismo de mercado que ya comentamos de manera tal que se vigilara los incrementos de los precios, la cantidad de dinero que circula en una economía que en sentido general es lo que se llama masa monetaria, el nivel de desempleo, y los gastos del gobierno pues todos esos elementos tienen real relación con el crecimiento de la economía. A partir de entonces se han desarrollado los llamados bancos centrales que tiene bajo su responsabilidad lo que se denomina como estabilidad macroeconómica, lo cual significa que les corresponde vigilar el aumento de los precios o la inflación, la cantidad de dinero que circula que se ha demostrado que influye en todo lo otro, y los gastos de los gobiernos. La estabilidad macroeconómica es una garantía para que haya crecimiento y ese crecimiento depende e influye mucho en el consumo de bienes y servicios, en las inversiones grandes o pequeñas que hagamos, en los gastos del gobierno y la relación entre exportación e importación.

Un empleo es lo que a muchas personas les permite adquirir los bienes y servicios que no producen de ahí que esa situación es muy preocupante; las empresas que es la principal fuente de empleo tienen que despedir personal y otras veces hasta cerrar como ha pasado con muchas.

LA ECONOMIA EN EL CONTEXTO DE UN NUEVO MODELO GERENCIAL DEL ESTADO DOMINICANO.

Una propuesta de Gerencia Estatal para el Desarrollo Sostenible a 10 años como ha sido concebida, ha de tener como uno de sus principales referentes la realidad de la economía desde la propia consideración de la misma hasta sus expresiones concretas en la vida cotidiana de los dominicanos; de manera que a partir del conocimiento de dicha realidad puedan estructurarse de forma más precisa los distintos instrumentos y estrategias de desarrollo.

Procede la consideración del funcionamiento de la economía en la República Dominicana como una referencia de gran importancia en el diseño e implementación de la propuesta Estado Nuevo Siglo. Esto así, por cuanto la economía tiene un rol esencial en la vida de cualquier sociedad y de su detenida consideración y conocimiento se desprenden importantes aspectos para el progreso social.

Procede aclarar que esta parte corresponde a lo que se denomina como economía positiva, es decir, la realidad de la economía independiente a los juicios de valor que en torno a la misma pudiésemos expresar. En primer lugar, se harán importantes precisiones conceptuales y metodológicas para luego considerar la realidad actual de la economía y su expresión en la sociedad dominicana. Las necesidades elementales de sobrevivencia como las necesidades que van más allá y que comprenden aspectos específicos de su grupo cultural, constituyen satisfactores o bienes tangibles e intangibles que condicionan su existencia. Dentro de esos bienes se destacan los alimentos, viviendas, atenciones médicas, comunicación, educación, transporte, defensa. Pero además las distintas manifestaciones estéticas, así como esparcimiento, recreación, deportes, etc.

Al conjunto de bienes tangibles e intangibles en economía se le llama dentro de una amplia clasificación BIENES Y SERVICIOS. Para producir bienes y servicios se requiere de factores de producción, esto es del lugar o lugares donde producirlo, del trabajo de personas, medios de producción, tanto materiales como financieros, así como la manera de producir esos bienes y servicios que en su forma más amplia se denomina tecnología. Esos bienes y servicios en cualquier sociedad tienen como su punto de partida el empleo de recursos escasos que pueden tener distintos usos, a partir de lo cual se producen los bienes y servicios que comentamos y son distribuidos entre los distintos miembros de la sociedad para su consumo presente y futuro.

Se destaca en toda sociedad lo que se denomina como problemas de organización económica. Este tipo de organización económica de la sociedad parte de la respuesta a qué producir, cómo producir y para quién producir; si esos tres aspectos son decididos en lo fundamental por un grupo de personas que se entiende representan a la sociedad, en una institución generalmente llamada en la actualidad como Estado, se dice que la organización económica de la sociedad es socialista, planificada o Economía Centralizada.

Hasta hoy tales planteamientos en la vida real no han resultado y los distintos intentos – sin entrar en consideraciones sobre sus causas- han fracasado. Los distintos Estados socialistas después incluso de varias décadas, han vuelto a la economía de mercado como se explicará más adelante. El caso de Rusia es el más patético, desarrolla formas de la economía de mercado propias inclusive de sus períodos más primitivos y egoístas. Y China, otro gran Estado socialista, ha tomado como una de sus principales banderas la economía de mercado, combinado con un fuerte estado autocrático.

Cuando los aspectos básicos de organización económica, es decir el qué, el cómo y el para quién producir, se definen en los resultados de la compra y venta de esos bienes y servicios, decimos que estamos frente a una Economía de Mercado o del mecanismo del mercado. Uno de los más importantes economistas de la época, Paul Krugman[1], reduce la Economía de Mercado a dos aspectos considerados por él mismo como fundamentales:

1-La interacción: compra y venta de los bienes y servicios

2-La búsqueda del máximo beneficio.

La economía de mercado inició desde el punto de vista conceptual su período de desarrollo, con la obra de Adam Smith, denominada

---

1   *Krugman, P. (1979). Los rendimientos crecientes, competencia monopolística y Comercio Internacional. Journal International Economy, Nov. pág. 469.-*

"La Riqueza de las Naciones". Este cientista económico consideraba que la mejor forma de funcionamiento de la economía era si se permitía la mayor libertad posible en el mecanismo del mercado[2].

Procede señalar que algunas de las dificultades de la economía del mercado están asociadas a distintos tipos de intervenciones que impiden su pleno desarrollo y en la cual distintas formas de monopolios y otras obstrucciones no permiten lo que se denomina en la Economía como competencia perfecta, en el marco de lo cual ningún productor podrá tener un control tal del mercado que le permitiese imponer los precios por sí solo, y que los precios como tales estarían sujetos al libre juego de la oferta y la demanda. Adam Smith, por igual considera necesario evitar una intervención del Estado que pudiese influir y sobre todo dificultar ese libre juego de lo que se ofrece para la venta y lo que se desea comprar, es decir, el libre juego de la oferta y la demanda.

La competencia perfecta no se ha logrado y todo parece indicar hasta hoy que se aleja de la naturaleza del ser humano y de la sociedad y por consiguiente de la realidad. Lo que indica que la economía de mercado en su forma pura ha estado lejos de la realidad.

En un análisis puramente racional, la Economía Centralizada podría parecer algo natural y evidente. El encargar personas e instituciones que dirijan la producción, la distribución y consumo de bienes y servicios en el marco de la escasez y la eficiencia que destacamos, parecería un hecho normal. Más la sociedad y sobre todo la naturaleza humana no admite una respuesta simple; si bien es fácil comprender el carácter individual del ser humano, su carácter social tan real como el anterior y que ha sido la base su desarrollo, no solamente no luce ser evidente, sino que quienes

---

2   *Miranda, I. (1999). Introducción a la Economía, 7ma edición. Santo Domingo: Fundación Humanismo Integral.*

podrían comprenderlo en un nivel alto de cognición, se le hace en la mayor parte de los casos imposible de practicar en la vida cotidiana y real por el gran peso histórico-cultural y quien sabe lo biológico del carácter individual del ser humano.

Si bien en el mundo hoy en día predomina el mecanismo del mercado por las razones que hemos explicado las dificultades para hacer realidad, la competencia perfecta y el requerimiento de servicios que hay que garantizar más allá de lo que dicta el mercado, así como también la gestión global de la economía que obliga al Estado a asumir responsabilidades en el movimiento de los precios o inflación, la tasa de cambio, tasa de interés, ingresos y gastos de los gobiernos, el desenvolvimiento económico, el crecimiento y desarrollo económico y de manera especial el desarrollo humano, han convertido tanto en una realidad como en una necesidad la participación del Estado.

Las perspectivas se orientan en la dirección de lo que ha sido denominado como Economía Mixta. En la Economía Mixta se combina el mecanismo del mercado, hoy predominante en el mundo con la intervención, presencia o rol del Estado. Bajo la denominación de Economía Mixta se encuentra un amplio espectro y pudiésemos considerar que el parámetro principal está determinado por el rol del Estado. El peso o incidencia del Estado en la Economía es una referencia a partir de la cual se puede comprender mejor el carácter de la Economía.

La intervención del Estado se expresa en la gestión macroeconómica y en este sentido parece ser un consenso hoy en día. Cuando se habla de Macroeconomía comprende la intervención del Estado en la política fiscal, política monetaria, política de empleo y consecuencialmente la tasa de interés, la tasa de cambio y la inflación. Es esa una intervención estrictamente económica; pero por igual, a diferencia de lo que aconsejaba Adam Smith, el Estado interviene en otras actividades de la sociedad de verdadera implicación económica tales como educación, defensa, transporte, etc.

¿Qué ha de determinar en una Economía Mixta el peso o la proporción del Estado o el mercado?

Debe ser la eficiencia, considerada ésta como la combinación óptima en la producción de bienes y servicios, misma que está vinculada a la escasez. Se considera que la escasez y la eficiencia son temas gemelos de la Economía, pero no debemos de olvidar lo dicho por Mahatma Ghandi de que "la naturaleza tiene para todas las necesidades humanas, mas no para todos los egoísmos humanos"[3].

La escasez parte de la idea de que los bienes y servicios y en una forma mucho más primigenia, los materiales y humanos a partir de los cuales se producen, no son ilimitados y esa verdad obliga a considerar todo despilfarro, desviación o uso inapropiado de los mismos como un acto no sólo irracional, sino contrario a toda forma de progreso.

La realidad que describimos ha llevado a destacados economistas a buscar respuestas sobre todo en los momentos de crisis económicas. De ahí que se han desarrollado en el marco de la economía mixta en la cual evidentemente predomina la economía de mercado, distintas corrientes y otros estudios que si bien no plantean alternativas han implicado profundos análisis de la economía mixta o convencional moderna y que ponen en evidencia importantes problemas por resolver.

Veamos las principales corrientes que se manifiestan, dejando otros enfoques y planteamientos como los de Amartya Kumar Sen, el que hace cuestionamientos al funcionamiento de la económica mixta, coloca al ser humano en el centro y propone

la promoción de la capacidad en atención a la libertad humana en tres acepciones la libertad para elegir el tipo de vida que considera valiosa, la libertad para tomar parte en las decisiones que les

---

3   *Miki Decrece y Marta Rica (2018). El legado de Gandhi para las movilizaciones y resistencias ecosociales. Disponible en: https://www.ecologiapolitica.info/?p=10823*

afectan y la libertad para estar inmune a las influencias de otros en sus decisiones. La llamada promoción de la capacitad es hoy en día un punto básico de referencia en lo que se denomina como desarrollo humano.

Hechas las anteriores precisiones, procede considerar a partir de las mismas la realidad de la economía dominicana.

PERSPECTIVAS

El análisis de los últimos 20 años de áreas fundamentales para el desarrollo sostenible demuestra fehacientemente que de no variar la situación actual las perspectivas de los próximos 20 años pueden ser realmente sombrías. Es al Estado dominicano a quien corresponde el liderazgo principal para revertir la situación. Pues como hemos considerado, es tal la instancia de la sociedad su más alto nivel de organización y como tal le corresponde una gerencia que a diferencia de lo que muchas veces se considera ha de ser de las más eficientes; países en vías de desarrollo como el nuestro demandan de los más altos niveles de eficiencia para optimizar sus escasos recursos y enfrentar con éxito su grandes adversidades. Y sucede que la tecnología de información moderna permite estructurar instrumentos de gerencia de fácil aplicación y que si son asumidos plenamente y más aún si son impuestos por las sociedades a los gobiernos y se establecen y garantizan los mecanismos para su funcionamiento, podemos en pocos años tomar efectivamente la ruta del desarrollo sostenible que ha sido considerado.

El país tiene hombres y mujeres altamente valiosas que tanto en el sector público como el privado y al interior o fuera de las distintas organizaciones políticas han demostrado tener capacidad y voluntad para impulsar el desarrollo del país. Varias áreas de las comentadas han tomado importantes iniciativas sectoriales para organizar sus perspectivas de desarrollo y hay hechos recientes y del pasado en las más diversas vertientes de la vida nacional que demuestra el potencial que tenemos para avanzar un amplio conjunto de leyes muy avanzadas que lamentablemente no se aplican plenamente o se violan sistemáticamente es uno de los principales legados junto a importantes normativas e instrumentos internacionales; pero estamos convencidos que al margen del mayor y mejor uso posible de los avances de la administración moderna y de la tecnología de la información el ritmo de superación de nuestros retrasos no se corresponderá con lo que merecemos como Nación.

La propuesta que hacemos corresponde a un instrumento de gerencia que de manera sencilla se puede aplicar para la dirección del Estado a partir del enfoque que destacamos. El propio instrumento garantiza su actualización, ajustes, seguimiento; contempla además la parte financiera o gestión presupuestaria; una sección de referentes fundamentales como la economía, el perfil de la sociedad dominicana actual, las lecciones del pasado en el presente y la identidad y diversidad nacional-cultural. Toma en cuenta las contingencia o adversidades y las modificaciones del entorno económico, político, social nacional e internacional; Comprende además la base legal general y específica y la observancia de importantes documentos internacionales que representan los más altos niveles de avance sobre ha de ser la sociedad humana.

Al considerar el lapso 2020-2030, partimos de que después de una amplia consulta y la participación de todos los sectores nacionales, para su conocimiento, modificaciones y enriquecimiento de la propuesta, el país asuma esta nueva forma dirección del Estado Dominicano y que a partir de entonces los distintos gobiernos se vean obligados a su estricto cumplimiento que nos permita aprovechar al máximo nuestras posibilidades de desarrollo sostenible.

Entendemos que este es un problema crucial para la República Dominicana que debe ser conocido y abordado por todos los sectores nacionales mediante un proceso amplio de consulta a través de toda la geografía nacional privilegiando en esa consulta a la sociedad y a sus ciudadanas y ciudadanos independientemente de las afiliaciones políticas.

Consideramos que si los partidos políticos asumen en breve tiempo una nueva forma de dirigir al Estado Dominicano en base a los criterios externados, garantía para del desarrollo sostenible del país, la sociedad ha de buscar la solución apropiada pues es un hecho demasiado trascendente para dejarlo a las circunstancias y a los intereses y conveniencias personales y grupales. Ese es el propósito de la propuesta que les hacemos para su consideración, debate, estudio y sobre todo, para que podamos convertir en realidad nuestros anhelos de progreso y paz.

SÍNTESIS DE LA PROPUESTA DE NUEVA GERENCIA DEL ESTADO

Se ha elaborado en diseño digital y en la versión final podría verse desde cualquier computador. Esta tecnología facilita su uso, por cuanto en la versión impresa podría ser equivalente a varios volúmenes. Así que cualquier ciudadano o ciudadana con una breve orientación podría recorrer toda la propuesta sin dificultad.

Presentación:

Se destaca la necesidad de un instrumento para el desarrollo de la nación dominicana que garantice el empleo óptimo de todas sus potencialidades, de forma tal que los próximos 20 años se alcance un verdadero proceso hacia el desarrollo sostenible.

Referentes Fundamentales:

Se consideran como referentes fundamentales la Identidad Nacional Cultural en el propósito de hacer una precisa síntesis de los aspectos que nos hacen identificar y distinguir como comunidad humana dentro de las distintas naciones del mundo.

Los Referentes Fundamentales comprende además una parte con la denominación de Lecciones del Pasado en el Presente. Esta sección tiene por propósito la ponderación de la historia de la República Dominicana haciendo acento sobre todo en los principales hechos y acontecimientos y en las que pueden ser las principales lecciones del pretérito en el presente. Se incluye en los referentes la sección "La Economía". Se presenta esta parte tan importante de la realidad de las sociedades, para que a partir de su profundo conocimiento nos sea de utilidad en las estrategias de desarrollo.

¿Por qué y para qué de la propuesta Estado Nuevo Siglo?

En este componente se destacan cuatro aspectos que justifican el mismo:

- Como Instrumento Para el Desarrollo destacando el tiempo de 20 años.

- Como Punto de Confluencia de Propósito Nacionales.

- Como Mecanismo de Educación para formar Hombres y Mujeres a los distintos niveles y en base a las variadas categorías del servicio público: desde el conserje de una escuela hasta el presidente de la República; para diseminar ideas del desarrollo del país.

- Como forma de organización y progreso de la sociedad dominicana en base a objetivos comunes de desarrollo.

HACIA LA SOLUCIÓN DE LOS GRANDES PROBLEMAS

En esta parte se destaca la necesidad de una profunda comprensión de los problemas del país a partir de los antecedentes y la naturaleza de los problemas; en adición a lo anterior, la necesidad de un componente propositivo que plantee las soluciones desde el largo plazo, el mediano plazo y las soluciones inmediatas o urgentes. En lo que respecta a las Nuevas Formas de Dirección y Gestión del Estado Dominicano se hace acento además en la importancia del seguimiento y para lo cual se aborda la necesidad de planes operativos de corto plazo, la sistemática auditoria de desempeño para analizar el cumplimiento de las tareas y el análisis de brechas para ponderar la distancia de lo planeado de la realidad y la necesidad de hacer los ajustes correspondientes y lo que impone las revisiones y versiones de la propuesta.

Se incorpora un componente de ejes transversales que aborda aspectos que cruzan el conjunto de temas y problemas que la propuesta Estado Nuevo Siglo ha concebido; entre estos mujer, juventud, niñez, envejecientes. Eso es en cuanto a edades o periodos de vida; otros como la calidad de vida se asume desde la perspectiva de grados de progreso o desarrollo humano. Otros aspectos han de ser estudiados y considerados como parte de ejes que por su naturaleza tienen un impacto en el conjunto.

FINANCIAMIENTO DE LA EJECUCIÓN

En la parte correspondiente al financiamiento de la ejecución se hace una consideración del presupuesto nacional y su ejecución.

SEGUIMIENTO, CONTROL, CONTINGENCIAS

La propuesta Estado Nuevo Siglo incluye los mecanismos de seguimiento mediante los respectivos planes a corto plazo, y al mismo tiempo las correspondientes auditorias de desempeño y análisis de brechas; lo mismo que el seguimiento a los cambios del entorno y las contingencias, los cuales garantizaran los respectivos ajustes de la propuesta cada cierto tiempo.

¿EL POR QUÉ Y EL PARA QUÉ REPENSAR EL ESTADO DOMINICANO?

A través de su historia y especialmente en los últimos 20 años, la República Dominicana ha carecido de una gerencia que sea una garantía para su desarrollo sostenido. Cuando se refiere el término gerencia se asume en la acepción de la dirección y gestión del Estado; la dirección a partir de una orientación apropiada y la gestión en la perspectiva de una ejecución efectiva. La Tecnología de Información actual permite el concebir, elaborar, presentar y divulgar ampliamente un instrumento de dirección y gestión del Estado como la propuesta Estado Nuevo Siglo Gerencia Estatal para el Desarrollo Sostenible 2020-2030. La gerencia del Estado Dominicano, siendo este el principal estamento de la sociedad como organización, tiene que tomar en cuenta los ineludibles elementos de contingencia propios del carácter dinámico y no estático de la realidad.

La experiencia que hemos vivido los dominicanos en los últimos 20 años de ejercicio político debe llevarnos en los diez 10 años a la clara idea de llevar al Estado verdaderos servidores a partir de una nueva ética pública. A pesar de las adversidades, la Nación con tantas mujeres y hombres valiosos se resiste al estancamiento y el atraso. Al interior de los propios partidos políticos se presentan luchas y resistencias entre los portadores del progreso y los portadores del retroceso que toma distintas manifestaciones; incluso existen aparentes o transitorias minorías en varios partidos que son las reales representantes del deseo de progreso de la gran mayoría de los dominicanos. En tanto que si se parte del criterio que dirigir es prever, que dirigir es anticipar, la realidad es que en el país hemos estado detrás de los problemas y en muchos casos sin alcanzarlos de manera efectiva.

NUEVA FORMA DE DIRECCION Y GESTION DEL ESTADO

Seriedad de los problemas bajo la responsabilidad del Estado demanda de una actitud que supere la irresponsabilidad, el inmediatismo, la superficialidad y el interés mezquino que ha predominado en los últimos 20 años. Por lo que se requiere de una nueva forma de dirección del Estado que supere esas desviaciones todavía predominantes en la sociedad dominicana. El Estado es una organización compleja y grande y para lo cual existen enfoques de dirección y gestión que hoy representan importantes progresos y que puede ser una segura contribución a una mejor conducción de la sociedad dominicana.

La administración moderna se plantea la planificación, organización, dirección y control de las organizaciones y en base a esos grandes elementos ha de asumirse una nueva dirección y gestión del Estado. Los componentes estratégicos de la planificación que incorpora misión, visión , valores; programa de objetivos; programas de actividades; programa de tareas; así como los como el seguimiento mediante la auditoria de desempeño y el análisis de brechas, son integrantes del Plan Maestro a 20 años que implican una nueva forma de dirección y gestión del Estado Dominicano. La participación en el desarrollo de este nuevo enfoque es de vital importancia.

INSTRUMENTO PARA EL DESARROLLO

El desarrollo nacional no es un asunto de buenas intenciones. Se necesita de un apropiado instrumento que lo guíe. El Plan Maestro se ha concebido como un instrumento general y básico para la dirección y gestión del Estado. No puede dejarse el desarrollo del país a los propósitos de los distintos partidos pues por su propia naturaleza es parcializada y exclúyete. Y en el caso que se pretenda representar el interés nacional los demás partidos desconfían de tales intenciones o consideran que de apoyarlas les aleja de las posibilidades del poder; es decir la perspectiva partidaria es una gran limitante; lo mismo sucede que cuando los gobiernos se instalan por muchísimas razones encuentran contrarios que descreen en cualquier iniciativa que se exprese que va orientada hacia el desarrollo. El Plan Maestro como instrumento más allá de los partidos ha de definir, orientar, priorizar y guiar las acciones de progreso en las distintas vertientes de la vida nacional.

PUNTO DE CONFLUENCIA
DE PROPOSITOS NACIONALES

Los propósitos nacionales de desarrollo se expresan en las distintas personas, sectores y grupos de la vida nacional y dados los avances que en el plano de los propósitos ha alcanzado la humanidad se puede conseguir al menos factores de confluencia. Es en ese sentido que se concibe el Plan Maestro, es decir como punto de confluencia de propósitos nacionales.

DEMOCRACIA Y LIBERTADES PÚBLICAS

(Este tema se relaciona de manera directa con el de participación, descentralización y gobiernos locales en otra parte de la propuesta, de ahí que se recomienda el abordaje conjunto para su mejor comprensión).

La Democracia y las libertades públicas en la República Dominicana ha sido desde su fundación un tema pendiente. Es en la historia dominicana y por lo tanto en la sección de Una Mirada al Pasado donde se puede encontrar los elementos que explican la situación actual de la democracia y las libertades públicas en la República Dominicana.

La democracia en el sentido del gobierno de mayoría, es decir, donde impere el interés general por encima del interés particular o grupal ha estado prácticamente ausente en toda la historia dominicana. El propio Padre de la Patria Juan Pablo Duarte, solo participo parcialmente y en sus más breves inicios en la constitución de la República Dominicana y fue desterrado a perpetuidad y murió en Venezuela en condiciones de grandes privaciones. Luperón quien asumió el hecho de más alta confirmación de la independencia como lo fue la Restauración por igual termino sus días en condiciones de grandes privaciones personales y ante el drama de que precisamente el dictador Ulises Heureaux quien lo traiciono en un acto de misericordia lo va a buscar ya moribundo a una isla del Caribe.

Buenaventura Báez quien hizo todo los esfuerzos posibles de negar la nacionalidad dominicana, llega a ser presidente de la República por 6 oportunidades y termina su último gobierno con un fraude colosal que implico llevarse en su definitivo exilio hasta los sueldos de los empleados. Trujillo posteriormente se asumiría como dueño del país y luego de cometer todo tipo de fechorías por más de 30 años de oprobiosa dictadura es ajusticiado para dar paso a un periodo de nuevas búsquedas de espacios de democracia. Y sucede que ante las primeras elecciones democráticas y frente al primer gobierno que surge encabezado por el Prof. Juan Bosch, este es derrocado para dar paso a una guerra civil y a la segunda intervención norteamericana dos años después. A lo que le sigue la imposición del gobierno del Dr. Joaquín Balaguer y sus doce años de denegación total en la aplicación de los principios democráticos consignados en las normativas internacionales y las propias constituciones dominicanas a través de la historia.

A partir de 1978 cuando terminan los doce años del Dr. Balaguer, se han sucedido en el ejercicio de la dirección del Estado el Partido Revolucionario Dominicano por ocho años (1978-1986); de nuevo el Dr. Balaguer por otros diez años (1986-1996). El gobierno del Partido de la Liberación Dominicana (1996-2000); en el período 2000-2004, de nuevo el Partido Revolucionario Dominicano y a partir del 2004 y hasta el 2020, el solio presidencial estuvo representado por el Partido de la Liberación Dominicana.

El sistema de elecciones ha sido profundamente cuestionado con evidencias muy claras de irregularidades y mascaradas en toda la historia. De las elecciones nacionales más recientes, es decir desde el 1982, 1986, 1990, 1994, 1996, 2000 y 2016; solo las de 1996, las del 2000 tuvieron visos de transparencia y eficiencia, lo que volvió a quedar en tela de juicio en las elecciones 2016. Sin embargo desde el interior de los propios partidos y en el plano nacional no existen aún elementos que han confiar en las ciudadanas y ciudadanos dominicanos de la efectiva implementación practica de principios democráticos a lo que se agrega un elemento de fondo y es el que corresponde a la manipulación y a la explotación política de la pobreza.

El balance que puede hacerse de la historia de la democracia en la República Dominicana es que aún es un tema pendiente. Los distintos gobiernos no han aplicado una gerencia del Estado hacia el desarrollo sostenible pero en sus partidos con distintas tonalidades no han aplicado formas democráticas en su vida interna y no se ha implementado formas de gobiernos que promueva la libertad en las dimensiones que promueve el desarrollo humano; es decir la libertad para elegir el tipo de vida que considere valiosa, libertad para mantenerse inmune a las influencias de otros en sus propias decisiones y libertad para participar en las decisiones que les afectan.

Es ese el balance de la democracia en la República Dominicana. En lo que respecta a las libertades públicas las consideraciones que presentamos a continuación nos permiten comprender su realidad en el marco de las limitantes de la práctica democrática que hemos ponderado. Existe una clara fundamentación de las libertades públicas desde la propia Constitución de la República desde la cual se reconoce la necesidad de proteger los derechos y libertades de las personas, concibiendo tal protección como "finalidad principal del Estado" Junto con estos derechos y libertades se establecen los deberes de los ciudadanos para con el Estado y la sociedad misma, obligándolos a desenvolverse bajo una conducta responsable moral y jurídica, que contribuya al desarrollo de la justicia social, el bien común y el orden público.

La Constitución dominicana al año 2015, contiene 277 artículos y entre ellos el artículo 37 y siguientes, establece los derechos individuales y sociales de los ciudadanos, los cuales son divididos en garantías: de igualdad, libertad, seguridad, propiedad y sociales. En la Carta Magna también se encuentra plasmada la preocupación por estimular el desarrollo progresivo de la seguridad social, que toda persona pueda tener una protección adecuada contra el desempleo, enfermedad, incapacidad y la vejez. De igual forma se establece una protección especial de la familia, reconociendo el matrimonio como la base fundamental de la sociedad.

De acuerdo con la Constitución de la República Dominicana, es deber del Estado ofrecer a sus habitantes la garantía de igualdad, de manera que se garantice el disfrute de sus derechos y brinde iguales medios de defensa. La igualdad puede plantearse desde tres perspectivas: igualdad política, igualdad jurídica e igualdad social. En cuanto a los derechos políticos, la Constitución plantea que todos los ciudadanos dominicanos pueden ejercer su derecho al sufragio, así como ejercer cualquier cargo público. Jurídicamente, todos los ciudadanos dominicanos son iguales ante la ley, teniendo la misma posibilidad de acudir ante las autoridades pertinentes para hacer valer los derechos y garantías reconocidos por la Constitución. De igual forma deben tener las mismas posibilidades de defensa, que garanticen al individuo un resultado justo en base a un trato igualitario.

Según la Constitución dominicana, la igualdad no se limita a un marco jurídico o político sino que se extiende al ámbito social, dentro del cual establece que los ciudadanos dominicanos no podrán ser víctimas de discriminación. El artículo 39, numeral 2) de la Constitución condena todo privilegio y toda situación que tienda a quebrantar la igualdad de todos los dominicanos, entre los cuales no deben contar otras diferencias que las que resulten de los talentos o de las virtudes y en consecuencia, ninguna entidad de la República podrá conceder títulos de nobleza ni distinciones hereditarias. El artículo 40, numeral 6) de la Constitución, establece la libertad individual como un aspecto fundamental para la protección de las garantías individuales y tiene como fin evitar que una persona sea privada de su libertad sin causa justificada o sin mediar una sentencia dictada por autoridad competente que suspenda tal garantía.

La Carta Magna también establece otra serie de garantías que guardan relación con la convivencia dentro de la sociedad; éstas comprenden la inviolabilidad de la correspondencia y del domicilio, libertad de tránsito, libertad de expresión, libertad de asociación, libertad de conciencia y de cultos, libertad de empresa y la libertad de trabajo, que también constituye una garantía social. La Constitución dominicana recoge dentro de sus normas aquellas garantías que tienen como fin brindar seguridad a sus habitantes y dentro de esta perspectiva la Constitución indica que no podrá establecerse, pronunciarse ni aplicarse en ningún caso la pena de muerte, ni torturas, ni ninguna otra pena o procedimiento vejatorio que implique la pérdida o disminución de la integridad física o de la salud del individuo.

Asimismo, la Carta Magna establece las garantías mínimas de debido proceso. El artículo 44, numeral 3), consagra en el caso de procesos penales: la inviolabilidad del derecho de defensa, la presunción de inocencia del encausado, el derecho a la justicia y el proceso regular, la garantía de audiencia, prohibición de privación de libertad sin orden motivada y escrita por funcionario judicial competente, obligación de presentar a toda persona privada de su libertad ante autoridad judicial competente dentro de las cuarenta y ocho horas de su detención.

El artículo 40, numeral 5), establece la obligación de las autoridades judiciales de dictar auto de prisión o libertad dentro de las cuarenta y ocho horas de haber sido sometido el detenido ante la autoridad, debiendo notificar al interesado dentro del mismo plazo la providencia que al efecto se dictare. El numeral 5) del artículo 69 de la Constitución, establece también el principio de non bis in ídem, mientras que el artículo 71 aborda el derecho al recurso de habeas corpus; prohíbe trasladar cualquier detenido de un establecimiento carcelario a otro sin orden escrita y motivada de la autoridad judicial competente; y prohíbe también el apremio corporal por deudas.

La Constitución dominicana, en su artículo 51, numeral 1), garantiza el derecho a la propiedad, por lo que nadie puede ser privado de ella si no es en virtud de causa justificada de utilidad pública o de interés social, previo pago de su justo valor determinado por sentencia de tribunal pertinente. Cabe señalar que la Constitución comprende no sólo la propiedad privada material sino también la intelectual ya que garantiza la propiedad exclusiva de los inventos y descubrimientos, así como de las producciones científicas y artísticas de conformidad con la ley.

En el contexto de las garantías sociales, la Constitución se refiere a la libertad de trabajo, la cual regula la necesidad de crear fuentes de trabajo y la de determinar las relaciones laborales entre patrón y trabajador. La Constitución establece la necesidad de crear normas o leyes secundarias destinadas a señalar las condiciones laborales tales como jornada máxima de trabajo, días de descanso y vacaciones, sueldos y salarios mínimos, formas de pago, beneficios y seguros sociales.

El derecho a la huelga se deriva de la libertad de asociación sindical, y su existencia refleja el respeto a esta forma de asociación. La Constitución reconoce el derecho de los trabajadores del sector privado a la huelga, siempre que se ejerza con arreglo a la ley y para resolver conflictos estrictamente laborales. Sin embargo, declara ilícita toda huelga, paro, interrupción, entorpecimiento o reducción intencional de rendimiento que afecten la administración, los servicios públicos o los de utilidad pública.

Asimismo, el artículo 63, numeral 3), garantiza además el derecho a la educación, señalando que una de las principales obligaciones del Estado es la de proporcionar la educación fundamental a todos los habitantes del territorio nacional y tomar las providencias necesarias para eliminar el analfabetismo. La educación primaria es obligatoria. Tanto la educación primaria como la secundaria son gratuitas. De igual forma, el inciso 10 establece entre sus objetivos la difusión de la ciencia y en relación a la cultura, el artículo 64, numerales 1) y 2), facilitan que éstas lleguen a toda la población. La protección a la familia está recogida en el artículo 55, numeral 2), que establece que el Estado proporcionará la máxima protección posible a la familia, reconociendo el matrimonio como fundamento legal de la misma. Asimismo, la maternidad gozará de la protección de los poderes públicos y la familia tendrá derecho a la asistencia oficial en caso de desamparo.

El Estado dominicano, según la Constitución, deberá estimular también el desarrollo del crédito público en condiciones socialmente ventajosas, destinado a que la familia dominicana pueda adquirir una vivienda cómoda y pueda vivir en condiciones dignas. Parte de esa preocupación por la familia se refleja en la adopción de leyes que protegen a los miembros de la misma. Se han promulgado leyes relativas a la violencia intrafamiliar y a los menores, que buscan llenar el vacío existente en cuanto a estos temas.

La Constitución de la República Dominicana, en su artículo 49, numeral 1), establece que toda persona podrá, sin sujeción a censura previa, emitir libremente su pensamiento mediante palabras escritas o por cualquier otro medio de expresión, gráfico u oral. Este derecho está condicionado al hecho de que no se atente contra la dignidad, la moral de las personas ni el orden público o las buenas costumbres de la sociedad. Mientras que el artículo 13 de la Convención Americana establece la libertad de expresión señalando que:

Toda persona tiene derecho a la libertad de pensamiento y de expresión. Este derecho comprende la libertad de buscar, recibir y difundir informaciones e ideas de toda índole, sin consideración de fronteras, ya sea oralmente, por escrito o en forma impresa o artística, o por cualquier otro procedimiento de su elección.

La Convención también señala que el derecho a la libertad de expresión no puede estar sujeto a censura previa y no se puede restringir por vías o medios indirectos, tales como abuso de controles oficiales o particulares de papel para periódicos, de frecuencias radioeléctricas o por cualquier otro medio encaminado a impedir la comunicación de ideas y opiniones. La libertad de expresión, difusión del pensamiento y la libertad de prensa son respetadas de modo general en la República Dominicana. A ello contribuye la existencia de un gran número de emisoras de radio, plantas de televisión, diarios de circulación nacional, publicaciones periódicas y la incorporación a las redes del "internet".

CORRUPCIÓN Y DEMOCRACIA

La corrupción se ha convertido en un fenómeno político, social y económico que permea todas las acciones de las sociedades. Las prácticas de corrupción están tanto en las esferas públicas como en las privadas. Esta práctica está asociada a diferentes factores:

- Abuso de poder, que se expresa mediante el uso de oportunidades desde posiciones públicas o privadas, para obtener beneficios grupales o personales.

- Carencia y/o debilidades de los procedimientos y mecanismos institucionales, que garanticen la transparencia en el ejercicio de las funciones.

- Debilidad en los marcos legales que tipifican y sancionan la corrupción administrativa pública.

- Reforzamiento de las actitudes individualistas y el consumismo, sustituyendo los valores éticos, como la solidaridad, honestidad y responsabilidad.

- La impunidad en que se encuentran los actos de corrupción, sobre todo en la administración pública.

Las prácticas de corrupción están presentes en los diferentes estratos y niveles de la sociedad, manifestándose no sólo en el ámbito público, sino en todos los ámbitos, como se observa a partir de las diferentes categorías que existen, por lo que erradicarla se hace mucho más complejo y amerita de una estrategia integral que involucre a todos los sectores que conforman la vida del país.

Los problemas de la corrupción en la administración pública están vinculados a la falta de instituciones fuertes, que se sobrepongan a los gobernantes del momento y permitan la continuidad de las políticas y acciones del Estado; queda claro que el sistema político y de representación vigente en nuestro país, otorga a los gobernantes de turno la centralización en todas las decisiones importantes. La centralización es vista como una de las causas de la corrupción unida a otros elementos no menos importantes como son:

- La falta y/o violación de controles internos, que contribuyen con la creación de beneficios personales o grupales; por ejemplo a pesar que existe una resolución que prohíbe a los ciudadanos y ciudadanas ocupar más de un puesto remunerado en el gobierno, éstos se las ingenian para acceder a los fondos públicos por diferentes vías como son ayudas, contrataciones puntuales, etcétera.

- Debilidad de los organismos de control financiero, siendo los principales problemas la dependencia del Poder Ejecutivo, la falta de personal técnico capacitado y experimentado y de mecanismos e instrumentos que le permitan prevenir los fraudes o detectarlos.

- La debilidad de los marcos legales que previenen y sancionan la corrupción administrativa en diferentes niveles. Aunque el Congreso Nacional ha sido apoderado de más de diez iniciativas para promover la transparencia en la gestión pública, las mismas no han sido tomadas en cuenta. Cabe resaltar iniciativas como la ley de acceso a la información pública, creación de la fiscalía anti corrupción; ley de Contrataciones de Obras y Servicios del Estado; Independencia de la

Contraloría General de la República; Modificación
de la Ley 82-97 de Declaraciones de Bienes
de funcionarios públicos; Ley de Presupuesto;
anteproyecto de ley anti-corrupción, modificación de
la Ley de Servicio Civil y Carrera Administrativa,
entre otros.

- La ausencia de información y la falta de rendición de
cuentas de los/as funcionarios / as, así como la poca
participación de la ciudadanía en el seguimiento a las
acciones gubernamentales.

- La degradación moral y la ausencia de ética en
el ejercicio de las funciones públicas, el interés
fundamental para acceder a posiciones públicas
se debe principalmente al interés por engrosar el
patrimonio personal.

- La impunidad prevaleciente ante los actos de
corrupción denunciados, lo que envía el mensaje de
que la trasgresión de las normas no conlleva penalidad.

- La complicidad de diferentes sectores con la
corrupción.

Es importante, además, dedicar especial atención al clientelismo
el cuál ha sido una de las causas más impactantes de la corrupción,
por el daño que ha producido al país. Las prácticas clientelares
favorecen principalmente a aquellos que ofertan la dádiva, ya que
en la mayoría de los casos los fondos utilizados son del Estado
y la distribución se realiza sin que medien controles financieros,
quedándose el ofertante con la mayor parte del pastel.

El clientelismo ofende la dignidad de quienes son receptores,
ya que no les confiere a los pobres la posibilidad de salir de su
situación, es una solución de un día. Al igual que en otros países
se hace difícil cuantificar la corrupción, no obstante sí se valoran

los efectos de esta en el desarrollo del país, se verá que uno de sus principales costos, es el descreimiento y desconfianza que genera en los ciudadanos y ciudadanas. Por ejemplo, en la IV Encuesta Nacional de Culturas Políticas y Democracia (Demos 2004) los/as consultados/as consideraron que los políticos y sus organizaciones, aprovechan sus cargos para beneficios propios, por lo que en una escala del 0 al 100, solo asignaron un puntaje equivalente al 26.2 %, por percibir que la corrupción es un asunto grave, como lo muestra la gráfica siguiente.

Lo cierto es que la corrupción vulnera al Estado y sus instituciones, y contribuye con la baja capacidad de la democracia para dar respuesta a problemas tan importantes como la pobreza y el desarrollo. Existe una estrecha relación entre la corrupción y la pobreza, retraso en el desarrollo de los pueblos y la no consolidación de regímenes democráticos, pues la falta de institucionalidad en los organismos encargados de definir y aplicar políticas públicas y sociales impide que se controlen los ingresos y egresos del país por diversos conceptos.

Ante la corrupción, las políticas públicas en la mayoría de los casos se improvisan, son irregulares, y son violados los procedimientos que muchas veces podrían estar bien formulados, pero que no se cumplen. Con los recursos públicos que van a engrosar las fortunas privadas, ya sea de políticos corruptos o agentes privados, que se benefician de los primeros, la población pierde la oportunidad de tener acceso a servicios sociales básicos como salud, alimentación, vivienda, agua y energía eléctrica.

José María Rico y Luis Salas, citando a Robert, Klitgaard, resumen que los efectos negativos de la corrupción: sobre la eficiencia (puesto que dilapida recursos y riquezas, crea ''males públicos " y distorsiona las políticas públicas), la distribución de riquezas (ya que las concentra en los ricos y poderosos, quienes poseen el poder político, militar o el derivado de los monopolios económicos), los incentivos de la función pública (en la medida en que desvía las energías del funcionario público hacia actividades socialmente improductivas y de enriquecimiento personal, crea riesgos, induce medidas preventivas improductivas y aleja las inversiones de las áreas con alta corrupción) y el sistema político (dado que crea inestabilidad del régimen y engendra resentimiento popular).

PROYECTOS GENERADORES DE RIQUEZAS: Una nueva República Dominicana es posible.

Estas iniciativas son compromisos nacionales a lo que debemos aspira como nación, el desarrollo económico y humano de nuestro país es la meta, es por ello que hemos desarrollado un conjunto de proyectos y programas para ser diseminados en todo el territorio nacional estamos obligados a crear: un estado de oportunidades para todo….para ello se pondrá en ejecución el:

PROYECTO ATRÉVETE

Con el objetivo de impulsar la economía y comenzar a cambiar un modelo económico insostenible y que ya está en crisis, convertiremos en emprendedores a 100,000 dominicanos y dominicanas financiando iniciativas micro-empresariales de cada uno de ellos con el nuevo sistema de generación de riqueza que a la vez cree acceso a nuevos mercados internacionales.

LA RUTA DEL CARNAVAL

La construcción de 10 museos del carnaval: aquí podemos promover vía internet ofertas turísticas como una experiencia inolvidable para los turistas, en las 10 provincias con marcada identidad de carnaval. En procura de impulsar nuestra capacidad productora llevaremos a cabo el proyecto

ECONOMÍA DE LA CULTURA

Desarrollando las industrias culturales: serán puesto en marcha 50 empresas colaborativa por provincia. Vendedores de artes, escultura, pintura con calidad exportadora, se desarrollará un courrier de envíos a cualquier parte del mundo y sistema de ventas por internet seguro con acciones de marketing en diferentes idiomas. La meta: un profundo cambio para la gente.

PROYECTO E-EXPORTA RD

Una impresionante y segura plataforma virtual de exportación que nos conectara de manera moderna con el mundo para de una vez por todas dar el salto en el modelo de comercialización con el resto del mundo disparando en más de un 25 por ciento las exportaciones nacionales apoyados en la revolución del e-Commerce. también: corredor industrial conéctate que ira desde la Charles de Gaulle a la carretera mella, desde carreta villa mella a Guanuma-Monte Plata, desde carretera Baní hasta azua, en la primera etapa para luego expandir la experiencia a muchos municipios que lo requieren. En estos corredores se ofrecerán todos los servicios, naves industriales en alquiler construidas según las necesidades, financiamiento, comercialización.

Potencializar nuestro desarrollo es una tarea que debe de ser innovadora por ello con fe, entusiasmo y valentía proponemos crear:

PROYECTO ZONAS FRANCAS INTELIGENTES

Construcción de cinco (5) industrias de alta tecnología con robótica especializadas en metalúrgica, producción de software, joyería, electrodomésticos, agroindustriales, complementado con institutos politécnicos especializados para la formación del talento humano, y asistencia técnica en mercadeo por parte del estado.

Con financiamiento para las iniciativas de jóvenes y mujeres emprendedores y profesionales de alta calificación. Lanzando de esta forma un nuevo concepto que lograra transformar el país y no seguir rezagados de cómo avanza el mundo.

Cambiar es una gran necesidad, proponemos:

- Construcción de hubs aéreos en el aeropuerto de las américas, y hubs de cargas en Barahona. estos servirán como grandes talleres de reparación de naves. se utiliza el término hub para denominar los centros de conexión que las aerolíneas establecen en los aeropuertos y que permiten la distribución del tráfico de carga y pasajeros hacia otros destinos en el mundo.

Para ganar la carrera hacia el desarrollo se construirá: 10 hubs tecnológicos:

- serán 10 parques de desarrollo del software y aplicaciones móviles, en cada parque deberían estar instalados 150 iniciativas empresariales tipos zonas francas tecnológicas, con financiamiento público-privado… en los hubs, el intercambio de ideas y la constante lluvia de ideas generan ventajas competitivas que sólo se encuentran en un ambiente de gran sinergia y liderazgo empresarial.

En los próximos años se llevará a cabo el proyecto:

PROYECTO MULTIPLICA

Construcción de 326 pequeños centros de producción acuacultura, uno por municipio, con alta tecnología y con 10 unidades de acopio, una por región con sistema de cadena de frio, distribución y comercialización. República dominicana somos cada uno de nosotros, se pondrá en marcha el:

PROYECTO MARCA CIUDAD

Crearemos una marca para cada provincia de la República dominicana.... la marca ciudad es un concepto utilizado en marketing y la comunicación para referirse al valor intangible de la reputación e imagen de marca de una cuidad o provincia a través de múltiples aspectos, tales como sus productos, el turismo, la cultura, los deportes, las empresas y los organismos públicos, que determinan los valores que se asocian a la provincia o ciudad. Una buena marca cuidad es, para los defensores de este concepto, un valor añadido para los productos provenientes de ese pueblo y etiquetados como «made in...Bonao... o made in azua», así como para el turismo, la atracción de capital extranjero, la captación de mano de obra y su influencia política y cultural en el mundo. Como consecuencia de ello, numerosos países cuentan con organismos dedicados a mejorar su imagen de marca y enfatizar sus cualidades diferenciadoras.

El argentino Roberto Occhipinti es el creador de este concepto, quien en su libro conciencia exportadora de 1989 habla por primera vez sobre marca ciudad, para luego ampliarlo en su libro, editado en 2003, llamado marca cuidad. Simón Anholt es considerado uno de los principales especialistas en diseño de estrategias de marca-país. La juventud es el pulmón de desarrollo de toda nación, es por ello que impulsaremos el gran esperado proyecto por los jóvenes: la cooperativa del emprendedor (coop-emprende) una oficina por provincia en 24 meses creación de un sistema de bonos:

- bono-emprende: será el fondo de aportaciones económica que da el gobierno a los jóvenes que se hayan capacitado y tengan sus planes de negocios elaborados con la asistencia de la cooperativa coop emprende con un sistema de acompañamiento de parte de la cooperativa.

Esta cooperativa debe de tener 400 puntos de servicios a nivel nacional o sub-agentes cooperativos. Para transformar nuestro capital humano será una realidad el proyecto capacítate:

- Construcción de 11 centros de capacitación y desarrollo empresarial.

Objetivo: certificar en normas de calidad (isso9001) 6 sigmas las industrias y empresas de servicio para fortaleza la capacidad exportadora y la capacidad competitiva de la nación dominicana a través de sus sectores empresariales. (Gob-empresa).

Las cooperativas de forma pujante seguirán aportando a la economía nacional por eso se construirá un moderno coop-center: centro de monitoreo de las cooperativa dominicanas de servicios, transparencia y asistencia de socios.

Se lanzará el plan preventivo que llamaremos contigo: establecimiento de un seguro de salud a los turistas que visiten el país, el seguro no debería tener un costo no más de us$2.00 como garantía de una atención medica de calidad mundial en caso de siniestralidad. Será cobrado como impuesto de entrada al país y se darán un conjunto de servicios en los mejores centros privados de la república que estarán afiliados con aseguradora internacional. Por tanto, para mejorar las condiciones de vida de nuestra gente: el programa te "damos la mano": reconversión tecnológica en 12 provincias del sector agropecuario nacional con financiamiento a 20 años. Con la construcción de 32 centros de empaques al vacío con alta tecnología.

En el mundo la educación va cambiando por eso lanzaremos la primera universidad virtual dominicana: centro de desarrollo para líderes (éxito) con la meta de graduar: 32 mil egresados en 48 meses la cual será también plataforma de incubación de empresas y e-learning más importante de centro américa y primera universidad virtual para emprendedores con alianzas de las mejores universidades del mundo, donde se desarrollaran los modelo de casos de éxito local e internacional.

Con esta propuesta se implementará el plan cadena: crear 100 grupos de eficiencia colectiva en mipymes (gecm) en áreas de: artesanía, calzados, muebles, metalmecánica, productos lácteos, cítricos, cazabe, dulces y textiles. Con lo que desarrollaremos la más grande red mipymes (e-mipymes) del país. También construiremos 10 parques: un parque tecnológico de las mipymes en cada región del país. Que tendrán 12 clúster de mipymes.

También para lograr un país para todos se implementará el Proyecto Conéctate: creación de 10 ciudades digitales en los próximos 4 años, se denomina "Ciudad Digital" a toda una serie de servicios que, apoyándose en la introducción de las nuevas tecnologías permitan mejorar la calidad de vida de una ciudad, no sólo con los servicios de un ayuntamiento, también los culturales, los sanitarios, turismo, comercio, ocio, formación, etc. Un modelo avanzado de comunidad, donde se hacen realidad nueva formas de relacionarse con el entorno y entre los agentes sociales a través de las nuevas tecnologías.

Una ciudad interconectada, en la que se han generado una serie de servicios por parte de los poderes locales, para poner la tecnología al servicio de las necesidades de los ciudadanos. Incluirá incentivos fiscales para la creación de salas de cine en 10 ciudades donde según estudios no existen cines. Para madres solteras y la primera vivienda de un joven que hace familia, desarrollaremos el programa: vive!, una casa al alcance de tus manos: 100 mil casas pre-fabricadas modulares en lugares marginados. Extra se implementara un programa nacional de energía pre-pago.

Instalación de 50 mil soluciones en todo el territorio a nivel nacional de sistemas de consumo de energías pre-pago, con el objetivo de desarrollar la cultura de ahorro energético por parte de los ciudadanos.

GRANDES Y NECESARIOS OBJETIVOS GENERALES A ALCANZAR POR AREAS NACIONALES:

EDUCACIÓN

PROGRAMA DE OBJETIVOS

1. Establecer las condiciones apropiadas de espacio físico, horario, recursos pedagógicos, alimentación, transporte y seguridad para los estudiantes del nivel básico de la educación de forma tal que sus competencias expresados en la calificación que otorga la escuela garantice desempeños a los más altos estándares internacionales desde lo regional hasta lo internacional.

2. Incrementar sustancialmente la inversión en educación de manera que en los próximos 5 años se alcance el 5% y que se incremente a partir de entonces de manera que a diez años del inicio de la propuesta Estado Nuevo Siglo se llegue al 6% del PIB y que se pueda sostener a partir de entonces.

3. Implementar programas de formación para los adultos principalmente adultos jóvenes en un 80% como meta de los próximos 4 años que los capaciten para el trabajo y que sea una vía efectiva para una reducción importante de los niveles de desempleo de tan importante parte de la población dominicana.

4. Incorporar iniciativas privadas por la vía de los medios masivos de comunicación orientados hacia la educación ciudadana y que sea un efectivo complemento a la educación cívica que desarrolla la escuela.

5. Mejorar sustancialmente las condiciones de vida y trabajo de las maestras y maestros dominicanos de manera que como profesión se les coloque en las condiciones de competir con otras de importante valoración económica en términos de remuneración y otros beneficios.

6. Descentralizar y desconcentrar la gestión educativa en la estructura organizacional y en lo financiero de manera que se eleve de manera considerable la eficiencia de la administración de la educación.

7. Definir un conjunto de indicadores de desempeño con referencia internacional que sean una guía permanente de renovación de las actividades educativas.

8. Desarrollo de las acciones que se desprenden de las respectivas leyes correspondientes al área y su traducción en actividades concretas que la hagan realidad en la financiación del desarrollo contempladas en el presupuesto nacional como responsabilidad principal y en combinación con iniciativas privadas o individuales al respecto.

9. Tomar de referencia los indicadores y estadísticas internacionales en el sentido de las naciones que más progreso han alcanzado al respecto para implementar un proceso gradual en el cumplimiento de las metas.

GESTIÓN DE LA ECONOMÍA

PROGRAMA DE OBJETIVOS

1. Reorientar las funciones de las instituciones de gestión de la economía dominicana como el Banco Central, la Superintendencia de Bancos, el Ministerio de Economía, Planificación y Desarrollo, el Ministerio de Industria, Comercio y Mypimes, el Ministerio de la Presidencia, los órganos vinculados a las exportaciones, la importaciones y el fomento industrial de manera tal que asuman un verdadero rol en la gestión de la economía dentro de sus respectivas competencias y orientado sobre todo a prever , anticipar y predecir situaciones que les permitan aprovechar oportunidades y sondear amenazas para el desenvolvimiento de la economía dominicana y su pleno y sano desarrollo.

2. Elaborar y poner en funcionamiento instrumentos gerenciales que contemplen el seguimiento de la situación económica nacional, regional y mundial como punto de referencia para las decisiones a ser tomadas.

3. Crear mecanismos efectivos de participación de todos los sectores nacionales en la toma de decisiones que sean requeridas al margen de la burocratización de los mismos.

4. Desarrollar acciones conforme a lo que establecen las leyes dirigidas hacia la implementaciones de controles efectivos que tomen en cuentan entre otros la distancia entre lo programado y lo ejecutado.

5. Implementar mecanismos que garanticen la libertad de opiniones de quienes participen las consultas o recomendaciones de manera tal que pueda ser potenciada la sabiduría colectiva que tienen por base dicha libertad de opinión con los claros limites ante las decisiones de última instancia.

6. Apoyarse de manera permanente en las opiniones

autorizadas de organismos internacionales, de países hermanos que hayan acumulado experiencias al respecto sin abandonar el enfoque propio y la responsabilidad nacional en relación a las decisiones que sean requeridas.

7.   Desarrollo de las acciones que se desprenden de las respectivas leyes correspondientes al área y su traducción en actividades concretas que la hagan realidad en la financiación del desarrollo contempladas en el presupuesto nacional como responsabilidad principal y en combinación con iniciativas privadas o individuales al respecto.

8.   Tomar de referencia los indicadores y estadísticas internacionales en el sentido de las naciones que más progreso han alcanzado al respecto para implementar un proceso gradual en el cumplimiento de las metas.

ENERGIA

PROGRAMA DE OBJETIVOS

1.   Hacer corresponder la oferta energética con la demanda energética creciente, condicionada por el aumento de la población, la producción y la productividad de forma tal que se garantice el suministro de energía eléctrica constante, eficiente y a buen precio para los distintos sectores productivos, la eliminación de los apagones para la población de las distintas comunidades de la geografía nacional.

2.   Incrementar hasta alcanzar una proporción considerable de la oferta ENERGETICA las fuentes renovables de energías principalmente hidroeléctricas, eólica y solar.

3.   Integrar de manera apropiada al sector privado energético tanto nacional como internacional, garantizando la rentabilidad, estabilidad y el apropiado funcionamiento de

sus empresas.

4. Colocar en el lugar apropiado de la prioridad nacional el suministro de energía eléctrica a los sectores más vulnerables bajo la base de un riguroso estudio y soluciones prácticas que combinen grados de pagos con las necesidades en los mismos.

5. Desarrollar una estrategia de soluciones medibles enfocadas al ahorro de energía y la solución de las perdidas en sus distintas modalidades.

6. fortalecer institucionalmente en lo que respecta al Estado el sector de energía, garantizando la estabilidad y el empleos a sus funcionarios y técnicos de cualificaciones probadas y por la vía apropiada que el sector privado realice aportes en estas direcciones.

7. Desarrollo de las acciones que se desprenden de las respectivas leyes correspondientes al área y su traducción en actividades concretas que la hagan realidad en la financiación del desarrollo contempladas en el presupuesto nacional como responsabilidad principal y en combinación con iniciativas privadas o individuales al respecto.

8. Tomar de referencia los indicadores y estadísticas internacionales en el sentido de las naciones que más progreso han alcanzado al respecto para implementar un proceso gradual en el cumplimiento de las metas.

AGRICULTURA

PROGRAMA DE OBJETIVOS

1. Identificar, promover y desarrollar las áreas de la agropecuaria en las cuales podamos tener ventajas competitivas o que sin ser tales tengan implicaciones sociales en cuanto a la estabilidad de los empleos, la

estabilidad familiar o la identidad nacional correspondiente.

2. Modificar los criterios mediante los cuales los organismos oficiales del sector se vinculan a las distintas áreas del sector garantizando la mayor participación, presencia y conocimientos posibles del mismo.

3. Implementar una política integral del desarrollo de los productores más vulnerables que tenga por meta principal mejorar sus condiciones de vida, mediante indicadores claramente medidles e identificables.

4. Superar de manera definitiva la legalidad de la propiedad sobre la tierra con fines de fortalecer institucional y financieramente la actividad productiva en el sector.

5. Desarrollar acciones de estudio, seguimiento y medidas prácticas sobre el comportamiento del mercado nacional y regional de los distintos productos del sector con un enfoque de actualidad que permita aprovechar las oportunidades, reducir las amenazas e impulsar las fortalezas.

6. Introducir criterios y metodologías que puedan prever y reducir los efectos de contingencias tanto de desastres naturales plagas medioambientales entre otros.

7.   Desarrollo de las acciones que se desprenden de las respectivas leyes correspondientes al área y su traducción en actividades concretas que la hagan realidad en la financiación del desarrollo contempladas en el presupuesto nacional como responsabilidad principal y en combinación con iniciativas privadas o individuales al respecto.

8. Tomar de referencia los indicadores y estadísticas internacionales en el sentido de las naciones que más progreso han alcanzado al respecto para implementar un proceso gradual en el cumplimiento de las metas.

RELACIONES DOMINICO HAITIANAS

PROGRAMA DE OBJETIVOS

1. Establecer relaciones fronterizas que se constituyan en modelo y punto de partida al desarrollo general de las dos naciones

2. Definir convenios y acuerdos de colaboración económica y social que se guíen por la ventaja comparativa entre las dos naciones

3. Desarrollar acciones conjuntas entre los dos países ante bloque o países particulares que sean beneficiosos para el desarrollo sostenible de ambas naciones

4. Implementar acciones conjuntas de protección del medio ambiente y los recursos naturales con carácter proactivo y que en breve plazo reoriente el deterioro medioambiental que caracteriza el presente

5. Definir y desarrollar un programa conjunto orientado hacia la soberanía en el sentido de reducir el uso del territorio de ambas naciones por la delincuencia internacional

6. Desarrollo de las acciones que se desprenden de las respectivas leyes correspondientes al área y su traducción en actividades concretas que la hagan realidad en la financiación del desarrollo contempladas en el presupuesto nacional como responsabilidad principal y en combinación con iniciativas privadas o individuales al respecto.

7. Tomar de referencia los indicadores y estadísticas internacionales en el sentido de las naciones que más progreso han alcanzado al respecto para implementar un proceso gradual en el cumplimiento de las metas.

DEPORTES, EDUCACIÓN FÍSICA Y RECREACIÓN

PROGRAMA DE OBJETIVOS

1. Desarrollar plenamente las potencialidades deportivas de las dominicanas y los dominicanos para hacer un país deportivo para toda la población en atención a todas las edades que tenga por norte entre otros la recreación, la salud y la competencia sana.

2. Implementar acciones para el más alto desarrollo posible del deporte escolar con verdaderos apoyos para su desarrollo masivo.

3. Impulsar el deporte para todos con su expresión concreta en las respectivas comunidades, centros de trabajo, lugares de interés con efectivos apoyo del estado con la debida partición de las personas y la transparencia y no politización en la concepción, implementación, desarrollo y evaluación de sus acciones.

4. Establecer centros de desarrollo del deporte de alto rendimiento en programas coordinados por las respectivas federaciones y las comunidades y sectores interesados con apoyo efectivo para los atletas en las diferentes etapas de su desarrollo.

5. Desarrollar programas de recreación a todos los niveles y con la integración de distintos sectores promoviendo la creatividad e iniciativa de las personas en una perspectiva gradual de desarrollo efectivo.

6. Coordinar acciones con la partición de sectores públicos y privados desde sus propias iniciativas hasta la respuesta a programas macro con perspectivas nacionales e internacionales.

7. Desarrollo de las acciones que se desprenden de las respectivas leyes correspondientes al área y su traducción

en actividades concretas que la hagan realidad en la financiación del desarrollo contempladas en el presupuesto nacional como responsabilidad principal y en combinación con iniciativas privadas o individuales al respecto.

8. Tomar de referencia los indicadores y estadísticas internacionales en el sentido de las naciones que más progreso han alcanzado al respecto para implementar un proceso gradual en el cumplimiento de las metas.

POLÍTICA EXTERIOR

PROGRAMA DE OBJETIVOS

1. Desarrollar relaciones con los países y organismos internacionales que favorezcan el desarrollo sostenido de la República Dominicana en las distintas vertientes

2. Implementar acciones orientadas a fortalecer la situación de los dominicanos en los países que han tomado para vivir y colocarse en la perspectiva de las generaciones que le sucedan, facilitando incluso el compartir las respectivas residencias cuando les sea posible.

3. Hacer detenidos estudios de los potenciales aspectos que fortalezcan o debiliten las perspectivas de desarrollo sostenible del país en el marco de la Organización Mundial de Comercio.

4. Tomar medidas orientadas a la participación de dominicanas y dominicanos en puestos de organismos internacionales y crear las condiciones apropiadas para su desarrollo.

5. Integrar a dominicanas y dominicanas en los distintos países donde viven y en atención a su efectiva capacidad, potencialidad y prestigio en las embajadas y consulados de los indicados países y potenciar las perspectivas de contribución a la República Dominicana.

6. Desarrollar acciones orientadas a conocer y aprovechar las posibilidades que ofrecen los distintos bloques regionales para el desarrollo de la República Dominicana

7. Desarrollo de las acciones que se desprenden de las respectivas leyes correspondientes al área y su traducción en actividades concretas que la hagan realidad en la financiación del desarrollo contempladas en el presupuesto nacional como responsabilidad principal y en combinación con iniciativas privadas o individuales al respecto.

8. Tomar de referencia los indicadores y estadísticas internacionales en el sentido de las naciones que más progreso han alcanzado al respecto para implementar un proceso gradual en el cumplimiento de las metas.

SEGURIDAD CIUDADANA Y SOBERANÍA

PROGRAMA DE OBJETIVOS

1. Implementar acciones integrales dirigidas a reducir los riesgos de pérdida de vidas de manera violenta

2. Orientar el trabajo de las instituciones y autoridades relacionadas con la seguridad ciudadana y la soberanía en el sentido de anticipar y prever situaciones de riesgos

3. Establecer claros y precisos vínculos en materia de seguridad ciudadana entre las autoridades y las respectivas comunidades organizadas y estimular el trabajo conjunto al respecto

4. Implementar acciones con países e instituciones internacionales en materia de seguridad ciudadana y soberanía para la consecución de los propósitos previstos al respecto.

5. Priorizar las acciones y esfuerzos de las instituciones del país de las áreas de seguridad ciudadana y soberanía en la dirección de la preservación de la vida y los bienes de los ciudadanos y reorientar las funciones al respecto.

6. Desarrollo de las acciones que se desprenden de las respectivas leyes correspondientes al área y su traducción en actividades concretas que la hagan realidad en la financiación del desarrollo contempladas en el presupuesto nacional como responsabilidad principal y en combinación con iniciativas privadas o individuales al respecto.

7. Tomar de referencia los indicadores y estadísticas internacionales en el sentido de las naciones que más progreso han alcanzado al respecto para implementar un proceso gradual en el cumplimiento de las metas.

POLÍTICA CIENTÍFICA Y TECNOLÓGICA

PROGRAMA DE OBJETIVOS

1. Promover desde el Estado el desarrollo científico y tecnológico del país mediante la implementación de programas de educación científica y tecnológica a todos los niveles.

2. Procurar la introducción de los avances científicos y tecnológicos en las actividades productivas en general y de las empresas tanto públicas como privadas

3. Desarrollar acciones conjuntas con las universidades y otros centros de educación superior, en la formación de recursos humanos en ciencia y tecnología dentro de los estándares internacionales y mediante el apoyo y colaboración de países hermanos y organismos internacionales.

4. Implantar políticas de incentivo a la investigación científica y la innovación tecnológica que garanticen condiciones apropiadas de vida y trabajo a las dominicanas y dominicanos que participan de los mismos

5. Introducir programas de desarrollo científico y tecnológico desde una amplia perspectiva de la ciencia y la tecnología y orientados a captar talentos.

6. Implementar sistemas de incentivos mediante concursos, ferias, festivales de actividades científicas y tecnológicas que apoyen y promuevan el talento hacia tales áreas.

7. Definir mediante una acción participativa programas regulares de promoción de la ciencia y la tecnología y que mediante foros destinados para tales fines sean evaluados y actualizados permanentemente.

8. Desarrollo de las acciones que se desprenden de las respectivas leyes correspondientes al área y su traducción en actividades concretas que la hagan realidad en la financiación del desarrollo contempladas en el presupuesto nacional como responsabilidad principal y en combinación con iniciativas privadas o individuales al respecto.

9. Tomar de referencia los indicadores y estadísticas internacionales en el sentido de las naciones que más progreso han alcanzado al respecto para implementar un proceso gradual en el cumplimiento de las metas.

DEMOCRACIA Y LIBERTADES PÚBLICAS

PROGRAMA DE OBJETIVOS

1. Promover desde el Estado las decisiones de mayoría en todos los asuntos públicos del país y los esfuerzos de consenso

y concertación como forma de ejercicio democrático
fundamental para la vida de la Nación.

2. Desarrollar acciones orientadas al ejercicio de la libertad en
    cuanto a la elegir el tipo de vida que se considere valiosa,
    la libertad para participar en la tomas de decisiones que les
    afectan y los componentes de inmunidad para la reducción
    y eliminación de las influencias de otras decisiones en las
    propias.

3. Implementar acciones para promover las más variadas
    formas de ejercicio de la libertad de expresión del
    pensamiento, libertad de movimiento y libertades de reunión,
    profesión de fe religiosa o creencia de otro tipo siempre que
    no afecte las libertades de los otros en el mismo sentido

4. Desarrollar acciones que garanticen en acciones públicas
    o privadas con implicaciones publicas el predominio del
    interés colectivo por encima de interés individual cuando los
    mismos se encuentren en conflictos

5. Examinar minuciosamente y garantizar el pleno ejercicio
    de los derechos humanos consagrados en las normativas
    nacionales e internacionales que les dan sustento.

6. Desarrollo de las acciones que se desprenden de las
    respectivas leyes correspondientes al área y su traducción
    en actividades concretas que la hagan realidad en la
    financiación del desarrollo contempladas en el presupuesto
    nacional como responsabilidad principal y en combinación
    con iniciativas privadas o individuales al respecto.

7. Tomar de referencia los indicadores y estadísticas
    internacionales en el sentido de las naciones que más
    progreso han alcanzado al respecto para implementar un
    proceso gradual en el cumplimiento de las metas.

NIÑEZ, JUVENTUD, MUJER Y ENVEJECIENTES

PROGRAMA DE OBJETIVOS

1. A través de los programas de las respectivas áreas identificar programas específicos para la niñez, juventud, mujer y envejecientes en la perspectiva de sectores con requerimientos y fragilidades más allá del promedio.

2. Establecer claros programas para la juventud en atención a sus peculiaridades y necesidades en atención a las distintas áreas identificadas

3. Establecer claros programas para la niñez en atención a sus peculiaridades y necesidades en atención a las distintas áreas identificadas

4. Establecer claros programas para los envejecientes en atención a sus peculiaridades y necesidades en atención a las distintas áreas identificadas

5. Establecer claros programas para la mujer y sus peculiaridades y necesidades en atención a las distintas áreas identificadas

6. Establecer claros programas para la juventud en atención a sus peculiaridades y necesidades en atención a las distintas áreas identificadas

7. Desarrollo de las acciones que se desprenden de las respectivas leyes correspondientes al área y su traducción en actividades concretas que la hagan realidad en la financiación del desarrollo contempladas en el presupuesto nacional como responsabilidad principal y en combinación con iniciativas privadas o individuales al respecto.

8. Tomar de referencia los indicadores y estadísticas internacionales en el sentido de las naciones que más progreso han alcanzado al respecto para implementar un proceso gradual en el cumplimiento de las metas.

POBREZA

PROGRAMA DE OBJETIVOS

1. Identificar y categorizar la pobreza en las distintas localidades del país haciendo acento en municipios y barrios

2. Establecer programas específicos de reducción de la pobreza orientados a la niñez, juventud, envejecientes y mujer

3. Desarrollar acciones de reducción de la pobreza en las perspectivas de definir acciones de ampliación de las oportunidades

4. Estudiar y poner en ejecución una consistente estrategia de reducción de la pobreza bajo la base de la promoción de la capacidad como libertad de elección y que por dicha vía se logre una mayor integración social y asociatividad en la República Dominicana.

5. Identificar poblaciones, sectores y personas en condiciones de pobreza y elaborar acciones a corto, mediano y largo plazo de reducción de la pobreza con un claro sistema de seguimiento.

6. Desarrollo de las acciones que se desprenden de las respectivas leyes correspondientes al área y su traducción en actividades concretas que la hagan realidad en la financiación del desarrollo contempladas en el presupuesto nacional como responsabilidad principal y en combinación con iniciativas privadas o individuales al respecto.

7. Tomar de referencia los indicadores y estadísticas internacionales en el sentido de las naciones que más progreso han alcanzado al respecto para implementar un proceso gradual en el cumplimiento de las metas.

SEGURIDAD SOCIAL Y SALUD

PROGRAMA DE OBJETIVOS

1. Reorientar las políticas de seguridad y salud en atención a un nuevo modelo de atención gestión en la perspectiva de dar respuestas apropiadas a las contingencias que enfrenta población

2. Establecer un mecanismo de financiamiento que garantice la equidad,

3. La eficiencia, la eficacia y la contención de costos

4. Asegurar el carácter mixto de los sistemas de salud y de seguridad social en atención a la satisfacción de los usuarios y proveedores de servicios

5. Orientar el avance gradual de los sistemas de salud y seguridad social logrando la satisfacción de parte de los usuarios de servicios apropiados, sin traumas en el proceso de avance sostenido

6. Lograr la mayor participación posible de los distintos sectores en las tomas de decisiones y el desarrollo de los sistemas de salud y seguridad social

7. Priorizar los enfoques, métodos y procedimientos que hagan acento en la promoción y prevención de la salud en atención al perfil epidemiológico actual y cuyas estrategias se orientan a la educación en salud centrada en los estilos de vida, el medio ambiente, la genética y las nuevas formas de enfocar el tratamiento y control de las actividades

8. Crear por la vía de la seguridad social un conjunto de prestaciones que sean una respuesta apropiada a las contingencias sociales y a la reducción de la pobreza en la República Dominicana.

CALIDAD DE LOS SERVICIOS PÚBLICOS

PROGRAMA DE OBJETIVOS

1. Establecer mecanismos para ponderar la calidad de los servicios públicos para implementar un sistema que mida su desarrollo gradual

2. Implementar auditorias regulares y con una vía de diseminación que permita que el país conozca la situación de los servicios públicos en las distintas áreas

3. Introducir los componentes de la atención personalizada en la provisión de los servicios públicos con la introducción de parámetros o indicadores que permitan su seguimiento efectivo

4. Desarrollar mecanismos de evaluación sistemática respecto al funcionamiento de las instituciones públicas en cuanto al cumplimiento de las responsabilidades regulares

5. Definir criterios de prioridad por áreas y población objetivo para distintas etapas respecto a la calidad de los servicios públicos y el funcionamiento de las instituciones públicas

6. Desarrollo de las acciones que se desprenden de las respectivas leyes correspondientes al área y su traducción en actividades concretas que la hagan realidad en la financiación del desarrollo contempladas en el presupuesto nacional como responsabilidad principal y en combinación con iniciativas privadas o individuales al respecto.

7. Tomar de referencia los indicadores y estadísticas internacionales en el sentido de las naciones que más progreso han alcanzado al respecto para implementar un proceso gradual en el cumplimiento de las metas.

INDUSTRIA

PROGRAMA DE OBJETIVOS

1. Reducir de forma considerable la dualidad que se presenta en la industria dominicana y que se manifiesta entre otros entre la zona franca y la industria llamada tradicional y entre esta y las medianas y pequeñas empresas.

2. Establecer desde el estado políticas de desarrollo científicas y tecnológicas, especializadas en apoyar y fortalecer la industria nacional en sus distintas manifestaciones.

3. orientar los programas duales (capacitación-entrenamiento empresarial), con el propósito de fortalecer y desarrollar las habilidades y destrezas desde lo administrativo hasta lo técnico del personal vinculado a la producción industrial.

4. desarrollar liderazgos compartidos entre el estado y el sector privado que permitan hacer las adecuaciones y transformaciones de lugar y en base a claros criterios de prioridad para fortalecernos por un lado y protegernos en el otro en el marco de la globalización y los mercados regionales producto de los acuerdos en desarrollo.

5. Definir y llevar a cabo una clara política de crédito que privilegie las ventajas competitivas de productos y servicios y las iniciativas des de empresarios al frente de grandes ramas hasta indigentes que demuestren en sus respectivas empresas reales capacidades para competir y progresar.

DOMINICANOS EN EL EXTERIOR

PROGRAMA DE OBJETIVOS

1. Establecer y desarrollar mecanismos de vinculación de los dominicanos en el exterior con su país en base a tenerlos al tanto de cuanto acontece en la República Dominicana y sobre todo de las perspectivas de desarrollo sostenible en las distintas vertientes

2. Introducir en las distintas misiones diplomáticas en los lugares del universo donde existan o si están próximas secciones o programas realmente proactivos de vinculación de los dominicanos con su país de origen y el desarrollar actividades dirigidas a potenciar las oportunidades que les brindan las respectivas naciones

3. Definir y desarrollar programas de desarrollo sostenibles para las personas y familias dominicanas en el exterior y dirigidos a aprovechar las oportunidades que podrían brindarle las naciones donde residen

4. Implementar un mecanismo directo e interactivo para involucrar a los dominicanos en el exterior en todo el proceso de elaboración, evaluación y seguimiento de la propuesta gerencia estatal para el desarrollo sostenible.

5. Desarrollo de las acciones que se desprenden de las respectivas leyes correspondientes al área y su traducción en actividades concretas que la hagan realidad en la financiación del desarrollo contempladas en el presupuesto nacional como responsabilidad principal y en combinación con iniciativas privadas o individuales al respecto.

6. Tomar de referencia los indicadores y estadísticas internacionales en el sentido de las naciones que más progreso han alcanzado al respecto para implementar un proceso gradual en el cumplimiento de las metas.

JUSTICIA

PROGRAMA DE OBJETIVOS

1. Apoyar el desarrollo de acciones orientadas a profundizar la autonomía administrativa y presupuestaria al Po der Judicial.

2. Desarrollar una carrera judicial a ser organizada por ley.

3. Fortalecer la inamovilidad de los jueces de conformidad con lo que dispusiera la Ley de Carrera Judicial, sin perjuicio de la potestad disciplinaria que la Suprema Corte de Justicia pudiese ejercer.

4. Crear un recurso de inconstitucionalidad de la ley para ser interpuesto directamente ante la Suprema Corte de Justicia, a instancias del Poder Ejecutivo, de uno de los Presidentes de las Cámaras del Congreso Nacional o de parte interesada.

5. Fortalecer La autonomía presupuestaria y financiera del Poder Judicial.

6. Contribución a la productividad del sistema de administración de justicia, a fin de que tenga mayores grados de eficiencia.

7. Promoción de mecanismos de asistencia y defensa jurídica a los más vulnerables para asegurar el respeto de sus derechos y de sus garantías procesales.

8. Apoyo al sistema de protección y justicia de niños, niñas y adolescentes.

9. Mejoramiento del Sistema Penitenciario con el propósito de contribuir a la rehabilitación y reincorporación a la sociedad de la persona que ha delinquido.

10. Consolidación institucional para ser eficaz en el cumplimiento de las funciones que le corresponden.

11. Elaboración, promulgación e implementación de una legislación sobre jurisdicción constitucional con procedimientos agiles que regulen el recurso de habeas corpus, el recurso de amparo y el recurso de inconstitucionalidad

12. Finalizar los trabajos de elaboración, promulgación e implementación de los códigos (civil, criminal, penal)

13. Reformar la institución policial mediante la profesionalización, la compensación económica y vinculada de manera directa a la ciudadanía y respetuosa de sus derechos.

14. Transformación efectiva del sistema de titulación de tierras mediante la reforma de la Ley de Tierras para la modernización de la mesura de las propiedades y la capacitación de sus recursos humanos.

GOBIERNO LOCALES

PROGRAMA DE OBJETIVOS

1. Desarrollar acciones orientadas a fortalecer la participación y la descentralización por la vida de los gobiernos municipales.

2. Implementar acciones para acercar a los ciudadanos y ciudadanas a las decisiones que inciden en sus vidas.

3. Integrar los respectivos gobiernos locales en las situaciones que más afectan a las ciudadanas y ciudadanos en cuanto a seguridad, higiene, transporte, recreación, deportes

4. Establecer mecanismos alternos y permanentes de financiamiento de las actividades de los gobiernos municipales para garantizar la prestación de los servicios a las comunidades.

5. Definir e implementar mecanismos efectivos de vinculación entre las juntas de vecinos y las actividades cotidianas de los gobiernos municipales.

6. Desarrollo de las acciones que se desprenden de las respectivas leyes correspondientes al área y su traducción en actividades concretas que la hagan realidad en la

financiación del desarrollo contempladas en el presupuesto nacional como responsabilidad principal y en combinación con iniciativas privadas o individuales al respecto.

7. Tomar de referencia los indicadores y estadísticas internacionales en el sentido de las naciones que más progreso han alcanzado al respecto para implementar un proceso gradual en el cumplimiento de las metas.

MEDIO AMBIENTE
Y RECURSOS NATURALES

PROGRAMA DE OBJETIVOS

1. Propiciar los consensos nacionales que conlleven a la aprobación e instrumentación efectiva de la ley general sobre medio ambiente y recursos naturales.

2. Promover la transformación de la cultura ambiental mediante la educación, la capacitación y la Participación de las comunidades y de las organizaciones y asociaciones que las representan.

3. Fortalecer la institucionalidad ambiental eliminando duplicidades y contradicciones.

4. Impulsar iniciativas dirigidas hacia la biodiversidad, deforestación, pérdida y degradación de suelos, deterioro del sistema hídrico, deterioro de las cuencas altas, conflictos de uso y explotación, degradación de ecosistemas costeros, minería, impacto de tecnologías agrícolas y desastres naturales.

5. Modernización de los sectores productivos mediante la generación, incorporación y adaptación gradual de tecnologías ecológicamente racionales que incrementen la competitividad y permitan al país integrarse en el contexto de la apertura y la globalización.

6. Integrar a la nación dominicana desde un punto geográfico-territorial, teniendo presente que la sostenibilidad del país está condicionada a la de la isla, por lo que el tratamiento de los procesos de degradación en las cuencas hidrográfica, patrimonio nacional, reservas naturales y de biosfera, debe estructurarse conjuntamente con Haití.

7. Reconciliar la agenda de crecimiento económico y estabilidad con la sostenibilidad ambiental, descartando la idea de que la protección ambiental es una imposición externa que entorpece el desarrollo.

8. Redefinir los criterios de valoración económica de los activos y servicios ambientales, de tal manera que las tasas de renovación de los recursos naturales sean al menos iguales –y cuando sea posible mayores- que sus tasas de explotación.

PERSPECTIVA INTERNACIONAL

PROGRAMA DE OBJETIVOS

1. Seguimiento, participación y adopción de compromisos de convenios y tratados mundiales y regionales.

2. Conservación de la biodiversidad y adopción de nuevas tecnologías.

3. Atención de los problemas hemisféricos y planetarios, especialmente los relacionados con el cambio climático y con el calentamiento de los océanos.

4. Desarrollo de proyectos dominico-haitianos en la zona fronteriza, especialmente en la cuenca del Artibonito.

OBRAS CIVILES

PROGRAMA DE OBJETIVOS

1. Definir y poner en ejecución un programa de varias etapas de obras civiles en la República Dominicana con claro sentido de prioridad y costos y en coordinación con las respectivas comunidades, gobiernos locales y sectores.

2. Hacer estudio e implementar un programa de mantenimiento en las distintas vertientes desde lo preventivo hasta la remodelación y en coordinación con las respectivas comunidades, gobiernos locales y sectores

3. Establecer precisos mecanismos de presupuestario y financiamiento en sentido amplio de las obras civiles a desarrollarse, remodelarse o darle el debido mantenimiento

4. Elaborar e implementar subprogramas específicos para carreteras y caminos, puentes, urbanizaciones, viviendas, recursos hidráulicos, ornato y embellecimiento con formas de financiamiento, presupuestario y con los correspondientes criterios de prioridad y gradualidad.

5. Desarrollar efectivos mecanismos gerenciales y que por tanto contemplen todos los aspectos asociados a los mismos, para el progreso de esta área.

6. Desarrollo de las acciones que se desprenden de las respectivas leyes correspondientes al área y su traducción en actividades concretas que la hagan realidad en la financiación del desarrollo contempladas en el presupuesto nacional como responsabilidad principal y en combinación con iniciativas privadas o individuales al respecto.

COMERCIO

PROGRAMA DE OBJETIVOS

1. Implementar acciones orientadas al desarrollo del comercio interno de la República Dominicana garantizando un ambiente macroeconómico apropiado.

2. Desarrollar acciones orientadas a elevar la capacidad de consumo de las ciudadanas y ciudadanos dominicanos como condición fundamental al desarrollo del comercio.

3. Definir, coordinar y ejecutar acciones que garanticen la propiedad, integridad y seguridad de los establecimientos comerciales a todos los niveles.

4. Establecer programas de apoyo a las actividades comerciales en la República Dominicana mediante apoyo internacional bilateral o multilateral.

5. Impulsar acciones de fomento a las actividades comerciales orientadas al incremento de la tasa de empleo en la mediana y pequeña empresa comercial.

6. Estudiar para tomar las acciones correspondientes respecto a los distintos bloques económicos regionales en lo que corresponde al comercio.

7. Dar detenido seguimiento a los distintos acuerdos económicos para aprovechar las oportunidades que los mismos brindan para el desarrollo del comercio.

8. Fortalecer el transporte en sus distintas vertientes de las mercancías tanto de importación como de exportación.

9. Desarrollar acciones que impidan prácticas que eviten que las actividades comerciales en distintas áreas no tengan la rentabilidad que incentiven su desarrollo efectivo.

10. Crear facilidades mediante acciones orientadas a tal propósito para la libre circulación de las mercancías y servicios tanto a nivel nacional como internacional

11. Desarrollo de las acciones que se desprenden de las respectivas leyes correspondientes al área y su traducción

en actividades concretas que la hagan realidad en la financiación del desarrollo contempladas en el presupuesto nacional como responsabilidad principal y en combinación con iniciativas privadas o individuales al respecto.

12. Tomar de referencia los indicadores y estadísticas internacionales en el sentido de las naciones que más progreso han alcanzado al respecto para implementar un proceso gradual en el cumplimiento de las metas.

TURISMO

PROGRAMA DE OBJETIVOS

1. Desarrollar acciones orientadas hacia los bienes y servicios que demanda el sector turismo de forma tal que las empresas locales de manera puntual puedan no solamente competir exitosamente, sino satisfacer plenamente en cantidad y calidad las necesidades del sector.

2. Impulsar programas de formación y capacitación de alta calidad y apropiado a las necesidades del sector de forma tal que no solo se garantice la incorporación de miles de personas al mismo, sino que nos coloquemos en pocos años en un honroso lugar frente a otros países similares al nuestro.

3. Realizar campañas agresivas en bases a estrategias de mercadeo de alto nivel para incrementar el flujo de turistas hacia el país con la protagónica participación de las distintas empresas del sector.

4. Desarrollar conjuntamente con las instituciones privadas de seguridad mediadas de protección con los distintos organismos del estado encaminados a que los turistas que nos visitan tengan y perciban las más absolutas garantías de su integridad mientras disfrutan de nuestro país.

5. Contribuir con el desarrollo de las industrias culturales fomentando un turismo vinculado a nuestra identidad y sus distintas manifestaciones artísticas y folklóricas y ecológicos-ambientales.

CONCEPTUALICEMOS

DIAGNÓSTICO DE LA SITUACIÓN INSTITUCIONAL, ECONÓMICA Y SOCIAL DE LA REPÚBLICA DOMINICANA

En la actualidad, la situación institucional, económica y social del país refleja la existencia de importantes debilidades que impiden el avance de República Dominicana hacia el verdadero progreso con un crecimiento económico sostenible, con justicia social y equidad que conlleven a mejoras en el desarrollo humano. A continuación se presenta un breve diagnóstico de la situación actual.

SITUACIÓN INSTITUCIONAL

Es una realidad que los avances institucionales logrados por el Estado dominicano se encuentran en transición de lo tradicional a lo moderno, con planes de modernización que se ejecutan de manera parcial, es decir por sectores, sin una estrategia global que los fundamente. La República Dominicana ha logrado en las últimas décadas notables progresos en la Sistematización de los poderes que conforman el Estado.

Ministerio de Economía Planificación y Desarrollo, conformó los consejos Regionales, Provinciales y Municipales, estableciendo el proceso de desconcentración y descentralización del Poder Ejecutivo. Simultánea-mente, estos Consejos posibilitan la participación efectiva de la ciudadanía en la gestión gubernamental.

Todas estas acciones marcan la ruta hacia la implementación de un Estado moderno, puesto que ejecutar adecuada-mente la descentralización significa vincular racionalmente el Poder Ejecutivo con el Poder Municipal, en la búsqueda de un fortalecimiento de este último y de la institucionalidad en general. Sin embargo, para la aplicación de estas leyes se requiere de voluntad política.

El Poder Judicial había logrado avances relativos en relación a su independencia, tomando decisiones oportunas en el mejor desempeño de sus funciones. No obstante, en sus estructuras y procedimientos interviene directa-mente el Poder Ejecutivo, lo que afecta su autonomía real. El Poder Judicial debe ser el principal sostén del sistema democrático, que al actuar con equidad y efectividad se convierta en un defensor de los derechos humanos, contribuyendo a convertir el país en un verdadero Estado de Derecho. Parece que todavía falta mucho camino por recorrer para que el país disponga de una administración de justicia honesta, oportuna y eficaz sin distorsiones arbitrarias.

El papel de la Cámara de Cuentas es crucial en las evaluaciones de la gestión pública, aunque está por demostrar la efectividad de sus intervenciones en la reducción de la corrupción. Esto se debe quizás al procedimiento de selección de los jueces de este organismo el cual debe ser revisado, con el fin de que las decisiones que se tomen no estén subordinadas a los criterios del Presidente de la República. El comportamiento poco transparente de sus integrantes deberá mejorar sustancialmente para poder convertirse en modelo ejemplar para la ciudadanía.

Los ayuntamientos, a pesar de haber mejorado sus niveles de ingresos, facultades y ejecutorias, siguen siendo entidades de escasa fortaleza. Sus ejecutorias se concentran en gran medida en las zonas urbanas, desatendiendo las áreas rurales; en adición, se resisten a otorgar participación a las comunidades en la gestión municipal. Por otro lado, la falta de institucionalidad se refleja en el incumplimiento por parte de la Presidencia de la República con las leyes que ordenan y regulan la entrega de recursos presupuestarios a los municipios. Mientras que, cada cuatro años los ayuntamientos rescinden los contratos que tienen con empresas del sector privado, independientemente de la eficiencia con que estas empresas estén operando, lo que debilita el Estado de Derecho. De aquí que es conveniente establecer mecanismos que conlleven a mejorar la transparencia e imagen de las entidades edilicias.

En sentido general, el país dispone de un sistema jurídico suficientemente completo, pero es imprescindible modificar o derogar leyes y revisar la constitución para adecuarlas a los nuevos tiempos, porque por tradición el Presidente de la República y sus principales funcionarios (Ministerios y Directores Nacionales, entre otros) han utilizado los poderes discrecionales para establecer, en cada oportunidad, sus propias normas Incumpliendo permanentemente con los mandatos jurídicos formales y, en consecuencia, haciendo muy deficiente el Estado de Derecho. Una muestra más de la inseguridad jurídica que lesiona los derechos civiles y comerciales de los ciudadanos y limita la inversión extranjera, sobre todo la orientada a proyectos de largo plazo.

Estas distorsiones jurídicas generalmente son la base de la corrupción estatal porque se llevan a cabo para beneficiarse o beneficiar materialmente a alguien. Si bien este tipo de comportamiento es de gran magnitud en los funcionarios públicos, la corrupción no es un asunto exclusivamente gubernamental; la corrupción se ha convertido en un problema básico, transversal a toda la sociedad dominicana, que afecta negativamente la fortaleza institucional de la Nación. La corrupción afecta el desempeño del Estado de forma integral, conformando un círculo vicioso que para ser desmantelado requiere de la voluntad política del Presidente de la República. En consecuencia, para iniciar la solución de este grave problema, la Nación demanda un Presidente honesto.

En cuanto a la seguridad ciudadana, durante los últimos años la delincuencia se ha venido apoderando de las calles y los barrios de nuestro país. Algunos entendidos afirman que la delincuencia y la criminalidad se han triplicado en el país. Nueve dominicanos pierden la vida a diario en manos de delincuentes y criminales. La situación de inseguridad ciudadana que vive el país contrasta con el clima de paz social y seguridad ciudadana que había exhibido durante décadas la República Dominicana y que simbolizab2a no sólo nuestro estilo de vivir la vida libre y sanamente, sino también uno de los pilares fundamentales para estimular la inversión nacional y extranjera y la afluencia de turistas de todas partes del mundo.

POLÍTICA MACROECONÓMICA

En los últimos años la economía ha exhibido estabilidad de precios y de la tasa de cambio, conjuntamente con niveles "cuestionables de crecimiento económico". Sin embargo el panorama macroeconómico enfrenta graves desafíos que ponen en peligro la estabilidad macroeconómica y el crecimiento de la economía. El desafío más importante actualmente en materia de política macroeconómica es el cuantioso déficit cuasi-fiscal del Banco Central.

En 2020 el déficit público en República Dominicana alcanzó el 7,91% del PIB, un porcentaje que le sitúa en el puesto 138, de 191 países, del ranking de déficit respecto al PIB ordenado de menor a mayor. República Dominicana ha empeorado su situación en el ranking respecto a 2019, cuando ocupaba el puesto 104 con un déficit del 2,2% del PIB. En términos absolutos, el país registró un déficit de 5.474 millones de euros en 2020, superior al registrado en 2019, de 1.746 millones de euros. Mientras que el Producto Interior Bruto (PIB) en 2020 fue de 69.021 M€, cayó 10.588 M€ respecto a 2019, lo cual debemos tener en cuenta porque los cambios en el PIB afectan al ratio de déficit sobre el PIB, en sentido inverso.

Por otro lado, la política monetaria ha traído como consecuencia una sobre apreciación de la tasa de cambio, que pone en peligro la competitividad de los sectores exportadores. A esto se unen las dificultades en la obtención de financiamiento agregado, las deficiencias y alto costo del servicio energético, que sumados a las inseguridades jurídica y ciudadana, impiden a los productos del país competir en precios, calidad y oportunidad en los mercados internacionales.

Conjuntamente con estos elementos, la población ha visto reducir considerablemente su capacidad de compra debido al costo de la vida, que unido a la agresiva política impositiva y al elevado nivel de desempleo han contribuido a reducir las condiciones de vida de la población, en particular de la población más pobre. Como resultado, el relevante progreso físico-urbano del país contrasta con el gran atraso social existente. El país ha sido incapaz en los últimos 40 años de poner en vigencia medidas que mejoren sustancialmente los índices de desarrollo humano.

Esta situación agudiza la pobreza, provocando el incremento de la delincuencia y la criminalidad y en consecuencia la inseguridad ciudadana. En adición, debido a que los beneficios de dicho crecimiento no llegan a la mayoría de la población dominicana, persisten en la sociedad grandes desigualdades: económicas, sociales, culturales, de género y rural–urbana.

Las políticas ejecutadas por el gobierno no han estado orientadas a reducir dichas desigualdades, sino que por el contrario las ha aumentado. Un ejemplo de esto es la construcción de un Metro en Santo Domingo, concentrando sectorial y geográficamente la inversión pública en una obra escasamente productiva, y sin posibilidades de ser complementada por la inversión privada. El hecho de que la inversión pública se destine, en alta proporción, a la ejecución de proyectos escasamente productivos, impide al Gobierno asignar niveles adecuados de recursos a la educación, salud, seguridad social y vivienda para apoyar con efectividad a los sectores productivos, principales protagonistas del progreso nacional y creadores de fuentes importantes de empleos.

SITUACIÓN DE LA EDUCACIÓN

Algunos indicadores sobre el sector revelan la crítica situación por la que atraviesa la educación dominicana, pues el 75.5% de los estudiantes dominicanos que se examinó en las pruebas Pisa al año 2018, obtuvo un bajo rendimiento en lectura, matemáticas y ciencia, según el informe que presentó ayer el secretario general de la Organización para la Cooperación y el Desarrollo Económicos (OCDE). Los resultados de esa prueba, presentados en París, colocaron a la República Dominicana en el último lugar de 79 países en las áreas de matemáticas y ciencias, en las que los estudiantes alcanzaron 325 y 336 puntos respectivamente; y en el penúltimo en lectura, en el que sacaron 342 puntos[1].

Los resultados del año 2018 significan un retroceso en torno a la medición del 2015: en el área de lectura, por ejemplo, los estudiantes obtuvieron 16 puntos menos. Esto implicó que cayeran tres posiciones porque en el 2015 quedaron en el lugar 66 entre 70 países. En cuanto a las matemáticas sacaron tres puntos menos pero subieron cuatro en ciencias. A pesar de ello, la posición en estas áreas fue la misma: la última.

---

1   *Aristy Capitán, M. (2019). Estudiantes dominicanos obtuvieron los peores resultados en prueba Pisa. Disponible en: https://hoy.com.do/estudiantes-dominicanos-obtuvieron-los-peores-resultados-en-prueba-pisa/*

En tanto que el programa Educa (Acción Empresarial por la Educación), en su informe al año 2019, sostuvo que como era de esperarse, los resultados distan de los estándares de calidad esperados por todos después de los enormes esfuerzos que vienen desarrollándose desde 2013 por financiar más y mejor a la educación. En torno a esos resultados, señala dicho informe que República Dominicana está entre los 12 países que registraron una baja en la prueba de lectura respecto a la prueba del 2015. La razón puede ser el incremento de la cobertura, pero también haber retenido a cerca de 11 mil estudiantes de bajo desempeño que en el 2015 no estaban en las aulas (la cobertura de personas con 15 años pasó de un 68% en el 2015 a un 73% en el 2018).

Tras indicar que de cualquiera manera los resultados son preocupantes, resalta que en lectura el 80% de los estudiantes de 15 años que asisten a centros públicos o privados no logra superar el nivel 2, que es el umbral mínimo de competencia esperado para la lectura: solo son capaces de entender el significado literal de una oración o un pasaje corto de un texto.

Respecto a las matemáticas, los estudiantes dominicanos siguen sin comprender ese mundo: cerca del 90% no alcanza el umbral mínimo de competencias del nivel 2 y casi el 78% se ubica por debajo del nivel 1. Esto quiere decir que no pueden resolver los problemas aunque les den toda la información relevante y las preguntas sean claras y estén sencillamente formuladas. Se sabe que la República Dominicana logra colocar a un 1 solo estudiante de cada 1,000 en los niveles de excelencia, en al menos una de las áreas.

Como se observa, la crítica situación por la que atraviesa la educación en el país requiere de una reforma integral del sistema educativo, considerada como una de las reformas más urgentes y trascendentales, para poder poner en marcha una estrategia de desarrollo económico y social que se refleje en prosperidad para todos los hogares dominicanos.

SITUACIÓN DEL SECTOR SALUD

Con la aprobación en el año 2001 de la Ley General de Salud 42-01 y de la Ley que crea el Sistema Dominicano de Seguridad Social 87-01, el país inició un proceso de transformación de la estructura organizativa y del modelo de gestión de los servicios de salud. Este constituye el mayor esfuerzo institucional para convertir el Sistema Nacional de Salud en un verdadero instrumento de lucha contra la pobreza, cambiando la estructura organizativa de los servicios individuales y colectivos de salud, y modificando la forma de cómo el gobierno y el sector privado aportan el dinero para financiarlos.

Sin embargo, al día de hoy el sector salud, público y privado, todavía no ha logrado dar inicio real a las transformaciones que establece la Ley 42-01, incluyendo la reorganización institucional que procura fortalecer la SESPAS como organismo que impone el orden y el control del sistema, y que a la vez garantiza la salud colectiva de la población. Tampoco ha podido dar cumplimiento a la Ley, en lo que respecta a la reorganización del sistema hospitalario, en función de un modelo de atención que se fundamente en la prevención, estructurando una red de establecimientos desde el nivel primario, pasando por un sistema de referencia, hasta los niveles superiores de atención especializada y de mayor complejidad.

En relación a los indicadores de salud, estos han reflejado un retroceso en algunas áreas vitales, tal como lo reporta la Encuesta ENDESA de noviembre de 20014. La tasa de mortalidad infantil en niños de 0 a 12 meses, pasó de 31 por mil nacidos vivos en el quinquenio 1997-2002, a 32 por mil nacidos vivos en el quinquenio 2002–2007, lo que indica que la tendencia a la disminución de la mortalidad infantil observada en los últimos 20 años, se frenó en ese período. Estas muertes generalmente están asociadas a las condiciones socioeconómicas imperantes en los hogares y en su entorno. La mortalidad materna, a pesar de que el 98% de los partos son atendidos por personal de salud, se mantiene en 159 muertes maternas por 100 mil nacidos vivos.

Estos indicadores son entendibles cuando se aprecia la disminución registrada en los recursos públicos asignados al sector salud. En la última década, el presupuesto público en salud había estado en promedio en torno al 2% del Producto Interno Bruto (PIB). En cambio, para la gestión del 2007, los recursos públicos destinados a salud representaban el 1.8% del PIB, en tan-to que en el presupuesto del 2008 este porcentaje se redujo a 1.6%, lo que contrasta con el promedio para América Latina, que es de un 4% del PIB.

SITUACIÓN DE LA VIVIENDA

La República Dominicana experimenta un déficit de viviendas tanto cuantitativo como cualitativo. Las estadísticas disponibles permiten estimar en unas seiscientas mil unidades el déficit de viviendas nuevas, a lo que habría que añadir las más de un millón trescientas mil unidades que de acuerdo al Censo de Población y Vivienda 2002, de la Oficina Nacional de Estadísticas, requieren ser mejoradas o declaradas como inservibles. Estas viviendas no reúnen las más mínimas condiciones de habitabilidad (dimensiones y materiales), situación que afecta considerablemente a los sectores más pobres del país. Según el Censo de Población y Vivienda del 2002, el país debe producir más de 20,000 viviendas anuales para poder garantizar el acceso a este bien a las tantas familias demandantes del país. Esta cifra sigue siendo un referente importante debido a que el volumen anual de viviendas construidas por el Estado no ha sobrepasado las 5,000 unidades.

La inversión ejecutada por el Estado en materia de viviendas sólo ha beneficiado a un pequeño segmento de la población, casi siempre de altos ni-veles de ingresos. De acuerdo a diferentes estudios realizados.

DETERIORO DE LOS SECTORES PRODUCTIVOS

La situación de los principales sectores productivos del país también es preocupante. En el caso particular del sector agropecuario, éste enfrenta en la actualidad los más grandes desafíos de los últimos tiempos debido a cambios en el entorno internacional y a factores de origen interno que limitan su desarrollo. En el plano internacional el sector tiene que enfrentar los desafíos del Tratado de Libre Comercio con los Estados Unidos; los retos de un Acuerdo de Asociación Económica con la Unión Europea; el incremento en los precios de los derivados del petróleo y su impacto en los costos de la agricultura doméstica; el incremento sostenido de los precios de los insumos esenciales (maíz, soya y grasa vegetal) que se utilizan en la elaboración de alimentos balanceados para la producción animal; el aumento agresivo en el costo de los fertilizantes, los agroquímicos para la protección vegetal y los medicamentos para la sanidad animal; la mayor competencia internacional, que se puede considerar desleal en algunos casos, por los cuantiosos subsidios que se conceden a productores estadounidenses y europeos.

En el plano local, el sector agropecuario está sufriendo de elevados costos de producción, un muy reducido nivel de apoyo financiero, un bajo nivel de tecnología y asistencia técnica, la falta de infraestructura básica de apoyo a la producción y a la comercialización, la baja productividad por hombre o por superficie cultivada y muy baja rentabilidad en los diversos sub-sectores del agro. A todo esto se une el hecho de que los ingresos me-dios rurales han caído de una manera estrepitosa y en estos momentos son tan bajos que provocan abandono de la actividad productiva y una fuerte migración rural hacia las ciudades y hacia el extranjero.

Para innovar, mejorar la eficiencia y aumentar la productividad, es necesario llevar a cabo un vasto programa de infraestructura de apoyo, promover la introducción de sistemas modernos de riego presurizado, de nivelación de suelos, equipos de transporte, empacadores y sistemas de producción en ambiente controlado, entre otras soluciones prioritarias.

En el caso del sector turismo, la situación no es menos grave. Esta área, que es uno de los principales soportes de la economía nacional, está enfrentan-do por primera vez desde el inicio del desarrollo turístico en la República Dominicana, una desaceleración no sólo en términos de la operatividad e inversión en el sector, sino también en la cantidad de turistas que visitan al país. Esta situación es consecuencia de una diversidad de factores, entre los cuales se citan los siguientes:

Pérdida de competitividad de la empresa hotelera y turística. Esta situación provoca una reducción de la rentabilidad y desplazamiento de los inversionistas hacia México y Centroamérica. Por ejemplo, es notable ha emigración de los inversionistas dominicanos del sector, pues ya solo el 8% de la inversión hotelera es de inversión local. Las pocas inversiones hoteleras iniciadas en el actual período de gobierno han sido hechas en un reducido número de hoteles 5 estrellas, cuyas tarifas son las únicas que soportan los altos costos del país.

Esta pérdida de competitividad tiene sus principales causas en:

- Una política monetaria de objetivos a corto plazo que estimula la apreciación de la moneda local.

- El aumento irracional de las cargas impositivas por parte del Gobierno por vía del ITBIS, Impuesto Selectivo al Consumo y para el sector turístico.

- Servicio precario y elevado costo del kilovatio hora de electricidad.

El costo de la electricidad está entre los más caros de América Latina. No obstante, el Gobierno ha impedido que los hoteleros accedan a la compra de energía eléctrica en el mercado no-regulado como lo establece la ley de electricidad, lo que le permitiría disminuir la tarifa en más de 40%.

Falta de ordenamiento institucional y un marco legal que facilite y regule el desarrollo, lo que se evidencia en la ausencia de coordinación adecuada en las áreas turísticas entre las oficinas de transporte, el ministerio de Turismo y las federaciones de choferes, para asegurar un transporte al turista o trabajador hotelero que sea eficiente, seguro y a un costo adecuado.

La arrabalización del entorno de los hoteles y de los polos turísticos es un factor determinante, provocado por la falta de control y supervisión de un ordenamiento territorial adecuado para el desarrollo, agravado por la ausencia de una coordinación efectiva con los Municipios que permita gestionar la presión social creciente sobre las instalaciones turísticas, a través de un ordenamiento para organizar la presencia de vendedores y el acceso de turistas locales a las playas.

No existe en el país una Ley que regule el negocio de tiempo compartido, lo cual no ha permitido que este sector se haya desarrollado en la magnitud de otros destinos del Caribe, especialmente México, Aruba y Curazao. El panorama empeora, por un lado, con la dispersión, complejidad y burocracia existentes, que convierten en un trámite lento el proceso de aprobación de los proyectos turísticos, por parte de los diversos organismos gubernamentales, y de otro lado, por los obstáculos burocráticos para el establecimiento de líneas áreas nacionales tanto para el transporte interno como internacional.

La infraestructura del país es deficiente para un desarrollo sostenido del sector turístico. Pero además, la poca inversión en infraestructura realizada por el presente gobierno no ha sido sustentada con un análisis inversión-beneficios y como prueba, el eje Punta Cana – Bávaro, que tiene el 60% de la inversión hotelera y recibe igual cantidad de turistas, es sin embargo, la que menos atención ha recibido del presente gobierno. Veamos el diagnóstico por tipo de infraestructura:

Vial: es insuficiente en los principales polos turísticos del país, especialmente en el de Bávaro.

Agua potable: los acueductos son deficientes en las áreas de Sosúa, Cabarete, Samaná, Las Terrenas y Río San Juan. Hay ausencia total de acueducto en Punta Cana - Bávaro, donde cada complejo hotelero está obligado a construir su propio sistema de abastecimiento de agua.

Alcantarillado sanitario: similar a la situación del agua potable, todos los hoteles en el país tienen que construir su propio sistema de alcantarillado sanitario y plantas de tratamiento de aguas negras, con excepción del polo turístico de Playa Dorada y el polígono central del Distrito Nacional.

Ausencia de señalización: lo que crea una seria dificultad para el desplazamiento de los visitantes a nivel nacional.

Ausencia de vertederos: una deficiencia que presenta un grave obstáculo para el cumplimiento de las normas ambientales, la salubridad y el embellecimiento del entorno.

Ausencia de iluminación: la mayoría de las áreas turísticas del país, incluso en la zona hotelera de la ciudad de Santo Domingo, carece de una iluminación adecuada, poniendo en riesgo la seguridad de los visitantes.

Aumento sin control de la delincuencia y criminalidad, afectando la seguridad de los turistas, incluso dentro de las instalaciones hoteleras y turísticas.

Ausencia de programas de control de salud por parte de los organismos competentes, lo que ha llevado a algunas crisis de salubridad en diferentes hoteles, afectando la imagen del turismo nacional.

Ausencia de un mercadeo focalizado a regiones o polos turísticos que informe de las virtudes de cada uno de ellos. Consecuentemente, todo el crecimiento turístico del país se está concentrando en Punta Cana – Bávaro, mientras en los otros polos, especialmente Puerto Plata y Juan Dolio, se cierran hoteles.

Poco apoyo a los programas de formación de recursos humanos. Los hoteleros han catalogado como "grave y empeorando" la ausencia de personal calificado a todos los niveles de la industria turística.

Existe actualmente una oferta complementaria muy limitada en los diversos polos turísticos, que motive a los turistas a salir de los hoteles, fruto de la falta de una política en el sector que planifique el desarrollo integral de la oferta turística. Como consecuencia, las autoridades componentes no han impulsado la creación de museos o parques temáticos, ni desarrolla ofertas culturales atractivas para el turista. Los esfuerzos hechos por el gobierno anterior para crear rutas y senderos e impulsar el turismo ecológico o de montaña, han sido dejados en el abandono por la actual gestión.

En este sentido, la estrategia para el desarrollo económico del país se sustentará en un Plan Maestro del sector turismo, que identifique acciones orientadas a mejorar la competitividad y la calidad de los servicios ofrecidos por el sector, al tiempo que se determinan las potencialidades existentes en el país.

Con respecto a las zonas francas, en el país existen 74 parques industriales, con un total de 673 empresas que generan unos 171,000 puestos de trabajo directos y 200,000 empleos indirectos. Los salarios anuales en este renglón sobrepasan los RD$20,000 millones, aportando a los ingresos públicos más de RD$5,000 millones anuales, a los que se agregan conceptos por pagos de servicios de energía eléctrica, agua y comunicaciones, que en el año 2006 alcanzaron un valor de RD$2,532 millones.

En los últimos años, este sector se ha visto afectado por una reducción en los niveles de competitividad, debido entre otros factores al incremento de los costos de la energía en un 55% y a la reducción de la tasa de cambio en un 23.53%. La pérdida de competitividad se reflejó en una caída en las exportaciones, particularmente de las empresas de textiles, las que cayeron en US$750 millones con relación al 2004. A esto se unieron factores de origen externo relacionados con la liberalización del comercio mundial de textiles y el ingreso de China a la Organización Mundial del Comercio (OMC).

En otra vertiente están las micros y pequeñas empresas, que generan cerca del 30% del PIB de la República Dominicana. La más reciente investigación sobre el sector reveló que en el 2005 funcionaban 615,215 micro, pequeñas y medianas empresas, las cuales acogían a la mayor parte de la fuerza laboral dominicana, estimándose en cerca de 1,445,162 personas, equivalentes a un 36.2% de la población económicamente activa (PEA), la cantidad de personas empleadas por este sector.

Debido a la flexibilidad y alta capacidad de respuesta de las empresas emergentes a los estímulos expansivos y de reconversión, las MIPYMES constituyen el vehículo ideal para el éxito de todo plan encaminado a producir una importante transformación de la economía y la sociedad dominicanas a corto y mediano plazos.

Uno de los escollos que enfrentan las micro y pequeñas empresas dominicanas es el bajo nivel de educación que tienen los emprendedores, lo cual constituye un obstáculo importante dada la celeridad de los adelantos científicos y tecnológicos, la globalización de los mercados y el desarrollo de las Tecnologías de la Información y Comunicación (TIC), todo lo cual demanda una mayor formación de los emprendedores.

Otro de los retos que enfrenta este sector es el acceso al crédito para el desarrollo de la iniciativa empresarial. En esta materia se han logrado interesantes aprendizajes y avances a partir de la amplia trayectoria que han tenido las instituciones de microfinanzas en el país. En adición, se han empezado a desarrollar iniciativas desde la banca privada y desde el Estado, orientadas al mercado de las microempresas, pero todavía no son suficientes para atender las necesidades existentes y en general tienden a excluir a las microempresas informales.

Más obstáculos al desarrollo competitivo de las Microempresas se resumen en los altos costos de facturación energética, inestabilidad en el servicio y los altos costos asociados a la necesidad de generación propia; la inadecuación legal y altos costos para legalización de las empresas; el uso de tecnologías obsoletas; la ausencia de información para acceder a mercados; la escasa capacidad e insuficiencias en la gestión administrativa; el alto costo del dinero y la escasa disponibilidad de préstamos para desarrollo o largos plazos para la amortización. A estos factores se unen otros elementos derivados del proceso de globalización y de transparencia de los mercados, entre los que se destacan la transparencia de operaciones con el NCF y/o pérdida de clientes; la necesidad de establecer sistemas contables para sus operaciones mensuales y la necesidad de asistencia técnica a los empleadores para el pago de sus obligaciones tributarias y de la seguridad social.

En este sentido, dentro de esta vision país se priorizará la atención a este importante sector generador de empleos, para, entre otros objetivos, reducir los niveles de informalidad e incrementar su acceso al financiamiento.

SITUACIÓN DEL TRANSPORTE

En la actualidad la República Dominicana dispone en materia de transporte de las facilidades siguientes: 4,930 Kms. de carreteras en su red vial, una infraestructura portuaria que consiste en 11 puertos habilitados para el comercio internacional y 7 pequeños puertos dedicados a la pesca. La estructura portuaria existente es capaz de recibir buques de cruceros y pasajeros turísticos. En cuanto al transporte aéreo, el país cuenta con 7 aeropuertos que prestan servicio tanto para vuelos domésticos como internacionales.

El transporte vial dominicano se caracteriza por un alto índice de accidentes de tránsito, consumo de combustibles fósiles y contaminación ambiental.

SITUACIÓN DEL SECTOR ELÉCTRICO

Uno de los principales obstáculos a la competitividad de las empresas dominicanas es el ineficiente y costoso servicio de electricidad. La crítica situación del sector eléctrico puede resumirse en los siguientes elementos: ineficacia en el suministro (generación, transmisión, distribución, gestión comercial); alto costo de producción y precio de venta (tarifa); sistemas y procesos ineficaces de facturación y cobros; alta dosis de irresponsabilidad política

(discontinuidad de los planes indicativos válidos, personal incompetente y altamente politizado); privatización incompleta y asimétrica, complaciente-mente negociada con altos niveles de complicidades expresados en aberrantes contratos al margen de la normativa del negocio eléctrico; instituciones y personal regulatorio anacrónicos e inoperantes; improvisación y ensayismo patológico, reflejado en la introducción de elementos coyunturales e imprevistos; alta y permanente dependencia de los aportes del gobierno (subsidios no focalizados) para mantener un servicio eléctrico precario.

En este sentido, en esta vision país se proponen un conjunto de medidas orientadas al reordenamiento del Sector Eléctrico a fin de mejorar la eficiencia y la calidad del servicio, a la vez que se puedan lograr reducciones en los costos de generación para propiciar el establecimiento de una tarifa eléctrica que sea justa.

SITUACIÓN DEL MEDIO AMBIENTE

Los problemas ambientales del país han crecido en las últimas décadas. Algunos de estos problemas se relacionan con el manejo insostenible del medio ambiente y los recursos naturales, la indefinición y falta de aplicación de una política ambiental basada en el cumplimiento de la Ley 64-00 y el descuido en que ha tenido el presente gobierno al sector ambiental.

La República Dominicana es un país propenso a desastres naturales, viéndose afectados todos los años por cambios climáticos extremos, frecuentes inundaciones y prolongadas sequías; y a esto se unen los riesgos de terremotos, debido a las fallas sobre las que yace la isla. Sin embargo, el nivel de preparación de la República Dominicana ante los desastres naturales es sorprendentemente inadecuado, como fue comprobado con el paso por el país de las tormentas Olga y Noel.

Los fenómenos atmosféricos extremos encuentran en el país un ambiente frágil para que sus efectos se conviertan en pérdidas de vidas y propiedades, y en daños a la infraestructura y a la producción agrícola nacional. Las principales áreas susceptibles de ser inundadas son las cuencas bajas de los ríos Yaque del Sur, Yaque del Norte, Yuna y Río Yabacao.

En la actualidad existen en el país altos niveles de deforestación, degradación acelerada de los suelos y las cuencas hídricas, pérdida de la biodiversidad y aumento significativo de la contaminación ambiental. Se calcula que más de 100, 000 tareas de bosques arden en llamas anualmente y que de este total, el 75% aproximadamente ocurre en los bosques de coníferas (pinares) y latifoliados (árboles de hojas anchas).

Otro de los grandes problemas ambientales del país es la degradación de los suelos, producida por la deforestación, el sobre pastoreo, el sobreuso, el mal uso de la tecnología y los sistemas de riego, el abuso de agroquímicos en la agricultura, los desastres naturales, el urbanismo, y la situación de pobreza que impera en muchas zonas del país, los cuales han generado procesos de erosión, salinización, compactación y esterilización de extensas áreas.

Por otro lado, la población de zonas urbanas marginadas no disfruta de los servicios básicos como tratamiento de aguas residuales, agua potable, sistema de tratamiento de la escorrentía y eliminación de residuos sólidos. En la zona rural, otro importante problema sanitario común es el efecto de pesticidas en los trabajadores agrícolas. Los sistemas fluviales se han convertido en pozos negros de todas las fuentes imaginables de desechos sólidos y líquidos, las cuencas de los principales ríos son depositarias de todo tipo de desechos industriales no tratados y de descargas de aguas residuales municipales.

La falta de servicios básicos como alcantarillado sanitario y pluviales en las comunidades localizadas a lo largo de las costas del territorio dominicano, al igual que los asentamientos urbanos informales de trabajadores en el sector del servicio turístico próximos y alrededor de los complejos turísticos, especialmente en la costa, y la disposición incontrolada de desechos sólidos y basura generada en estos asentamientos, amenaza al creciente sector turístico de diversas maneras, incluyendo la salud pública.

También existe una fuerte contaminación del aire con partículas o emisiones de humo por transporte, polvo de la cementera, las emisiones provenientes de los diversos puertos e instalaciones agroindustriales, y la quema al aire libre en vertederos. La contaminación de las costas es muy alta, lo que impacta la totalidad de la isla como consecuencia de la descarga de aguas residuales no tratadas, el vertido de residuos sólidos, las actividades portuarias y la descarga de pesticidas utilizados en la producción agrícola.

Con relación a la biodiversidad, los impactos de las actividades humanas de una u otra forma han provocado cierto grado de amenaza en la diversidad de flora y fauna de la República Dominicana. Los estudios afirman que de un total de 572 especies de vertebrados, principalmente terrestres, registrados en 1990, 105 estaban bajo cierto grado de amenaza y que de las 5,600 especies de plantas reportadas para 1990, aproximadamente 441 se consideran amenazadas. A la fecha, estos datos han aumentado considerablemente.

Puesto que la contaminación medioambiental produce daños a la salud, al bienestar social, y al crecimiento económico, lo racional es que el Gobierno encare con voluntad política la situación. En este sentido, se plantea intervenir con carácter prioritario ciertas zonas, ríos y litorales, con acciones que conlleven soluciones en el corto, mediano y largo plazo.

SITUACIÓN DE LA TECNOLOGÍA E INVESTIGACIÓN

El país ha experimentado en la presente década altas tasas de crecimiento económico y relativa estabilidad macroeconómica, con una tasa de formación bruta de capital superior al 20%. Sin embargo, carece de un motor tecnológico propio, lo que ha conllevado a la adquisición externa de tecnología, bajo la forma de equipos y de expertos internacionales.

En este sentido, el país requiere incorporar a su estrategia de Desarrollo Nacional políticas orientadas a la generación y aplicación del conocimiento científico tecnológico, que contribuyan a mejorar el estado tecnológico y la producción de bienes y servicios de calidad orientados al mercado internacional.

SITUACIÓN DE LA TECNOLOGÍA DE LA INFORMACIÓN Y EL CONOCIMIENTO (TIC)… Y LA REPÚBLICA DIGITAL?

En este sentido es necesario tomar acciones para que en el mediano y largo plazo podamos alcanzar el servicio universal y reducir y/o eliminar las brechas digitales existentes.

SITUACIÓN DE LA POLÍTICA EXTERIOR

Las relaciones internacionales dominicanas están normadas por la Ley No. 314 del 6 de julio de 1964 y sus modificaciones, mientras que su aplicación práctica se rige por el reglamento orgánico del Ministerio de Relaciones Exteriores, No. 4745 del 23 de abril de 1959. De igual manera existen disposiciones y decretos que determinan aspectos puntuales de dichas relaciones internacionales tanto en lo sustantivo como en lo administrativo.

Los mecanismos antes expuestos padecen la incongruencia de regirse por un Reglamento anterior a la Ley que pretende normar, por la duplicidad de funciones, el paralelismo de acciones y especialmente por el anacronismo de su contenido en cuanto a las demandas, interacción y requerimientos de un mundo sustancialmente diferente al escenario en el que se concibieron.

Al respecto, esta vision país orienta la política exterior a la defensa de los intereses fundamentales de la República Dominicana, enfatizando la protección universal de los derechos humanos y la autodeterminación de los pueblos, sobre la base de los principios del respeto recíproco y de igualdad jurídica entre los Estados y Naciones, e igualmente honrando los compromisos bilaterales y multilaterales contraídos por el Estado.

La política exterior no ha sido suficientemente potenciada en las perspectivas del desarrollo sostenible de la República Dominicana y en varios casos se ha orientado en que los cargos de la vida internacional de la República Dominicana han tenido por propósito pagar determinados favores políticos y se han asumido como una función burocrática de disfrute y tal situación no tiene que ver con la formación o la carrera de quienes asumen tales funciones, ni siquiera con la buena o mala intención , se trata de que desde el punto de vista de la gerencia del Estado Dominicano no ha estado tan importante área en las perspectivas del desarrollo sostenido de forma coherente.

La actualidad de la política exterior dominicana es solo diferente al pasado en sus matices. Lo planteado a continuación destaca la carencia y sobre todo la reorientación que se requiere:

Relaciones económicas bilaterales, multilaterales y regionales; es decir relaciones con cada uno de los países y su importancia para el desarrollo de la República Dominicana; en lo multilateral en el plano económico procede considerar la Organización Mundial de Comercio como el escenario principal; en cuanto a lo regional las áreas más próximas al país tales como el Caribe, Centro América, Estados Unidos y Canadá, Comunidad Europea, MERCOSUR entre otros.

La participación y rol del país en los organismos regionales y mundiales que no se restringen en lo económico; tales como la Organización de Estados Americanos (OEA), los distintos órganos iberoamericanos la Organización de las Naciones Unidas (ONU) y sus respectivas organizaciones especializadas en distintas áreas; sobre las organizaciones especializadas en distintas áreas esta es una de las vertientes de mayor potencial tanto para apoyarse en estudios técnicos y asesorías como para el entrenamiento del personal especializado en el país.

Vínculos especiales con algunos países por razones históricas, geográficas o económicas particulares. Se podrían destacar en este caso Haití, Estados Unidos, El Caribe; pero por ejemplo con los países que tienen un importante flujo turístico hacia la República Dominicana procede establecer alguna relación exterior especial.

Situaciones coyunturales. En la política exterior se presentan situaciones no previstas con regiones y países que puede tener tanto implicaciones directas como globales y en tal sentido la política exterior ha de orientarse en cuanto a fijar posición o acción al respecto; para ello procede tener siempre presente los aspectos del derecho internacional relacionados a la situación considerada.

Otro componente de la política exterior está asociado a la presencia de ciudadanas y ciudadanos dominicanos en determinados países y que por consiguiente implica un servicio y seguimiento especial a su situación.

SITUACIÓN DE LA JUVENTUD

El 20% de los jóvenes dominicanos de 15 y 29 años de edad se encuentra fuera del sistema educativo y del mercado laboral, por lo que forman parte del segmento poblacional que a nivel internacional se conoce como "Ninis", según el último estudio de Acción Empresarial por la Educación (Educa). El estudio, titulado "Los Jóvenes Dominicanos: esos desconocidos", se refiere a los Ninis como "Sin-Sin", en referencia a personas "sin las competencias requeridas por el mercado de trabajo, y sin oportunidades para acceder a una vida digna y próspera". Afirma que, "dado el bajo nivel de educación que pueden acumular los jóvenes "Sin-Sin", sus posibilidades de obtener un empleo de calidad se ven reducidas, lo que va en detrimento de su calidad de vida"[2].

"Este fenómeno afecta en mayor medida a las mujeres, quienes presentan una proporción de jóvenes "Sin-Sin" más del doble de los hombres (27% frente a un 12%)", afirma Educa. Dice que la distribución de las tareas del hogar sigue representando una carga mayor para las mujeres, quienes las ven como la principal razón por la que dejan de buscar trabajo (59%).

Una proporción importante de los "Sin-Sin" hombres está desalentada, dadas las dificultades que se les presentan a la hora de conseguir empleo, ya que un 33% ha buscado y no encuentra. "Estos, son más propensos a caer en situaciones de vulnerabilidad, tales como la participación en actividades ilícitas, el consumo de drogas, la violencia, entre otros".

En términos de salud, los principales problemas que aquejan a los jóvenes se relacionan con la salud reproductiva y las enfermedades de Transmisión Sexual (ETS), en especial el VIH-SIDA. A esto se

---

2   *Corcino, P. (2019). Educa: el 20" de los jóvenes dominicanos "sin" trabajar y "sin" estudiar. Disponible en: https://eldinero.com.do/81025/educa-el-20-jovenes-dominicanos-sin-trabajar-y-sin-estudiar/*

une el incremento en la maternidad adolescente, que limita las posibilidades educativas, de trabajo y desarrollo humano de las jóvenes. En adición, se percibe una reducción en la participación de los jóvenes en organizaciones deportivas, culturales y políticas, lo que pone un freno a su desarrollo y participación social como ciudadanos de pleno derecho. Y es muy lamentable que en materia de desempleo los jóvenes dominicano son el 60 por ciento de los desempleados del país, y en cuanto al concepto de los NINI son el 34.6% de la juventud que ni trabaja ni estudia en el país.

SITUACIÓN DEL DEPORTE Y LA RECREACIÓN

En el país apenas se cumple el papel del Estado como promotor de los sanos hábitos deportivos, recreativos y de educación física. El sector carece de la debida planificación y de personal profesional y técnico suficiente y con la capacidad adecuada para los diversos niveles y categorías deportivas y recreativas. El abandono en que está sumido el sector del deporte y recreación se percibe en la suspensión de los Programas de Formación y de investigación de las ciencias aplicadas al deporte; en la paralización de las construcciones de instalaciones deportivas y recreativas y en la falta de acceso de la población a los equipos, útiles deportivos, juegos y deportes populares. Estas deficiencias, conjuntamente con otras, relacionadas con la situación de las asociaciones y clubes, y de los atletas serán enfrentadas por el Gobierno de PAIS POSIBLE a fin de que el deporte sea considerado como uno de los derechos de los individuos y promovido para incrementar la calidad de vida de la juventud dominicana y de la población en general.

LOS MILLENNIALS
Y SU VISIÓN POLÍTICA

La visión mayor de esta franja de jóvenes está centrada en el aspecto tecnológico. Para ellos el emprendimiento con avance tecnológico digital; el turismo sostenible; sustento social de comunidades/enfoque de género; educación y tecnología desde el bachillerato; medio ambiente (involucrando a los niños en sus comunidades); así como el tránsito en la capital (eficiencia en la movilidad ciudadana), e-comerce (para abrir mercados y generar más empleos); economía solidaria a través de cooperativas (con asesoría financiera) y emprendimiento para el manejo adecuado de las redes sociales, son su mayor preocupación.

Además demuestran interés en conocer experiencias de emprendimiento fuera de República Dominicana. Éstos se inclinan por lo general hacia áreas como: Investigación en salud y afines; Comercio internacional; Sistema educativo (cambio de enfoque en los mecanismos educativos); Turismo (intercambio de informaciones en otros países), Arquitectura; Tecnología; Intercambio cultural; Funcionamiento de las Ong`s; Educación/ empleo para la juventud y Negocios de reciclaje.

Respecto a su visión sobre la situación social de República Dominicana, los millennials opinan respecto a la falta de oportunidades para los jóvenes. Ellos suelen manejar los siguientes conceptos: Falta de empleos para los jóvenes/Escasas oportunidades; El problema de la corrupción, Atraso en los enfoques de género y desarrollo de las mujeres; Ausencia de educación efectiva; Deficiente atención en hospitales y veterinarias públicas; Ausencia de formación técnica en las escuelas y Fuente extranjera de empleos (call centers).

En cuanto a la actividad política en la República Dominicana, los millennials se han manifestado en muchas vertientes. Ellos entienden que la sociedad dominicana debe desarrollarse de conjunto y no por sectores o grupos de individuos; además perciben que existe mucho clientelismo y populismo, con elevada dependencia de los partidos políticos; falta de educación y manejo político de las votaciones; sin contacto político, no se consigue un empleo. También razona que las personas no votan con conciencia y muchos jóvenes no se interesan por la política; los políticos quieren perpetuarse en el poder, mucha corrupción; el fanatismo político prevalece y el interés personal de los políticos está por encima de la sociedad.

Sobre las causas sociales de interés para los jóvenes millennials, existen varias, pero las que más les preocupan son el Medio Ambiente y el Turismo: Turismo ecológico/ destrucción del medio ambiente; Tecnología y contaminación/Educar a los niños por el mal uso del celular; Sistema de salud (desconocimiento de la población sobre atención primaria; Protección ciudadana/ delincuencia; Multas impositivas por la contaminación de las empresas y Modernización del sistema penitenciario.

Estos jóvenes esperan de un líder político de su país: el cumplimiento de las promesas y más oportunidades para ellos. Su visión en ese aspecto se centró en los siguientes ejes: Cumplir las promesas; Más oportunidades para los jóvenes; Propuestas de los políticos relacionadas con las políticas públicas; Uso de las aplicaciones tecnológicas para el progreso y el emprendimiento; Más seguridad ciudadana; Implementar mecanismos para mejorar la institucionalidad del país; Buen desempeño desde el estado y Mayor acercamiento hacia la población.

Los jóvenes han manifestado muchas razones para involucrarse en la política, sobresaliendo el interés por cambiar todo el sistema prevaleciente, al punto que entienden necesario: Cambiar el sistema totalmente; Deseo de crecimiento a través de políticas públicas institucionales; Ayudar a los jóvenes de la comunidad del Almirante; Cambiar la Revolución Educativa; Para optar por el poder; Para ser parte de la solución, no del problema; Para que se cumpla lo que se promete; Para hacer la diferencia; Para mejorar la República Digital; Para ayudar a los jóvenes a crecer y Para disminuir la desigualdad de oportunidades entre hombres y mujeres.

EL DEPORTE COMO PRIORIDAD NACIONAL: RD POTENCIA MULDIAL DEPORTIVA

Formación para el deporte.

Se entiende por formación para el deporte los procesos de enseñanza y aprendizaje a cargo de educadores especializados o vinculados a la actividad física cuyo objetivo es el desarrollo de esta actividad para niños, jóvenes y adultos así como el conocimiento de las estrategias y habilidades propias de las especialidades deportivas y de las funciones éticos y reglamentarias.

La finalidad de este programa es lograr que la mayoría de los niños y jóvenes tengan mejores oportunidades de una adecuada formación para el deporte a cargo de educadores.

Deporte para todos (deporte recreativo y deporte para la salud).

Se entiende por deporte para todos, las actividades físicas con exigencia al alcance de toda persona y practicadas según las reglas de las especialidades deportivas o establecidas de común acuerdo con los participantes, en el tiempo libre con el fin de propender a mejorar la calidad de vida, la salud de la población así como fomentar la convivencia familiar y social.

Deporte de competición municipal regional y nacional.

Se entiende por deporte de competición municipal, regional y nacional, [prácticas sistemáticas de especialidades deportivas, sujetas a normas y calendarios de eventos, y con exigencia de entrenamiento regular. El deporte de competición se organizará a nivel municipal regional y nacional.

Deporte de alto rendimiento y proyección internacional.

Se entiende por deporte alto rendimiento y proyección internacional las prácticas sistemáticas de especialidades deportivas de altas exigencias. Se considerarán deportistas de alto rendimiento aquellos que además de integrar las selecciones nacionales de cada diferenciación cumplan con las exigencias técnicas que estos establezcan.

Organización y Gestión deportiva.

Este componente se refiere a LOS ASPECTOS que procuran modernizar y fortalecer la red organizativa nacional, provincial y local de los entes deportivos, públicos y privados, así como alcanzar la sistematización y automatización de sus procesos de información, planificación, seguimiento y control de la gestión deportiva. La estrategia será aumentar la capacidad financiera del sector deportivo nacional e incorporarlo a los beneficios de la red de cooperación técnica nacional e internacional.

Infraestructura deportiva.

Este componente tiene que ver con la orientación de una política definida que planifique las instalaciones deportivas existentes y por construir. Una de sus principales objetivos es establecer criterios de diseño, construcción y mantenimiento preventivo y correctivo de instalaciones deportivas.

Normativa Jurídica.

Comprende la estructura jurídica del sistema deportivo nacional. Procura modernizar y adecuar la estructura del deporte formativo, recreativo y competitivo. El deporte nacional se ha regido desde 1974 en base a la ley 97 y otras leyes y decretos complementarios que no se corresponden con los tiempos actuales. La nueva base legal que se discute permitirá aplicar una mejor política de planificación y masificación, así como más eficaz financiación de los programas a corto, mediano y largo plazo. La aplicación de la nueva Ley General del Deporte será una de las propiedades del nuevo gobierno que surja en el 2024.

Cultura deportiva

Este componente consiste de un conjunto de proyectos dirigidos a la reconversión del recurso humano, potenciando sus capacidades técnicas en las áreas de gestión y entrenamiento deportivo. Incluye además la formación de la población para estimular su incorporación al deporte de rendimiento y con fines recreativos y para la salud, intensificado la educación y promoción deportiva como herramienta básica para desarrollar una cultura deportiva en el país.

La República Dominicana se encuentra en medio de un proceso de profundos cambios estructurales que están dirigidos hacia su modernización definitiva mediante el establecimiento de una sociedad más democrática y eficiente, capaz de asumir los retos del nuevo milenio. El deporte como actividad social, como factor de desarrollo humano y como política pública no puede aislarse de estos procesos de cambios y modernización.

El deporte dominicano debe dar un gran salto cualitativo y cuantitativo mediante la ejecución de una serie de políticas institucionales y de modernización de alcance masivo en las distintas vertientes de la actividad. La práctica deportiva y la enseñanza de la Educación Física deben pasar a tener la mayor atención y de ahí la necesidad de la reestructuración administrativa del ministerio de deporte a los fines de garantizar el rol estelar que un ministerio de este tipo debe jugar en el seno de la Sociedad Dominicana y de manera muy especial en la juventud. De igual una efectiva perspectiva de desarrollo del Instituto Nacional de Educación Física (INEFI), por las implicaciones directas de la Educación Física en el desarrollo integral de las personas.

El análisis detenido de la realidad actual implica la modificación de la misma en atención a los aspectos que a continuación se destacan:

1. Estimular el desarrollo científico cultural del sector deportivo.

2. Masificar la actividad deportiva.

3. Ampliar el espacio político y social del deporte dentro de la gestión del Estado Dominicano.

4. Democratizar la gestión del sector público y privado del sistema deportivo nacional

5. Optimizar el sistema de protección social al atleta dominicano.

6. Incrementar la capacidad financiera del sector deportivo nacional.

7. Optimizar la gestión y uso de la infraestructura deportiva.

8. Colocar en un plano de mayor prestigio el deporte doméstico en el ámbito internacional.

En una perspectiva aún más específica el diagnostico ha de orientarse a:

1. Optimizar los recursos humanos necesarios para formar la población en el deporte recreativo, para lo salud y de rendimiento.

2. Modernizar y maximizar la capacidad de gestión estratégica y gerencial de la organización deportiva a nivel nacional.

3. Elevar la capacidad del sistema deportivo doméstico para lograr la incorporación masiva de la población e incrementar la calidad de los atletas dominicanos en eventos deportivos nacionales e internacionales.

4. Incrementar el nivel de incorporación de la población a la práctica deportiva recreativa y para la salud.

5. Optimizar la calidad y competitividad del deporte de alto rendimiento del país.

6. Mejorar la capacidad del sector deporte para maximizar el financiamiento de sus actividades y dar un adecuado uso a los recursos obtenidos

7. Realizar estudios y/o investigaciones sobre la estructura del sistema nacional del deporte y sobre los hábitos deportivos de la población dominicana en procura de hacer reales diagnósticos sobre el sector y trazar mejores políticas.

8. Rescatar el conjunto de instalaciones deportivas del país normando su USO y optimizando su financiamiento.

9. Optimizar los programas de orientación técnica y metodológica en los niveles infantiles y juveniles.

10. Mejorar los niveles de diseño arquitectónico de los proyectos de instalaciones deportivas.

11. Desarrollar las actividades deportivas de forma sistemática planificada y organizada con la finalidad de que las mismas respondan al ¡ogro de objetivos y metas previamente analizadas evitando la improvisación.

12. Establecer y mantener acuerdos de cooperación deportivas bilateral y multilateral con otras naciones y organismos internacionales deportivos.

El diagnostico a de orientar sus perspectivas además en base a las siguientes acciones guías:

1. Integración en los próximos años más de 3 millones de personas a las distintas actividades deportivas, recreativas, de salud y competitivas.

2. Instalación de un moderno Centro de Investigación Ciencias Aplicadas al Deporte.

3. Instalación de un Sistema de Control de la Gestión Deportiva

4. Instalación de un moderno centro de información y documentación deportiva afiliado a la Asociación Internacional de Información y Documentación deportiva (y otros organismos relacionados con la materia.

5. Fortalecimiento de la Escuela Nacional de Profesores de Educación Física.

6. Instalación de un Departamento de Protocolo y Relaciones Internacionales para dar seguimiento y suscribir convenios internacionales con países de los distintos continentes y con organismos nacionales multilaterales.

7. Integrar a todos los municipios del país al desarrollo de actividades deportivas y recreativas.

8. Propiciar el mejoramiento cuantitativo de la Educación Física Obligatoria y el Deporte Extra-escolar recreativo y para la salud.

9. Crear por lo menos 1000 organizaciones de la Sociedad Civil orientada a la práctica deportiva.

10. Instalación de dos centros de alto rendimiento (uno en la capital y otro, en el interior) para la preparación permanente de los deportes estratégicos.

11. Creación de un reglamento para la financiación y gestión del deporte federado.

12. Creación de un reglamento para el Deporte profesional.

13. Instalación de un sistema de detección y selección de talentos

14. Aumentar la matrícula de recursos humanos deportivos en por lo menos 3000. En la actualidad el ministerio de deporte tiene una matrícula de 700 monitores y entrenadores, la mayoría de ellas no titulados.

15. Respaldo sostenido a las entidades federadas en procura de optimizar los resultados de las actividades calendarizadas en el Ciclo olímpico, ante todo a Juegos Nacionales, Juegos Centroamericanos y del Caribe, Juegos Panamericanos y Olimpiadas. Se dará seguimiento especial.

16. Elaboración de un manual de normas técnicas para el diseño y determinación del tipo de infraestructura.

17. Rescatar la mayoría de las instalaciones deportivas del país.

18. Desarrollar las Ciencias aplicadas al Deporte tales como:

19. Medicina, biomecánica, sociología, antropología, farmacología, ingeniería y bioquímica.

20. Propiciar la formación y especialización de recursos humanos en las distintas materias científicas técnicas y pedagógicas relacionadas con la educación física, el deporte y la recreación.

21. Planificar coordinar y evaluar actividades docentes de investigación y extensión que contribuyan al fortalecimiento del sistema deportivo nacional.

22. Implantar diseños curriculares de nivel académico de post grado a nivel de maestría en las áreas de ciencias aplicadas al deporte y gerencia deportiva.

23. Publicar y difundir trabajos de investigación y extensión los cuales contribuyen al fortalecimiento del sistema deportivo dominicano.

24. Ofrecer a través de universidades y centros de investigación planes de estudio de post-grado especializados en materia deportiva y actividad física.

25. Realizar campañas nacionales de educación y promoción de las distintas vertientes deportivas.

26. Propiciar el intercambio de conocimientos y experiencias de docentes, centros e instituciones nacionales e internacionales relacionadas con la educación física el deporte y la recreación.

27. La capacitación y especialización de profesores de educación, física, entrenadores, monitores deportivos.

28. Entregar elementos de difusión de cultura del deporte a 3,000, organizaciones deportivas, comunitarias y municipales.

29. Editar y distribuir 4000 ejemplares de un catálogo de ideas básicas de proyectos de instalaciones deportivas.

30. Otorgar 5000 becas y cursos de participación en programas de deporte formativo o deporte escolar, deporte de competición y deporte de alto rendimiento.

31. Disminuir el tiempo de aprobación de solicitudes de subsidios deportivos.

32. Aumentar el volumen de recursos de fomento e inversión asignados mediante los recursos públicos

33. Trabajar para que se consagre en la Constitución de la República el deporte como un derecho fundamental para todos y que los poderes públicos contribuyan con los fines de educación física, deportes y recreación.

34. Contribuir con los programas deportivos, en las universidades del país restableciendo cada dos años los Juegos Deportivos Universitarios y Festivales de Educación Física.

35. Fortalecer y ampliar el programa de Deporte Barrial que se ejecuta a través del ministerio de deporte en los sectores menos favorecidos social y económicamente en diferentes comunidades del país.

36. Producción de utilería e implementos deportivos a bajo costo.

37. Dar debido apoyo al Instituto Nacional de Educación Física, para que promueva adecuadamente sus funciones a la Escuela Nacional de Educación Física.

PROYECTOS ESTRATÉGICOS

COMPONENTE DE FORMACIÓN PARA EL DEPORTE

- Proyectos de orientación técnica y método lógica para programas deportivos infantiles y juveniles.

- Proyecto sobre juegos nacionales deportivos estudiantiles.

- Proyecto sobre búsqueda y desarrollo de talentos deportivos.

- Proyecto de Deporte Escolar y Extra-escolar y para la Salud.

COMPONENTE DEPORTE PARA TODOS.

- Proyecto deporte en ambientes naturales.

- Proyecto de Deporte para discapacitados

- Proyecto deporte sectorial (Laboral, campesino. Militar.)

- Proyecto de deporte para envejecientes.

- Proyecto de deporte en las cárceles.

- Proyecto de fortalecimiento de la Sociedad Civil.

COMPONENTE DE COMPETICIÓN MUNICIPAL, REGIONAL, NACIONAL.

- Proyecto Deporte Municipal.

- Proyecto Juegos Regionales.

- Proyecto Juegos Nacionales.

- Deporte de Alto Rendimiento y Proyección Internacional.

- Proyecto de optimización de rendimiento deportivo el cual incluye los siguientes sub-proyectos:

- Selección de talentos deportivos y participación en eventos internacionales, centros de alto rendimiento (preparación) y programa de atención al atleta.

- Proyecto de fortalecimiento del sector deportivo federado con el fin de elevar la capacidad gerencial y administrativa y mejorara la calidad y exhibición de los seleccionados nacionales en los principales eventos deportivos.

- Proyecto de homologación de marcas.

- Proyecto de ficho médica para su aplicación a deportes árbitros, jueces y profesores de educación física.

- Proyecto sobre centro de antidopaje.

- Proyecto sobre centro de medicina deportiva y ciencias aplicadas al deporte.

- Componentes de Organización y Gestión Deportiva.

- Proyecto de modernización institucional.

- Proyecto sobre sistemas de seguimiento y control de gestión deportiva.

- Proyecto sobre sistema de formación de datos.

- Proyecto descentralización de la actividad deportiva.

- Proyecto automatización de los procesos de planificación y procesos gerenciales.

- Proyecto sobre sistema de información.

- Proyecto de cooperación técnica deportiva nacional internacional.

- Proyecto de mejoramiento a la capacidad de financiamiento del sector Deportivo Nacional.

Infraestructura Deportiva.

- Proyecto sobre normas básicas de diseño para construcción de infraestructura deportiva

- Proyecto sobre guías de construcción de instalaciones deportivas.

- Proyecto censo de instalaciones.

- Proyecto sistematización de normas técnicas para el mantenimiento preventivo y correctivo de instalaciones.

Normativa jurídica

Ante Proyecto Ley General del Deporte (está elaborado solo falta su ejecución y puesta en vigencia).

- Proyecto sobre Tribunal Supremo de Justicia Deportiva.

- Proyecto reglamento sobre el deporte federado,

- Proyecto reglamento para el deporte profesional.

Componente cultura deportiva.

- Proyecto sobre formación y capacitación de recursos humanos en el deporte
- Proyecto sobre investigación y desarrollo deportivo.
- Proyecto sobre centros de información y documentación deportiva.
- Proyecto censo de recursos humanos en el! deporte
- Proyecto censo sobre entidades deportivas en el país.
- Proyecto sobre educación y programación deportiva.
- Proyecto encuesta sobre los hábitos deportivos.
- Proyecto sobre escuela de entrenadores deportivos y profesores de educación física.
- Proyecto sobre academias deportivas.
- Proyecto sobre educación y promoción deportiva.

Consulta del público

Las investigaciones y encuestas son igualmente importantes. Las iniciativas deben estar bien orientadas: La acción y las experiencias también pueden crear y satisfacer las demandas de deporte. En la primera conferencia de ministro Europeos responsable del deporte celebrada en Bruselas en Mazo del 1975.

El deporte y los poderes locales

Los recursos humanos deben ser el punto de apoyo de toda política deportiva pensada a escala nacional y aplicada previa concertación con los poderes locales que deben responder a las necesidades de los ciudadanos y en particular de los no organizados.

- La investigación
- La Planificación

- La Organización, que comprende la administración, la promoción y también una evaluación de la que se ha hecho.
- La investigación debería ser práctica de forma que sea eficaz con consultas a las distintas categorías de usuarios Potenciales.
- Los hábitos deportivos de la población.
- Valores sociales y el deporte.

HACIA UNA NUEVA LEY GENERAL DEL DEPORTE EN LA REPÚBLICA DOMINICANA

Conforme se ha ido ampliando en las sociedades modernas el concepto deporte como factor multidimensional de desarrollo humano, cada vez se hace más necesaria la reforma y actualización de las legislaciones deportivas con el propósito de atender las demandas y reconocer los derechos de las diversas capas de la población.

Para garantizar el estado de derecho que considere efectivamente el deporte, es necesario contar con una normativa jurídica acorde a las necesidades del modelo de desarrollo que establezca con claridad las reglas que deben observarse en materia jurídica, así como los procedimientos, agilidad y transparencia en la administración del deporte.

Con la proclamación de la Carta Internacional de la Educación Física y el Deporte en la Conferencia General de la UNESCO celebrada en París el 21 de noviembre de 1978, quedaron subrayados universalmente los derechos de los seres humanos a acceder a estas actividades, exhortando asimismo a los gobiernos, tos poderes públicos y organismos privados a impulsar esos objetivos.

Tales derechos también fueron consagrados posteriormente en la

Carta Europea &i Deporte y la Carta Iberoamericana del Deporte, entre otros documentos importantes que promueven políticas regionales y mundiales. El deporte se ha convertido en los últimos tiempos en un auténtico fenómeno social que ocupa un lugar de primer orden en la salud y en la formación. Es un medio para la integración social y la superación personal.

En estos días el depone no se puede definir con el concepto restringido con que se hacía en épocas pasadas; cada vez se hace más difícil definir lo que se entiende por deporte, por su sentido diverso y cambiante como afirmara el Profesor José María Cajigal .Al contribuir con la formación integral de los individuos, el deporte contribuye a un mejor nivel físico y mental lo cual facilita un mejor cumplimiento de las actividades cotidianas.

Desde los orígenes de la sociedad contemporánea -distinto a la antigua Grecia donde la actividad tenía un sentido épico-religioso - con el comienzo del industrialismo inglés del siglo XVIII y principios del Xl el concepto no ha hecho otra cosa que adaptarse a la propia complejidad evolutiva de nuestras sociedades.

El carácter multifacético del concepto deporte ha posibilitado el surgimiento de distintas vertientes o formas de realización deportiva. Por ello hoy día se habla de Deporte Para Todos (deporte recreativo y para la salud) y deporte de alto rendimiento.

DEFINICION

Quizás el concepto que más se aproxima a lo que hoy en día es el deporte, es la definición que hace la Carta Europea del Deporte de 1992, que lo define de la manera siguiente: "El deporte es todo tipo de actividad física que mediante una participación organizada o de otro tipo, tenga por finalidad la expresión o la mejora de (a condición física y psíquica, el desarrollo de las relaciones sociales, o el logro de resultados en competiciones de todos los niveles", como se aprecia en esta definición de deporte, se engloba a toda la multiplicidad de actividades físicas y de recreo que junto con las actividades de competición, conforman el complejo y denso sistema deportivo contemporáneo.

ESTADO Y DEPORTE

Los gobiernos en los Estados están en el deber de apoyar planes y programas de desarrollo deportivo, locales o nacionales que beneficien a las distintas capas de la población. Tienen la responsabilidad de garantizar el derecho de toda la población a la práctica deportiva. El deporte debe ser considerado como un servicio público para la comunidad. Los poderes públicos deben promover de forma prioritaria el deporte para todos y los demás aspectos del deporte. Para el desarrollo del modelo deportivo eficaz se debe contar con una legislación deportiva actualizada que garantice los derechos de todos los ciudadanos. Pero también debe tomarse en consideración que la política deportiva exige de una planificación a largo plazo que deberá Llevarse a cabo en conexión con los demás sectores de la vida pública y privada, de forma que pueda lograrse una buena política de integración.

Asimismo, dado que el deporte es un servicio público, corresponde a las autoridades dotar de un presupuesto suficientemente amplio en favor de los programas deportivos.

HACIA UNA NUEVA NORMATIVA JURIDICA

¿Cuáles deben ser los objetivos fundamentales de cada legislación deportiva moderna?

Según importantes talleres y seminarios realizados por el Consejo Europeo del Deporte a partir de 1990, los objetivos básicos deber ser los siguientes:

- Fomentar el deporte para todos.

- Fomentar la práctica ética del deporte.

- Fomentar la práctica sin riesgo del deporte.

- Ofrecer posibilidades de práctica del deporte a todos los niveles.

- Fomentar el voluntariado en el deporte.

- Permitir la gestión del deporte con unas relaciones armoniosas entre el Estado y los entes del deporte privado y gubernamental.

La legislación deportiva dominicana tiene como principal texto la vieja Ley 97 promulgada en 1974, mediante la cual se creó el ministerio de Deportes, Educación Física y Recreación y el Consejo Nacional del Deporte (CONADE) como máximo organismo consultivo. Aunque luego fueron adicionados algunas leyes y decretos complementarios a nuestra organización jurídica no es menos cierto que la República Dominicana se mantiene a la zaga con respecto a otros países del área que en los últimos años han reformado su sistema jurídico-deportivo.

Se debe reconocer que el viejo armazón jurídico del deporte nacional y las demás dispositivas legales a través del tiempo, no siempre de consultas a la ciudadanía ni de procesos democráticos participativos; sino de imposiciones o improvisaciones o sectores con intereses particulares. Si bien la Ley 97 y otras leyes y decretos más recientes constituyen el principal ente regulador y rector del deporte, y la actividad física, ya no responde a las exigencias de la actualidad, resultando ser obsoleta.

Entre las grandes fallas de la actual legislación se puede afirmar que no define con claridad las distintas vertientes del deporte y la actividad ni presenta una estructura adecuada en cuanto a principios, capítulos, título, etc. No define con suficiente amplitud los roles respectivos de acción de los sectores públicos y privados. Su régimen competencial es difuso y por momentos contradictorio.

Entre las principales funciones que la Ley 97 asigna al ministerio de deporte como organismo principal de la administración pública deportiva se citan las siguientes:

- Fomentar y organizar la práctica de los deportes aficionados.

- Administrar el Centro Olímpico Juan Pablo Duarte así como todos los estadios e instalaciones deportivas construidas y los que construya el Estado, que serán patrimonio del ministerio de deporte.

- Mantener estrecha relación de cooperación con el Comité Olímpico Dominicano y Clubes Nacionales.

- Prestar colaboración técnica y organizativa a las entidades que lo soliciten.

- Organizar la práctica de la educación física en las escuelas del país de común acuerdo con el ministerio de Educación los planes de Educación Física que deben ponerse en práctica.

- Crear, dirigir y orientar escuelas técnicas de alta calificación para la formación y superación de profesores, instructores y enfrenadores de educación física extra escalar y deportes capacitándoles y habilitándoles con los títulos correspondientes.

Entre otras leyes y decretos posteriores que merecen mención:

- La desaparecida Ley 147 que mediante un impuesto al cigarrillo rubio se creó para generar fondos para el montaje en el país de los XVI Juegos Centroamericanos y del Caribe, celebrados en la ciudad de Santiago en 1986. Dicha Ley genera fondos millonarios para el fomento y desarrollo deportivo a favor de distintas entidades deportivas, incluyendo el Comité Olímpico Dominicano que por primera vez manejé directamente amplios recursos apartados por los fondos públicos.

En 1978 la Ley de Gastos Públicos y Presupuesto de Ingresos, le asignaba al ministerio de deporte RD$2.8 millones. En un lapso de diez años (1983-1993) el presupuesto asignado a la cartera oficial deportiva saltó de RD$9.8 millones a RD$127.5 millones. En 1995 le fueron asignados RD$234.9 millones.

- La ley no. 447 del 17 de abril de 1982 que crea dos nuevas franquicias para el béisbol profesional invierno en la República Dominicana.

- Ley No. 228 del 13 de julio que exonera de impuestos los pasajes aéreos de las delegaciones internacionales.

- La ley No. 33 del 21 de abril de 1979 que dispone que el ministerio de deporte marcará de forma indeleble con sello oficial los útiles e implementos deportivos que sean distribuidos por ese organismo.

- Ley No. 275 que autoriza al poder Ejecutivo conceder pensiones del Estado a cada persona que haya sido exaltada al Salón de la Fama del Deporte Nacional.

- Decreto No. 3 19-92 de noviembre de 1992, que reconoce los derechos y deberes de las personas con limitaciones físicas sensoriales vio mentales.

- Decreto No. 1300 de agosto de 1983, que reglamenta el béisbol profesional que designa un comisionado para esa actividad.

- Decreto No. 7822 que instituye como día de los deportes el 7 de noviembre de cada año.

PROPUESTA DE UNA LEY GENERAL DE DEPORTE

En los últimos años y como consecuencia de la ampliación de las demandas del sistema nacional de los deportes, ha habido consenso sobre la imperiosa necesidad de una Ley General de Deporte. Las principales entidades del deporte público y privado, así como los principales partidos políticos han estado de acuerdo con tal propósito. En la actualidad la Cámara de Diputado a través de su Comisión Permanente del Deporte estudia dos proyectos de Leyes sobre la Ley general del Deporte, uno sometido por el abogado y dirigente federado Lic. Gonzalo Mejía y el otro introducido por el ministerio de Deportes Educación Física y Recreación.

POLÍTICAS FUTURAS

El deporte dominicano debe dar un gran salto, cualitativo y cuantitativo, mediante la ejecución de políticas institucionales y de modernización de alcance masivo en las distintas vertientes. Tales esfuerzos deben inscribirse dentro de los propósitos de un auténtico Plan Nacional de Desarrollo Deportivo mediante la unificación de criterios entre los poderes públicos y entidades de la sociedad civil.

El deporte, al ser considerado como factor de desarrollo humano, y como elemento estratégico en el crecimiento sostenible de la sociedad, debe tener un mayor presupuesto asignado dentro de la Ley de Gastos Públicos y Presupuesto de Ingresos. A los programas masivos del deporte recreativo y popular, deberán ser incorporadas más de dos millones de personas de las distintas edades y regiones del país. En materia de planificación se iniciará un Plan Decenal que se ejecutará en dos etapas. Se procurará que el deporte se convierta en un verdadero servicio público para todas las capas de la población, bajo el entendido de que constituye un derecho que los gobiernos están en la obligación de garantizar.

EDUCACIÓN FÍSICA Y DESARROLLO HUMANO

La educación física ha alcanzado una importancia tal que hay quienes consideran que ni los propios especialistas en educación física tienen plena conciencia de este hecho, debido al amplio conjunto de factores fuera de la educación física que inciden en la misma. Tal situación impone una interpretación que transite desde el entorno hacia la educación física y que vuelva a ella.

Procede un enfoque holístico que se proponga abarcar la totalidad de la dimensión humana y sobre todo de su presente estadio de desarrollo de forma tal que a partir de tal referente, pueda entenderse el lugar que ha de ocupar hoy la educación física, sobre todo en una clara perspectiva de desarrollo humano.

Como punto de partida para el análisis que haremos tomará en cuenta los ejes temáticos de la educación física hoy vigentes. A partir de tal referencia procederemos a introducir algunos factores que nos permiten adentrarnos en la condición humana para que bajo la interpretación del ser humano como ser cultura, asumir la educación en su condición de apropiación de las formas de cultura humana y colocarla en una nueva concepción del desarrollo y en cuyo marco la educación física ha de redimensionarse.

CARACTERIZACIÒN DE LA EDUCACIÓN FÍSICA A PARTIR DE SUS EJES TEMÁTICOS.

La educación dominicana asume cinco ejes temáticos para la educación física y que contribuyen a su caracterización. A los fines de la presente ponencia, procede hacer algunas precisiones al respecto. Los ejes temáticos son los siguientes:

- Educación Psicomotriz: Pretende desarrollar todas las formas del movimiento humano, tomando en consideración la interacción de las diversas funciones motrices, cognoscitivas y socio-afectivas, estableciendo una coordinación entre el control cognoscitivo y la expresión motora, es decir el desarrollo de las funciones superiores a través de actividades motrices"

- Recreación Educativa: A través de acciones lúdicas, procura dar oportunidades de distracción y esparcimiento sano a los estudiantes, planteándoles contenidos y actividades que le proporcionen sentimientos de libertad y satisfacciones, sin restricciones o reglamentaciones rígidas.

- Educación Corporal y del Movimiento: Da continuidad a las habilidades y destrezas estimuladas por la Educación Psicomotriz. Brindando mayores posibilidades de expresión física, creándole hábitos y placer por el movimiento, a través de las formas jugadas, formas generales del movimiento y construcción de sistemas gimnásticos.

- Higiene y Salud: Orienta a los estudiantes en su exploración de las actividades físicas para que puedan observar normas de alimentación, aseo, seguridad personal y colectiva. Promueve la interacción con el medio ambiente y el respeto a nuestro ecosistema, tratando de contribuir a que ellos construyan una cultura de valoración hacia la vida.

- Educación Deportiva: Permite a los estudiantes el contacto con las técnicas específicas de los deportes asumidos por el currículum, dándoles oportunidades de desarrollar habilidades y destrezas físico-deportivas que le permitan valorar este instrumento de socialización, con la oportunidad de trascender a niveles más formales de competencias.

LA CONDICIÓN HUMANA, LA EDUCACIÓN Y LAS PERSPECTIVAS DE UN REDIMENSIONAMIENTO DE LA EDUCACIÓN FÍSICA.

El ser humano responde a un conjunto de características a partir de las cuales se explica su naturaleza esencial, y que se constituyen al mismo tiempo en un importante punto de partida para identificar claramente su dimensión educativa y de ahí la importancia de la educación física.

EL DESARROLLO HUMANO

Cuando se habla de nuevos estadios de desarrollo hay que considerar una dirección del progreso humano. En tal sentido procede considerar el significado de desarrollo. En significado de desarrollo ha de entenderse a partir del necesario equilibrio entre las distintas dimensiones humanas y que precisamente el excesivo acento en una de sus partes no afecte otras; la asunción de la cultura desde una perspectiva integral y la educación como formas de su apropiación generan como veremos una nueva dimensión para la educación física, que trasciende la escuela y pasa a ser un componente fundamental del desarrollo.

Sin embargo, procede hacer una revisión procesual del concepto de desarrollo hasta llegar a una interpretación en mayor correspondencia con la verdadera dimensión humana. Existe una perspectiva del desarrollo denominada desarrollo humano en cuyo enfoque la educación física está destinada a jugar un rol relevante. Dado que aún en la actualidad tienen vigencia enfoques que no asumen plenamente el desarrollo humano, procede hacer un análisis del proceso seguido y sobre todo relevar la nueva perspectiva.

Consideraremos las diversas etapas hasta alcanzar la actual concepción de desarrollo humano y en cuyo marco se situará la educación física. Veamos las principales características de esas etapas.

La Producción en el centro.

Por un largo período de la historia de la humanidad desde la economía se consideraba a las personas como simples piezas de un propósito dirigido casi exclusivamente hacia la producción. Sin embargo, en las postrimerías de la Segunda Guerra Mundial se expresaron las primeras manifestaciones se orientaban como el inicio de nuevos criterios y en tal contexto fue que la comunidad internacional aprobó la Declaración Universal de los Derechos Humanos comenzando a considerar el bienestar humano como un objetivo del desarrollo. Es de rigor considerar que de lo que se trata es de una visión de consenso, pues es importante recordar que planteamientos al respecto se han hecho a través de la historia.

El Crecimiento como prioridad.

 Se consideró en uno y otro sistema político sobre todo en el marco de los países subdesarrollados que el crecimiento económico más rápido era la clave del desarrollo que beneficiaría a la gente y erradicaría la pobreza. La fe en el crecimiento se basaba en el supuesto de que sus beneficios, en última instancia, se difundirían ampliamente. Existían algunos planteamientos que pretendían dar fundamento a tales posiciones. El premio Nóbel de Economía Simón Kuznets y a partir de la famosa "Curva de Kuznets" se daba una base estadística a partir de las experiencias de los países desarrollados en la que la curva mostraba una desigualdad en las primeras etapas del crecimiento, a medida que la mano de obra comenzaba a abandonar la agricultura para dedicarse a la industria, luego la desigualdad llegaba a su máximo y finalmente se reducía nuevamente a medida que la mano de obra se concentraba más en la industria.

El empleo como base

En el decenio del 1960 era evidente que en la medida que la población aumentaba también se incrementaba la pobreza acompañada de un aumento del desempleo franco o disfrazado en medio del crecimiento. Muchos pensadores del desarrollo perdieron sus ilusiones respecto al crecimiento económico como panacea y pasaron a prestar atención a lo que corresponde al empleo en una perspectiva de justicia entendiendo que el problema principal de los países en desarrollo no era el desempleo sino la falta de empleos productivos y remunerados. Sin embargo en la práctica el concepto de desempleo corresponde sólo a los países industrializados, donde un trabajador apoyado por prestaciones de seguridad social puede permitirse estar desempleado por algún tiempo.

De la redistribución a la estrategia de las necesidades básicas.

Se orientó el enfoque desde del empleo estructurado a la distribución del ingreso. La idea básica sugería formas en que podía destinarse el aumento del crecimiento a la inversión en servicios y bienes para los pobres, con lo cual mejoraría la distribución sin reducir los ingresos y los bienes de los ricos. A mediados de 1970 se formuló un criterio más directo conocido como estrategia de las necesidades básicas y que hacía hincapié en brindar a todos los medios básicos para obtener bienestar: alimentos, servicios de salud y educación. Hay que destacar que la estrategia de las necesidades básicas rescató el propósito central del desarrollo: la promoción del bienestar humano, especialmente el de los pobres.

El factor humano y el desarrollo humano.

Durante el proceso de liberalización económica, ajuste y privatización, se dejó de colocar la pobreza como un tema de interés principal.

En el marco de ese período aparece el aporte de Amartya Kamur Sen y su concepto central de "promoción de la capacidad". En su opinión el nivel de vida de una sociedad debe justipreciarse no por el nivel medio de ingresos, sino por la capacidad de las personas para vivir el tipo de vida que para ellas tiene valor. Expresa además que tampoco debe asignarse un valor a los productos por sí mismos, sino en su carácter de medios para realzar aspectos de la capacidad en materia de salud, conocimientos, respeto por sí mismo y posibilidad de participar activamente en la vida de la comunidad.

El desarrollo humano desde la perspectiva de las concepciones de Sen puede describirse como un proceso de ampliación de las opciones de la gente. La obtención de los ingresos es desde luego uno de los medios principales de aumentar las opciones y el bienestar. Más el aumento de los ingresos se equipara erróneamente con el aumento de la capacidad humana.

Como se puede advertir las consideraciones anteriores trascienden lo económico, sin embargo las propias investigaciones económicas han llegado a muy importantes conclusiones del específico valor económico del ser humano y por la vía de lo que se denomina la Teoría del Capital Humano se ha demostrado que el factor que más aporta al desarrollo económico es precisamente el factor humano. Desde los aportes del economista Robert Solow y su Teoría del Residuo se ha demostrado que los factores asociados a lo humano determinan predominantemente el crecimiento económico.

Hoy en día se asume el enfoque de desarrollo humano y se calcula cada año por parte del Programa de las Naciones Unidas para el Desarrollo (PNUD) lo que corresponde al índice de desarrollo humano y para cuyos cálculos se toman en cuenta los siguientes componentes:

- Esperanza de Vida al Nacer
- Tasa de Alfabetización de Adultos
- Tasa Bruta de Alfabetización Combinada Primaria, Secundaria y Terciaria
- PIB Real Per Cápita

Se han seguido ampliando los distintos componentes del desarrollo humano y se incluyen hoy además de los referidos, el índice de desarrollo relativo al género, como el índice de potenciación de género, participación, supervivencia y desarrollo del niño, seguridad alimentaria, acceso a la información y las comunicaciones, uso de energía y degradación ambiental. Procede destacar que la esperanza de vida al nacer es un factor muy asociado a la salud y a la educación y que como tal los distintos estudios internacionales han demostrado que se vinculan directamente al empleo y al ingreso. Procede enfocar en dicho marco la salud.

En la actualidad y en la perspectiva de la salud se habla de los determinantes de la salud. Desde el 1974 y con el lanzamiento del Informe Lalonde se plantearon políticas y estrategias claras como respuesta al patrón epidemiológico actual. En tal sentido, se instó a intervenir sobre los factores biológicos, ambientales y estilos de vida junto a la prestación de los servicios sanitarios tradicionales.

Los servicios sanitarios tradicionales dirigidos al tratamiento de las enfermedades son de larga data y tienen sus respuestas dentro del amplio espectro de las patologías identificadas. Los factores ambientales han encontrado respuestas en instituciones públicas, privadas, de iniciativas de la sociedad civil y hoy en día están definidos políticas estrategias, programas y proyectos orientados hacia tales problemas. En lo que corresponde a los factores biológicos, los mismos son de naturaleza compleja y el principal proyecto en tal sentido corresponde al estudio del Genoma Humano. Sin embargo lo que corresponde al estilo de vida puede implicar respuestas y soluciones de relativo fácil acceso para un amplio conjunto de la población y en algunos casos con muy bajo costo.

Las cada vez mayores evidencias sobre las relaciones entre la actividad física y la salud entre los adultos están extendiéndose a la población joven. La literatura especializada menciona múltiples beneficios biológicos, psicológicos, sociales y educativos a corto y a largo plazo entre los jóvenes (Armstrong y Welsman, 1997; Biddle et al., 1998; Blair y Meredith, 1994; Devís y Peiró, 1993a; Health Education Authority, 1997; Rowland, 1990), así como un posible efecto duradero en los hábitos de práctica física que va de la infancia a la edad adulta (Glenmark et al., 1994; Malina, 1994; Raitakari et al., 1994; Simons-Morton et al., 1987).

Vista la educación física desde ese nuevo enfoque de la promoción y previsión de la salud significa que existe un importante contribución a realizar en la época actual desde la educación física pues la misma ha de tener un gran impacto en la salud, en una nueva visión de la educación integral, con reales efecto en la esperanza de vida al nacer y consiguientemente en el crecimiento y desarrollo económico, llegando a ser una variable fundamental desde la perspectiva del desarrollo humano. Sin embargo, un nuevo enfoque y perspectiva de la educación física hay que considerarlo en una comprensión de las transformaciones que el propio avance de la humanidad introduce a la vida y la forma en que afecta a la actividad física, lo cual sólo es posible si se hace un apropiado enfoque de la naturaleza humana en sus múltiples dimensiones.

Procede ver al ser humano en su amplia condición de ser un ser cultura. Así enfocado se habrá de considerar cómo tal condición puede entrar en contradicción con otros factores que lo determinan como ser biológico, ser social y ser cognoscente-transformador. La educación física ha de ser una gran contribución en tal sentido. Desde el enfoque actual de promoción y prevención de la salud puede influir considerablemente en la por cuando hoy en día se considera la salud como el equilibrio biopsicosocial y se ha demostrado fehacientemente que la actividad física y la nutrición adecuada pasa a ser un factor condicionante de dicho equilibrio por cuanto contribuye a ello en lo biológico y social; pero agrega reales factores a su carácter cognoscente transformador y evita que el modo de vida que genera su condición de ser un ser cultura afecte los otros componente que lo determinan.

Una redimensión de la educación física por tanto significa considerar como el ser humano como ser cultura manifiesta un desequilibrio tal que afecta directamente a su calidad de vida y que la real relevancia de la educación física permitirá encontrar el verdadero equilibrio como garantía de una vida más plena. El propio enfoque oficial de la educación física en la República Dominicana contribuye a ello pero el redimensionamiento de educación corporal y del movimiento, educación deportiva, recreación y educación psicomotriz, con un enfoque de educación permanente y en lo cual el equilibrio con el ecosistema completaría esa nueva perspectiva.

VISIÓN FUTURA
(2024 – 2034)

Vista la gravedad de la situación institucional, ambiental, económica y social existente en el país, se presenta a continuación un conjunto de reflexiones con propuestas específicas para la solución de los problemas. Estamos conscientes de que la solución a estos problemas requiere un Proyecto de Nación que trace la ruta crítica hacia el desarrollo, en los próximos diez (10) años. Estas reflexiones se enmarcan en una visión de futuro sobre el país que deseamos tener en los próximos diez (10) años.

Un país que dispone de un Estado moderno, eficiente, transparente, facilitador y solidario.

- Un país con un sistema educativo donde no existan problemas de cobertura y calidad, y donde la educación, con la salud y seguridad social se han convertido en los pilares del desarrollo humano.

- Un país que dispone de un servicio energético eficiente y a costo competitivo.

- Un país que dispone de un medio ambiente de calidad y de excelentes servicios básicos.

- Un país con una red vial en magníficas condiciones.

- Un país en que se han expandido al máximo, el turismo, agricultura, comunicaciones, transporte y comercio en gran escala.

- Un país que disfruta de un crecimiento integral

fundamentado en los polos agropecuarios, turísticos, tecnológicos, comerciales y metropolitanos.

- Un país con un sector agropecuario que garantiza la producción de rubros alimenticios con potencial para la exportación y la seguridad alimentaria nacional.

- Un país que ha logrado un gran despegue hacia el desarrollo humano y que ha disminuido en gran medida las desigualdades existentes.

- Un país donde se haya reducido la delincuencia y la criminalidad, como consecuencia del aumento del empleo y la seguridad ciudadana.

- Un país en el que los sectores público y privado se interrelacionan adecuadamente en la búsqueda permanente del bienestar general.

- Un país que ha realizado sus reformas y se ha insertado adecuadamente en el nuevo orden internacional.

Marco conceptual e Ideológico

Esta vision país se fundamenta en los principios de lo que se conoce como la acción social colectiva, postulamos los principios como: libertad, solidaridad y justicia social, respeto y protección a la propiedad privada y los principios modernos relacionados con la equidad de género, la concertación, la inclusión, la cohesión social, participación, rendición de cuentas y protección del medio ambiente.

En tal sentido, este Programa acepta la economía de mercado, pero no la sociedad de mercado. En este sentido, la libertad de mercado está acompañada de políticas sociales que reivindiquen la justicia y la solidaridad, que tengan como finalidad la obtención del desarrollo humano y la paz, en calidad de derechos humanos de tercera generación. Es imprescindible preservar el papel del Estado como agente facilitador, regulador y redistributivo que compense las desigualdades y garantice la equidad, sin lesionar la inversión privada, elemento básico de la expansión económica.

La ideología que propugnamos implica políticas públicas participativas, desconcentradas y descentralizadas. En consecuencia, la implementación de esta vision país permitirá la instauración de un sistema social en el que la planificación estratégica situacional y organización de la producción, distribución del ingreso generado, posibiliten la adquisición de bienes y servicios para la satisfacción de las necesidades básicas de toda la población dominicana, mediante instituciones que garanticen igualdad de oportunidades, participación y vigencia de las libertades democráticas.

Ratificamos que el Proyecto de Nación y las sugerencias de esta vision país deben necesariamente ser consensuado con las demás fuerzas políticas (Partidos y Movimientos) y con las organizaciones representativas de la Sociedad Civil (iglesias, empresarios, trabajadores, universidades, asociaciones, etc.). Este consenso debe ser formalizado y de ser posible plasmarse en una Ley que se constituya en el marco de referencia obligatorio de las gestiones gubernamentales en la elaboración y la ejecución de los presupuestos públicos.

La matriz en que se fundamenta el proyecto para repensar el estado dominicano, como se puede observar, establece los objetivos generales necesarios para obtener los cambios. El conjunto de acciones se basarán en los principios para obtener los objetivos. Tomando en consideración la complejidad de un proceso de desarrollo y con la finalidad de lograr un ordenamiento adecuado, esta vision país se apoya en un modelo multidimensional que comprende los aspectos institucionales (Modernización del Estado), Estado de Derecho, Económico-Ambiental y Social. La aplicación de este modelo indica que la apertura hacia el desarrollo requiere acciones esenciales en todos esos aspectos. El desarrollo es imposible lograrlo a través de soluciones parciales, en consecuencia y con la finalidad de obtener soluciones integrales, se ha ordenado el conjunto de elementos en cuatro pilares compuestos por ejes básicos, que a su vez, están integrados por dichos elementos.

Los Pilares de este Programa incluyen:

a. Modernización y fortalecimiento institucional del Estado:

- Transparencia.
- Seguridad ciudadana.

b. Estado de Derecho:

- Seguridad Jurídica.

c. Estrategia económica:

- Política macroeconómica.
- Políticas Monetaria y Fiscal.
- Políticas sectoriales.
- Política Energética.
- Política ambiental.
- Fortalecimiento al Sector Agropecuario
- Turismo.
- Zonas Francas.

d. Política social:

- Reconversión de la Educación.
- Innovaciones científicas-tecnológicas.

- Priorización a la Salud, Seguridad Social y Vivienda.
- Estrategia de reducción de la pobreza.

e. Modernización y fortalecimiento institucional del Estado:

- Transparencia.
- Seguridad ciudadana.

f. Estado de Derecho:

- Seguridad Jurídica.

g. Estrategia económica

- Política macroeconómica.
- Políticas Monetaria y Fiscal.
- Políticas sectoriales.
- Política Energética.
- Política ambiental.
- Fortalecimiento al Sector Agropecuario.
- Turismo.
- Zonas Francas.

h. Política social:

- Reconversión de la Educación.
- Innovaciones científicas-tecnológicas.
- Priorización a la Salud, Seguridad Social y Vivienda.
- Estrategia de reducción de la pobreza.

FORTALECIMIENTO INSTITUCIONAL DEL ESTADO

La modernización de la administración pública tiene como propósito establecer un Estado facilitador, ágil, transparente, eficiente y en condiciones de cumplir con su función de organizador social, capaz de coadyuvar en el impulso hacia el desarrollo sustentable de la nación. Para lograr este pro-pósito las entidades públicas deben accionar en un marco de coherencias.

La viabilidad de este proceso de coherencias está en la existencia de una adecuada organización del Estado. Para lograr la modernización del Estado es necesario inducir una nueva cultura política y social dirigida a superar el autoritarismo, el centralismo, la ineficiencia burocrática, la improvisación y la corrupción que se manifiestan en la vida política y, en consecuencia, en la administración pública.

El tipo de Estado pretendido estará orientado a propiciar las condiciones para que el sector privado realice las acciones de expandir la economía y genere fuentes de riquezas que catalicen el bienestar de la ciudadanía. En este sentido, el Estado, como un ente facilitador, ejecutará acciones para mantener y construir las infraestructuras económica, social e institucional necesarias para que el sector privado pueda realizar inversiones que contribuyan a expandir la economía y generar riquezas.

Es necesario promover cambios que posibiliten una gestión de Estado más eficiente, fundamentalmente en el uso de los recursos financieros y humanos, así como en la calidad de los servicios ofertados. En general, se requiere fortalecer las instituciones del Estado a fin de que la administración pública esté en condiciones de impulsar el proceso de desarrollo. Lograr este propósito requiere reestructurar el Poder Ejecutivo siendo necesario descentralizar y desconcentrar el Estado dominicano.

REESTRUCTURACIÓN DEL PODER EJECUTIVO

Reordenamiento del Gobierno Central, a partir de la normativa vigente:

1. Consejo de Gobierno
2. Gabinetes (social, económico e institucional)
3. Consejos de desarrollo sectoriales (agrupados en gabinetes)
4. Consejos de desarrollo regionales
5. Consejos de desarrollo provinciales
6. Consejos de desarrollo municipales

El Consejo de Gobierno constituye el máximo órgano de la estructura sugerida, presidida por el Presidente y el Vicepresidente de la República, con la participación de los principales ejecutivos de los tres (3) gabinetes invitados por el Presidente.

ESTRUCTURA DEL GOBIERNO CENTRAL

La efectiva descentralización y desconcentración de la Presidencia de la República conlleva la aplicación de medidas tendentes a lograr la efectividad operativa de los consejos de desarrollo regionales, provinciales, municipales y sectoriales para armonizar las medidas y acciones en los ejes horizontal (sectores) y vertical (espacios geográficos).

Los consejos de desarrollo sectoriales se utilizarán para coordinar las entidades que conforman la estructura horizontal (tradicional), en tanto que los consejos regionales tendrán la responsabilidad de formular los planes y presupuestos regionales, así como coordinar con los gobiernos municipales la cooperación técnico-financiera que requieren para su adecuado desarrollo. Estas estructuras permitirán lograr la necesaria coordinación global sectorial-institucional, que se requerirá una vez se completen las reformas sectoriales planteadas en educación, salud, seguridad social y agua potable, las cuales implicarán desconcentraciones y descentralizaciones espaciales.

Para la implementación de esta estrategia global de descentralización orientada hacia los municipios será necesario analizar pormenorizadamente el conjunto de leyes existentes, a fin de adecuar el marco legal a la estrategia planteada. Entre estas leyes cabe señalar la Ley General de Educación, la Ley General de Salud, Ley de Seguridad Social, y la propuesta de Ley Orgánica Municipal.

La estrategia para la descentralización, base de las reformas e instrumento de la participación ciudadana en la gestión gubernamental, será elaborada y sometida a un proceso de consulta nacional, con la finalidad de convertir esta decisión en una política de Estado. En adición, y como parte del proceso de descentralización, se establecerán procedimientos y normas que induzcan a las instancias regionales, provinciales y municipales y a los gobiernos municipales a darles la participación correspondiente a los representantes de la sociedad civil y de las comunidades.

En la aplicación de esta vision país se agilizarán la implementación de las siguientes reformas: Relaciones Exteriores, Fuerzas Armadas, la macro estructura de la Administración Central, el fortalecimiento de la Carrera Administrativa, Sistema de Compras, de Contrataciones Públicas, Ordenamiento Territorial y

Descentralización de la Función Pública, la nueva Ley Orgánica Municipal, Ley General de Participación, Ley del Sector Agropecuario, del Sector Salud y Seguridad Social, Ley Monetaria y Financiera, Reforma de la Educación, de Desarrollo Urbano, del Sector Transporte, Ley de Medio Ambiente y Recursos Naturales y la Ley de Aguas Públicas.

POLÍTICA DE TRANSPARENCIA

Uno de los principales obstáculos al progreso y desarrollo de la República Dominicana es el alto porcentaje de recursos públicos, que por la ausencia de mecanismos y procedimientos de control es utilizado de manera discrecional por los funcionarios públicos. Esta corrupción constituye un círculo vicioso que afecta a todos los poderes: del Estado: Ejecutivo, Legislativo y Judicial, a la Junta Central Electoral y al Gobierno Municipal.

Lejos de ser el peor ejemplo para los jóvenes, la corrupción constituye un gran obstáculo al impulso social del país, debido a que distrae importantes recursos que pudieran ser utilizados para facilitar las actividades de los sectores productivos y atender las necesidades sociales de la población, en especial de aquella más necesitada.

MEDIDAS PROPUESTAS
PARA MEJORAR LA TRANSPARENCIA

- Propiciar los cambios para que la Cámara de Cuentas, el órgano encargado de supervisar el comportamiento fisco-financiero de los demás poderes del Estado, cuente con la autonomía necesaria para el buen desempeño de sus funciones.

- Revisar la facultad que tiene el Presidente de la República de designar en la Procuraduría de la

República, pues esto afecta la independencia del Poder Judicial e invalida su actuación con respecto a la corrupción.

- Realizar los cambios a fin de que la Contraloría General de la Nación se convierta en un organismo relevante y con el poder político necesario, para el logro de la transparencia de la gestión gubernamental en el Poder Ejecutivo.

- Permitir que la Contraloría General de la Nación pueda realizar auditorías (incluyendo físicas) a todas las instituciones que se financian con recursos públicos.

- Seleccionar al Contralor, Director de Presupuesto, y al Tesorero Nacional, así como a sus equipos de trabajo, en base a criterios de honestidad y capacidad probadas ante la sociedad.

- Implementar el conjunto de normas de control presupuestario establecidas en el Sistema Financiero Integrado.

- Someter al Congreso Nacional un ante proyecto de ley, correspondiente a la transparencia y participación de la sociedad civil en la gestión gubernamental, debido a que esta participación evitaría oportunidad de fraude.

SISTEMA DE CONTROL DE LA GESTIÓN PÚBLICA

La administración pública debe ser auditada con eficacia, garantizando a la sociedad que los recursos con que se cuenta son utilizados de acuerdo a lo establecido en el Presupuesto de Ingresos y Ley de Gastos Públicos. De esta manera se da cumplimiento al mandato constitucional que establece el examen de las cuentas nacionales y particulares de la República, para proteger el patrimonio público.

El Poder Contralor será un instrumento de control, vigilancia y fiscalización de los ingresos, gastos, bienes y de todas las operaciones relacionadas con ellos, así como la evaluación de los resultados presentados por los administradores públicos. Dicho control constitucional, legal y financiero se debe ejercer sobre toda la administración pública y todos los funcionarios, sin distinción, de manera objetiva, imparcial y responsable.

El poder contralor está llamado a ser el principal soporte de la legitimidad de la democracia mediante la eficacia, transparencia y solidez de sus resultados, y convertirse en uno de los componentes fundamentales de la modernización del Estado, poniendo énfasis en adecentar y cooperar con la eficiencia de la administración pública, en rehabilitar la importancia de la función pública y de la conducta proba y responsable del funcionario público, partiendo siempre del hecho de que no hay ninguna razón de Estado para violentar la ley.

Una sociedad que pretenda profundizar su democracia y su competitividad requiere de la existencia de un poder contralor fuerte que sea eficaz, objetivo, imparcial, legal e institucional. Que cumpla con sus obligaciones y que solo se incline ante la verdad de los hechos y de la ley, para que contribuya a forjar una República Dominicana moderna, con una administración pública eficiente, un Estado eficaz y una sociedad civil informada y participante en medio de un proceso de institucionalización de la vida pública.

No se trata de un desafío sencillo, porque se recibirá un país con una débil institucionalidad y la corrupción entronizada profundamente en muchos estratos de la sociedad. Esta no es una labor del porvenir sino de hoy, es una tarea de cuya ejecución depende una buena parte de la esperanza y el estímulo para rescatar la fe en la democracia y el futuro del país. En este sentido, estamos comprometidos con el buen uso de los recursos públicos y con la necesidad de procurar e impulsar la transparencia de la gestión pública mediante la aplicación del control fiscal y la rendición de cuentas a la sociedad.

La función de control se asumirá como un factor estratégico del desarrollo, según el concepto de la división de los poderes del Estado. El poder contralor tendrá un carácter independiente con relación a los demás poderes del Estado, y contará con los recursos necesarios para garantizar a la ciudadanía una efectiva fiscalización y control de los recursos y del patrimonio público.

Para esto se requiere la inminente innovación y reorganización del órgano de control del país, la Cámara de Cuentas, que tiene el rango constitucional para encabezar el poder contralor; poner en ejecución el control de gestión que supere la actividad auditora y fiscalizadora dispersa y que se concentre en el alcance real de los objetivos planteados para gobernar; y poner en vigencia el Sistema Nacional de Control que permita unificar los procedimientos de fiscalización de la administración pública (gobierno central, entidades descentralizadas y ayuntamientos).

Para dar respuestas a estas realidades se propone:

- Promover una reforma a la Constitución de la República, para sacar de las atribuciones del Presidente de la República la selección de los miembros de la Cámara de Cuentas, entidad de fiscalización superior del país, función que debe ser traspasada a la sociedad civil (universidades, gremios de contadores y abogados, FINJUS, Participación Ciudadana, entre otros), para lograr el equilibrio de los poderes públicos, y como una demostración incuestionable de nuestra voluntad política de combatir la corrupción administrativa.

- Poner en práctica la modalidad de presupuesto

participativo para facilitar que las organizaciones de la sociedad civil de cada provincia del país presenten sus necesidades, a fin de ser conocidas en la formulación del presupuesto y con la finalidad de convertirlo en un verdadero instrumento de planificación, control y desarrollo.

- Reforma de la constitucion via una costituyente, para con ello traspasar todos los poderes a quienes realmente les pertenece que es el pueblo.

En vista de que en el último cuatrienio, la corrupción administrativa se ha tecnificado, han aumentado los escándalos de corrupción, y los métodos tradicionales de la auditoría gubernamental han fracasado, por lo que la fiscalización pública deberá ser reenfocada utilizando la metodología de la "Auditoría Gubernamental Integral", que contempla además del examen de carácter financiero, la evaluación de la gestión de los administradores públicos y el cumplimiento legal, para transparentar el manejo de los recursos públicos y combatir con eficacia la corrupción administrativa.

Establecer un sistema de contabilidad patrimonial, para registrar y valorar los activos y pasivos de la administración pública, y producir cada mes un estado de situación patrimonial de cada una de las entidades gubernamentales. Para cumplir con este propósito se realizará un inventario nacional e internacional de los bienes muebles e inmuebles propiedad del Estado, y se verificará su localización, clasificación, valoración y registros, como una forma de controlar y proteger el patrimonio de todos los dominicanos. Implementar de manera continua, eficiente y plena el conjunto de normas de control presupuestario establecido en el Sistema Financiero Integrado.

Someter al Congreso Nacional un anteproyecto de ley, correspondiente a la transparencia y participación de la sociedad civil en la gestión gubernamental.

SEGURIDAD CIUDADANA

El fuerte aumento de la delincuencia en los últimos años es uno de los mayores peligros que amenaza a nuestro país. La gente lo siente y se angustia con razón: nada puede afectar más brutalmente a la libertad que la sensación de inseguridad en la vida cotidiana.

Si algo ha progresado en nuestro país durante este gobierno es la delincuencia, la corrupción y la criminalidad. El empobrecimiento provocado por el alza indetenible en el costo de la vida y el creciente desempleo inducido por un modelo económico agotado; la mala calidad de la educación secundaria, que en la mayoría de los casos condena a los bachilleres a ganar apenas el salario mínimo, estimulando la deserción escolar; la acelerada penetración del tráfico y consumo de drogas en barrios y comunidades de los principales centros urbanos, y la promesa de riqueza fácil que ofrece a los jóvenes en nuestros barrios; la importación de prácticas delictivas del exterior por parte de dominicanos deportados que incurrieron en actos delictivos en los Estados Unidos; la falta de un sistema creíble que imponga castigos cuya severidad esté asociada a la magnitud del acto delictivo; la baja inversión del gobierno en seguridad ciudadana; y los salarios de miseria pagados a nuestros policías, alejando del servicio a recursos humanos más calificados y atrayendo únicamente a personas de muy baja calificación y educación, son algunas de las causas que explican el auge de la delincuencia y la criminalidad en nuestro país.

Recuperar el clima de paz social, seguridad ciudadana y de alegría de vivir exhibido por nuestro país durante décadas constituye una prioridad dentro de este Plan de Gobierno. En tal sentido se propone:

- **Primero:** adoptar políticas económicas orientadas a la creación de empleos y a aumentar el poder adquisitivo de la población, especialmente de los jóvenes.

- **Segundo:** mejorar significativamente la calidad de la educación pública, con el objetivo de elevar el retorno económico de la educación secundaria y evitar la deserción escolar motivada por la búsqueda de mejores ingresos en el mercado de la delincuencia y la criminalidad.

- **Tercero:** dotar al país de un nuevo sistema de seguridad ciudadana, estableciendo una nueva Policía Nacional que absorba únicamente los recursos humanos entregables de la actual estructura, fijando un nuevo régimen salarial y de incentivos que permita atraer recursos más calificados. Lo fundamental no es si el cargo se ajusta al policía, sino determinar si el policía, nuevo o viejo, se ajusta a los requerimientos del cargo.

La inversión en equipos para la prevención de la delincuencia es necesaria para una policía profesional. No se trata únicamente de armas, sino de tecnología apropiada. La reducción de las tareas administrativas que esto supone, liberaría a muchos policías para prestar servicios de patrullaje en las calles.

- **Cuarto:** construir el mapa delincuencial del país, estableciendo por zonas geográficas, la tipificación del delito.

- **Quinto:** poner en marcha un programa preventivo que combine mano justa para prevenir y mano dura para reprimir la delincuencia. Entre las medidas a ser adoptadas se encuentran el despliegue permanente de patrullas preventivas en las zonas determinadas en el mapa delincuencial como las de mayores actos delictivos; y el establecimiento de un programa de mano dura contra las bandas y gangas juveniles que mantienen aterrorizadas a algunas comunidades y barrios.

- **Sexto:** capacitar y entrenar a las Fuerzas Armadas para que puedan ser integradas a las acciones de combate de los agentes generadores del delito.

- **Séptimo:** profundizar la reforma judicial, haciendo más ágil y efectivos los procedimientos, permitiendo a los jueces ser más drásticos con los delincuentes reincidentes, y brindar mayor protección a las víctimas.

- **Octavo:** incorporar en la estrategia integral de seguridad ciudadana a la sociedad, apoyando con recursos a los gobiernos provinciales y municipales, estableciendo consejos de seguridad en todos los municipios del país, estimulando a la ciudadanía como agente supervisor, y exigiendo la colaboración y participación de la seguridad privada y de las empresas de taxis, en las acciones de prevención, alerta y orientación a la Policía Nacional.

- **Noveno:** acelerar la reforma del sistema carcelario, que incluya efectivos programas de reinserción social de los presos, para que las cárceles dejen de ser "centros de formación de criminales", verdaderas "escuelas del crimen", como lo son hoy día.

- **Décimo:** Crear un sistema nacional de alerta de emergencias para poner la tecnología a favor de la reducción y mitigación del crimen y la violencia, como estrategia del control territorial.

ESTRATEGIA
ECONÓMICA

MARCO CONCEPTUAL-METODOLÓGICO DE ANÁLISIS DE LA ECONOMÍA

Haremos una consideración esencialmente conceptual y metodológica para poder fundamentar claramente lo que ha de ser el enfoque de la gestión de la económica y el desarrollo económico; es decir, sin una precisa orientación es poco lo que se puede conocer y entender respecto a la nueva orientación que se aspira al respecto.

El ser humano como ser-cultura ha de desenvolverse en un mundo cuya creación es una obra humana signada como hemos visto por su carácter social pero al mismo tiempo ha de satisfacer un conjunto de necesidades que tanto de sobrevivencia como sociales como parte de un grupo humano en un tiempo y espacios determinados. Las necesidades elementales de sobrevivencia como las necesidades que van más allá y que comprenden aspectos específicos de su grupo cultural, constituyen satisfactores o bienes tangibles o intangibles que condicionan su existencia. Dentro de esos bienes se destacan los alimentos, viviendas, atenciones médicas, comunicación, educación, transporte, defensa tanto del individuo como del grupo. Pero además las distintas manifestaciones estéticas, así como esparcimiento, recreación, deportes, etc.

El conjunto de aspectos resaltados son bienes culturales tangibles e intangibles. Son el resultado de la creación humana en su interacción con la naturaleza y en el marco de la sociedad humana y su proceso de transformación como hemos resaltado. Pero para cada existencia humana los mismos han de definirse en atención a las disponibilidades y posibilidades de usufructuarlos.

Esos bienes tangibles e intangibles que visto, desde las perspectivas presentes indican, entre otros, que hay formas en las que se satisfacen las necesidades de comer, vestirnos, educarnos, disponer de una vivienda propia o utilizada mediante un contrato, de atenciones médicas, transporte, recreación en sus distintas expresiones y además de medios para adquirir esos bienes tangibles e intangibles que condicionan nuestra existencia.

Existe una disciplina que hoy se le considera como una ciencia y hay quienes afirman que es la fundamental de las ciencias sociales que lleva el nombre de Economía y que precisamente su objeto de estudio tiene que ver con la elaboración, distribución y consumo de una parte importante de la creación humana determinada por los bienes culturales tangibles e intangibles que hemos destacado. Como ha sido dicho y consideramos necesarios ser reiterativos para su mejor comprensión, una de las características que identifican a la sociedad humana es su capacidad de producir bienes y servicios, asociados a sus necesidades desde las de subsistencia hasta las de recreación, pasando por un espectro amplio entre ambos extremos.

Para producir bienes y servicios se requiere de factores de producción, esto es del lugar o lugares donde producirlo, del trabajo de personas, medios de producción tanto materiales como financieros, así como la manera de producir esos bienes y servicios que destacamos, todos son objeto de estudio de la Economía y de ahí que como disciplina no está al margen del enfoque del ser humano como ser-cultura que hemos considerado sino que pasa a ser en su realidad como disciplina de estudio un por igual un aspecto de la cultura.

Para los propósitos de esta exposición y a partir de las consideraciones anteriores conviene tomar en cuenta la definición de Economía de Paul Samuelson, premio Nóbel de Economía.

La economía es el estudio de la manera en que los individuos y la sociedad deciden emplear los recursos escasos que podrían tener usos alternativos para producir diversos bienes y distribuirlos para su consumo presente o futuro, entre las diferentes personas y grupos de la sociedad.

La definición de Samuelson, destaca la producción, distribución y el consumo de bienes (en esa acepción incluyen los servicios) pero es importante tomar en cuenta que destaca el concepto de recursos escasos; y eso así por cuanto aunque las necesidades puedan ser ilimitadas, los recursos más que limitados son escasos. Aunque a decir de Mahatma Ghandi el mundo tiene para satisfacer todas las necesidades humanas, más no así todos los egoísmos humanos

Samuelson destaca lo que denomina como problemas de organización económica. Para Samuelson son tres los problemas de organización económica, el qué producir, el cómo producir y el para quien producir. Es decir ¿qué bienes y servicios produce la sociedad? ¿Cómo los produce? ¿Para quién los produce? Si los bienes y servicios producidos al considerar la última interrogante se expresan en dinero, estamos hablando de cuál es la distribución de la renta y por tanto cómo se distribuye el bienestar entre los miembros de la sociedad.

Las respuestas a esas tres preguntas claves de la organización económica nos conduce a la forma como está organizada en lo económico la sociedad misma. Existen dos casos extremos de organización económica y otro que es una combinación de los mismos y dentro del cual existen distintas gradaciones. Veamos.

En esta forma de organización económica el Estado representado en instituciones y personas deciden en nombre de la sociedad el qué, el cómo y el para quien en cuanto a la producción de bienes y servicios. Esa forma de organización ha sido la característica básica de los países socialistas. Su desarrollo conceptual se debe sobre todo a las contribuciones de Carlos Marx quien planteó que para llegar a dicha forma de económica se requería de la solución violenta de los conflictos sociales entre las clases y que la clase obrera, como clase, pasaría a tener el control del Estado y que siendo una clase al margen de la propiedad de los medios de producción, podía representar en interés de toda la sociedad. En una primera etapa mediante la imposición de una clase (dictadura del proletariado) y posteriormente en una sociedad sin clases y en la cual predominaría la solidaridad entre los seres humanos. Hasta hoy tales planteamientos en la vida real no han resultado y los distintos intentos – sin entrar en consideraciones sobre sus causas - han fracasado. Las distintas Estados socialistas después incluso de varias décadas, han vuelto a la economía de mercado. El caso de Rusia es el más patético, desarrolla formas de la economía de mercado propias inclusive de sus períodos más primitivos y egoístas. Y China, otro gran estado socialista, ha tomado como una de sus principales banderas la economía de mercado, combinado con un fuerte estado autocrático.

En este tipo de organización económica en la que el qué, el cómo y el para quien en cuanto a la producción, distribución y consumo de bienes y servicios, lo determina el denominado mecanismo del mercado. En términos muy simples, depende de la compra y la venta de bienes y servicios. Un detenido estudio del mercado nos permite establecer el vínculo con las tres preguntas claves de organización económica.

Algunos países como Inglaterra en el siglo XIX o Rusia en el siglo XX siguieron uno u otro modelo extremo de organización económica. Es decir, Inglaterra del siglo XIX se acercó bastante a una economía de mercado, aunque no se podría asegurar que se aplicara la competencia perfecta. Mientras que Rusia y particularmente la Unión Soviética del siglo XX a de 1917 se aproximó bastante a la Economía Centralizada o Economía Planificada.

Mas hoy día y como hemos comentado, ambos extremos están fuera de realidad. Las perspectivas se orientan en la dirección de lo que ha sido denominado como Economía Mixta. En la Economía Mixta se combina el mecanismo del mercado con la intervención del Estado.

Bajo la denominación de Economía Mixta se encuentra un amplio espectro y pudiésemos considerar que el parámetro principal está determinado por el rol del Estado. El peso o incidencia del Estado en la Economía es una referencia a partir de la cual se puede comprender el carácter de la Economía.

La intervención del Estado se expresa en la gestión macroeconómica y en este sentido parece ser un consenso hoy en día. Cuando se habla de Macroeconomía comprende la intervención del Estado en la política fiscal, política monetaria, política de empleo y consecuencialmente la tasa de interés, la tasa de cambio y la inflación. Es esa una intervención estrictamente económica. Pero por igual a diferencia de lo que aconsejaba Adam Smith el Estado interviene en otras actividades de la sociedad de verdadera implicación económica tales como educación, defensa, transporte, etc.

¿Qué ha de determinar en una Economía Mixta el peso o la proporción del Estado o el mercado?

Debe ser la eficiencia, considerada ésta como la combinación óptima en la producción de bienes y servicios. La eficiencia está vinculada a la escasez. Samuelson considera que   la escasez y la eficiencia son temas gemelos de la Economía pero no debemos de olvidar lo dicho por Mahatma Ghandi.

La escasez parte de la idea de que los bienes y servicios y en una forma mucho más primigenia, los materiales y humanos a partir de los cuales se producen, no son ilimitados y esa verdad obliga a considerar todo despilfarro, desviación o uso inapropiado de los mismos como un acto no sólo irracional, sino contrario a toda forma de progreso.

La teoría económica ha contribuido a mejorar considerablemente el funcionamiento de la economía mixta. La época posterior a la Segunda Guerra Mundial ha sido testigo de un crecimiento del producto mundial y de los niveles de vida nunca igualados en la historia escrita.

Sin embargo como afirma el propio Samuelson, ni las propias economías industriales avanzadas han alcanzado el nirvana económico. No saben cómo encontrar la combinación de políticas que permitan lograr el pleno empleo, precios estables y mercados libres. La pobreza en tales países hoy en día oscila entre el 7% y el 17%; sucede en muchas ocasiones que el sistema bancario se tambalea al borde de la insolvencia. Decenas de miles de fosas de vertido tóxicos contaminan el ambiente. Pero al mirar para los países subdesarrollados la realidad nos obliga a un análisis que cuestiona profundamente las formas de organización social, de la economía y el Estado pero aun sin respuestas precisas o más claro aún en el corto plazo a los problemas de millones de seres humanos.

La realidad que describimos ha llevado a destacados economistas a buscar respuestas sobre todo en los momentos de crisis económicas. De ahí que se han desarrollado en el marco de la economía mixta en la cual evidentemente predomina la economía de mercado, distintas corrientes y otros estudios que si bien no plantean alternativas han implicado profundos análisis de la economía mixta o convencional moderna y que ponen en evidencia importantes problemas por resolver.

Veamos las principales corrientes que se manifiestan, dejando otros enfoques y planteamientos como los de Amartya Kumar Sen para otra sección, por cuanto los mismos son una respuesta que orientan en una nueva perspectiva del problema.

Si comenzamos por el extremo derecho del espectro de las ideas, el primer grupo con el que nos encontramos es el de los libertarios, es decir, los que han retomado el papel central de la libertad personal en los asuntos económicos , como su principal bandera y quienes al tomar de nuevo las ideas del dejar hacer y el dejar pasar de alguna manera vuelven a las ideas originarias del liberalismo económico que representara Adam Smith y dado el hecho que a tal Economía se le denominada clásica a sus representantes se les llama neoclásicos.

La teoría del Estado mínimo ha sido expuesta principalmente por Frank Knight, Henry C. Simons, Friedrich Hayek y Milton Friedman. Estos autores destacan los efectos negativos de la fijación de los precios y cuáles son los castigos que sufre la sociedad si rechaza mano rectora del mercado. En sus obras se nos recuerda que las interferencias del Estado pueden plantear problemas económicos: que los controles de los alquileres suelen provocar una escasez de vivienda; que los controles de los precios del petróleo producen largas colas en las estaciones de servicio; y que los intentos de contener el precio de los monopolistas mediante la regulación a menudo acaban elevándolos

Una de las obras más representativas del liberalismo económico es Capitalismo y Libertad de Milton Friedman. Se trata de una elucidación rigurosamente lógica, cuidadosa y persuasiva de un importante punto de vista; pero las preguntas que se hacen algunos de sus contradictores cuando se analizan las consecuencias prácticas de tales planteamientos es, si se puede estar en contra de la ayuda en caso de fenómenos naturales , de la legislación sobre la calidad de los alimentos y medicamentos, de la profesionalización obligatoria de los médicos y de los permisos (licencias) de los conductores de vehículos, de los salarios mínimos, de las políticas fiscales y monetarias anticíclicas, de las normas de seguridad de los automóviles, de la educación pública obligatoria y gratuita, entre otros. Se destaca un amplio espectro de aspectos que asume el Estado.

En los trabajos Milton Friedman se encontrará una persuasiva argumentación contra cada uno de estos programas, basada en los que son a su modo de ver interferencias en la libertad personal y en que no consiguen alcanzar sus objetivos.

Junto a las ideas libertarias de la escuela de Chicago y que alcanza una de sus más altas expresiones en Milton Friedman y que hace acento sobre la microeconomía, también existe otra escuela parecida sobre la Macroeconomía, que se encuentra sobre todo en las universidades de Chicago y Minnesota. A esta corriente se le ha llamado escuela de la expectativas racionales, fue fundado por Robert Lucas, profesor de la Universidad de Chicago y Thomas Sargent, profesor de la Universidad de Minnesota.

Estos macroeconomistas comparten la idea de la tradición libertaria de que la política gubernamental puede ser ineficaz o perjudicial. En su teorema de la ineficacia de la política sostiene que en un mundo de precios flexibles y expectativas racionales, la política monetaria prevista del gobierno no influirá en la producción; y si es imprevista probablemente desestabilizará los ciclos económicos en lugar de amortiguarlos.

Este enfoque ha sido desoído por muchos de los economistas convencionales más antiguos que han luchado por introducir las ideas keynesianas en la política económica. Sin embargo, los teóricos más jóvenes se inspiran frecuentemente en las ideas y métodos de esta escuela. Dicha escuela no plantea en forma práctica soluciones a los problemas de los ciclos económicos y particularmente no hace contribuciones a una gestión de la economía que sea realmente diferente a lo que actualmente se sigue en la economía convencional y que fuera en lo fundamental una contribución de John Maynard Keynes y de ahí la denominación de keynesiana.

GESTIÓN DE LA ECONOMÍA

En el marco de la economía mixta o convencional actual se hacen múltiples planteamientos sobre la intervención o el tamaño del Estado en los asuntos de la economía y se busca la apropiada combinación entre mercado y Estado. Los debates son amplios y profundos y tienen manifestaciones prácticas en los programas concretos de los países como ha pasado en la República Dominicana en múltiples vertientes. Una pregunta obligada es que si en nuestros países el Estado hubiese cumplido cabalmente su misión al margen de la corrupción, la ineficiencia y la politiquería si pudiese ser descartado el papel del Estado de igual manera y el propio mercado si se le permitiese funcionar de manera plena si por igual pudiese ser descartado el mecanismo del mercado. Tales consideraciones se encuentran en el centro mismo de lo que denominamos como Gestión de la Economía y Desarrollo Económico. Es innegable la participación del Estado en la Economía, desde John Maynard Keynes y con el cual se inició la Macroeconomía. Con considera Paul Samuelson la Macroeconomía es hoy un tema vital, los resultados macroeconómicos son vitales para el éxito o fracaso de las naciones. Una nación puede ejercer una gran influencia en sus resultados económicos a través del gasto, los impuestos y las modificaciones de la oferta monetaria. A continuación los principales objetivos e instrumentos de la macroeconomía

PRINCIPALES OBJETIVOS E INSTRUMENTOS DE LA MACROECONOMÍA OBJETIVOS INSTRUMENTOS

- Nivel elevado de producción tanto efectivo como en relación con el potencial.

- Rápida tasa de crecimiento

- Política fiscal: gasto público e impuestos

- Elevado nivel de empleo y bajo desempleo involuntario

- Política Monetaria: control de la oferta monetaria que influye en los tipos de interés

- Estabilidad del nivel de precios con libertad de mercados

- Política de rentas: de las directrices voluntarias de precios y salarios a los controles obligatorios

- Equilibrio entre exportaciones e importaciones. Estabilidad del tipo de cambio

- Política económica exterior: políticas comerciales, intervención del tipo de cambio

Junto a esos objetivos e instrumentos de la Macroeconomía, es importante tener presente que el Estado tiene instituciones que intervienen en distintos componentes de la Economía tanto en cuanto a los componentes macroeconómico como en varias vertientes de la economía tanto de bienes y servicios en específico o que afectan o influyen de manera directa en varios de sus elementos. Existen órganos como el ministerio de Industria y Comercio que tiene real incidencia económica hasta el presente en el caso de los hidrocarburos, el control de calidad, los controles de precios, la minería, la competitividad, entre otros. La Refinería Dominicana de Petróleo incide de manera directa en varios aspectos del mercado de petróleo. Para citar algunos ejemplos refiramos casos de otras instituciones de incidencia directa en la economía: la Corporación de Fomento Industrial, El Centro de Promoción de las Exportaciones, el Instituto de Estabilización de Precios, el Banco Agrícola, y otras instituciones de financiamiento a la producción; las superintendencias de bancos y de seguros; la Corporación Dominicana de Empresas Eléctricas Estatales, la Superintendencia de Electricidad, entre otros.

En adición a esas instituciones directamente vinculadas a la economía, otras instancias del Estado tienen o han de tener verdadera incidencia en distintas vertientes de la economía como: ministerio de Turismo, ministerio de Obras Publicas y Telecomunicaciones, entre otros.

Dentro de los componentes, de los más importantes por cuanto tienen que ver de manera directa con el desarrollo humano es el que corresponde a las políticas asociadas al incremento de la tasa de empleo. En tal sentido procede examinar detenidamente todas las instituciones relacionadas con la misma y al mismo tiempo hacer reales exploraciones nacionales e internacionales que se coloquen en la dirección de tan importante estrategia económica y social.

Lo planteado hasta ahora tiene que ver con la gestión de la economía o su desenvolvimiento en lo cual las instituciones puede contribuir al mismo u obstaculizarlo; mas procede tomar en cuenta lo que corresponde al desarrollo económico, un desarrollo económico que asumimos en la concepción del desarrollo humano, es decir como uno de sus componentes en la determinación entre otros del Índice de Desarrollo Humano. De ahí que una perspectiva del crecimiento económico ha de enfocarse en atención a la contribución de los distintos factores que inciden en el mismo y en lo cual los conceptos de Capital Humano y Capital Social han de ser seriamente tomados en cuenta.

El enfoque de la Gestión de la Economía y el Desarrollo Económico tiene una perspectiva conceptual y metodológica y se orienta hacia la necesidad de una detenida evaluación de la función económica del Estado en la República Dominicana

VISIÓN DEL DESARROLLO

La visión del desarrollo de esta propuesta se inscribe en una economía solidaria. La búsqueda de un Estado socialmente responsable, que ponga en el centro de la atención de las políticas públicas las necesidades prioritarias del hombre y de la mujer dominicana, como centro de ese desarrollo la juventud que este sistema económico y político no ha sido capaz de insertarlo en el modelo productivo y por eso la juventud y la mujeres serán nuestro norte en un nuevo período de gobierno.

En este sentido se procura construir una sociedad con un Estado institucionalmente fuerte, que promueva la inversión privada generadora de empleos, que cree mecanismos para evitar los excesos del mercado en perjuicio de la población, sin suplantarlo. Una sociedad con ciudadanos responsables, que reciban la ayuda del Estado para enfrentar los retos de la economía y de la tecnología de la información, pero que sean responsables frente a los riesgos que asumen y a su compromiso con la sociedad.

ESTRATEGIA DE CRECIMIENTO Y DESARROLLO ECONÓMICO

La estrategia de crecimiento y desarrollo económico descansará en los siguientes pilares:

- **Primero**, una estabilidad macroeconómica fundamentada en finanzas públicas permanentemente equilibradas, generando un superávit global del 1% que permita acelerar el desmonte de la deuda del Banco Central.

  En el marco de esta estrategia, la autonomía del Banco Central es un compromiso fundamental. El organismo emisor establecerá una meta de inflación inferior a una cifra de dos dígitos y adoptará las medidas necesarias para cumplirla de forma consistente en el tiempo.

- **Segundo**, un sistema tributario racional y sencillo, que provea al Estado los recursos necesarios para llevar a cabo sus funciones y honrar a tiempo sus compromisos, y que al mismo tiempo estimule la inversión privada.

- **Tercero**, una reingeniería en la estructura del gasto público, estableciendo un tope de 70% al gasto corriente, como porcentaje del gasto total, a fin de liberar recursos para la inversión en obras de infraestructura necesarias para apoyar el crecimiento económico.

- **Cuarto**, una redistribución regional del gasto público, intensificando los esfuerzos hacia las zonas que conformarán los polos de desarrollo regionales que apuntalarán el crecimiento de las exportaciones de bienes y servicios. De forma complementaria, se ejecutará un programa de inversiones en la zona fronteriza para estimular el empleo y reducir la migración hacia los principales centros urbanos del país.

- **Quinto**, una política racional de gasto público, orientada preponderante-mente a proveer servicios sociales a los más necesitados, en el ámbito de educación, la salud, la seguridad social, la vivienda económica y la asistencia directa a aquellos que no pueden sostenerse a sí mismos y a su familia. En el mediano y largo plazo, el proceso de acumulación de capital humano mejorará la equidad distributiva y potenciará el crecimiento económico.

- **Sexto**, la promoción de la inversión privada nacional y extranjera en los diversos sectores económicos, que estimulará el empleo y el crecimiento económico. Esto incluye impulsar la participación del sector privado, bajo diferentes modalidades, en la construcción y administración de obras de infraestructura necesarias para sustentar el crecimiento económico.

- **Séptimo**, la promoción de la competitividad y el consiguiente desmantelamiento de las barreras que limitan el crecimiento de las exportaciones de bienes y servicios. La apertura de la economía a través de desgravaciones generalizadas o acuerdos de libre comercio, será precedida de análisis rigurosos que permitan determinar la magnitud real de los beneficios que obtendría el país de dichas decisiones. Se establecerán incentivos a las exportaciones que sean internacionalmente aceptables.

- **Octavo**, una fuerte inversión de recursos públicos en educación de calidad. Esta es la única alternativa que tiene el país para transitar del modelo de ventajas comparativas tradicional al modelo de ventajas competitivas.

- **Noveno**, la articulación de una estrategia inmediata fundamentada en acciones específicas para fomentar la creación de empleos.

- **Décimo**, el fortalecimiento institucional, sin el cual el crecimiento económico no puede sostenerse permanentemente. Esto involucra la eliminación de la reelección presidencial consecutiva, el fortalecimiento del Poder Judicial, la penalización de la corrupción.

LAS METAS QUE NOS PROPONEMOS ALCANZAR SON LAS SIGUIENTES:

- Crecimiento real sostenido del PIB de 7%-8% anual;

- Una inflación anual inferior al 2.5%;

- Una economía basada en el sector privado y orientada hacia el comercio exterior;

- Un déficit de la cuenta corriente de la balanza de pagos inferior al 2% del PIB;

- Equilibrio en las finanzas del sector público consolidado, producto de una racionalización de la política de gasto público y un sistema tributario sencillo, que permita recaudar lo necesario, sin desincentivar el ahorro y la inversión privada;

- Un nivel de ahorro e inversión global equivalente a 25% del PIB;

- La duplicación de la inversión del gobierno en las áreas sociales: salud, educación, vivienda económica, seguridad social y asistencia directa a los más necesitados;

- Un Estado dedicado fundamentalmente a facilitar el funcionamiento de una economía competitiva, a asegurar la provisión de inversión en infraestructura y a poner en marcha una estrategia integral para mejorar la equidad y erradicar la pobreza.

- Lograr el crecimiento con estabilidad requerirá coordinar la política monetaria y la política fiscal, a fin de crear unas bases sólidas donde sustentar un crecimiento verdaderamente sostenido y sustentable, que contribuya a crear una nación más equitativa y más justa.

Política macroeconómica

La estabilidad de los precios, de la tasa de interés y de la tasa de cambio es fundamental para el crecimiento económico de una nación.

Por tanto, desde el punto de vista macroeconómico, esta vision país asume como un compromiso el mantenimiento de una tasa de cambio estable, que surja de finanzas públicas equilibradas, no del aumento incontenible de la deuda del Banco Central, que ya alcanza los doscientos mil millones de pesos. Es por esto que como parte de la estrategia de crecimiento y desarrollo económico a ser implementada, serán tomadas las medidas necesarias para lograr un crecimiento con estabilidad y con una distribución justa y equilibrada del ingreso.

Lineamientos generales de la política monetaria

El objetivo de la política monetaria será mantener anualmente una tasa de inflación de un dígito, inferior al 5%, en el marco de un tipo de cambio flexible y de tasas de interés determinadas por el mercado. En adición, el programa monetario anual será consistente con una tasa de crecimiento del Producto Interno Bruto (PIB) superior al 6% anual. Finalmente, desde el Poder Ejecutivo se asumirá el compromiso de garantizar la existencia de un Banco Central totalmente autónomo y libre de presiones políticas.

Los lineamientos generales de política monetaria incluidos en este Pro-grama de Gobierno están orientados a enfrentar el problema del déficit cuasi fiscal así como a fortalecer el sector financiero, siempre acorde a las buenas prácticas bancarias y normas internacionales establecidas; a la vez que se promueve el ahorro interno y se facilita la canalización de recursos a todos los sectores, en particular a los sectores productivos.

- El problema de la deuda pública y como esa deuda

está comprometiendo casi de manera insostenible el presupuesto nacional que ya es más de un 35 % del presupuesto se va en pago de la deuda y la proyección hacia el 2020 es que sea más de un 45% y eso es grave.

- Fortalecimiento del sector financiero

En un gobierno de este proyecto "Repensando el Estado Dominicano", se continuará el proceso de fortalecimiento del sector financiero, con la plena implementación de la Ley Monetaria y Financiera, en los aspectos tendentes a otorgar un mayor grado de independencia y autonomía al Banco Central y a la Superintendencia de Bancos (SIB) y a penalizar con mayor rigurosidad los casos de violaciones a estas leyes.

Para velar por la salud del sistema financiero se considerará la flexibilización en los topes de los préstamos establecidos en las normas prudenciales vigentes. En tal sentido, se someterá a la consideración de la Junta Monetaria, a través del ministerio de Hacienda, la flexibilización de las normas prudenciales vigentes que facilitan los préstamos al consumo mientras imposibilitan los préstamos a las empresas. Se propone elevar de RD$5 millones a RD$15 millones el tope existente de los préstamos a empresas en base a su historial de pago y se someterá una propuesta para elevar los topes de crédito que prevalecen para las micro, pequeñas y medianas empresas.

La promoción del ahorro será otro de los objetivos de la política monetaria, garantizando que el nivel de la tasa de interés real sea positivo, es decir, que la tasa de interés nominal sea superior al nivel de la inflación; en adición, se vigilará que la tasa de interés local sea competitiva con relación a la tasa de interés de los instrumentos de ahorros del mercado financiero internacional, especialmente de los Estados Unidos, para evitar el desvío del ahorro nacional hacia otros mercados y la consecuente presión sobre la tasa de cambio.

Se incentivará la competencia en la industria bancaria, para coadyuvar a la reducción de los altos márgenes de intermediación que encarecen el costo del dinero. Se promoverá el uso productivo de los ahorros de los trabajadores, en manos de las Administradoras de Fondos de Pensión (AFP), para que sean invertidos en proyectos de bajo riesgo del sector privado.

Las medidas delineadas en materia de política monetaria contribuirán a aumentar la oferta de fondos prestables en el Sistema Financiero Nacional, lo que permitirá la reducción de la tasa de interés sobre los créditos contribuyendo así a incentivar la producción y el empleo, expandiendo el crédito a los sectores productivos y con ello conteniendo la concentración del crédito en los sectores de comercio y de préstamos personales.

Lineamientos de la política fiscal

En este Plan de Gobierno, la política fiscal ha sido concebida como un instrumento de distribución del ingreso nacional, mediante la asignación de los recursos en toda la geografía nacional, priorizando y focalizando el gasto social hacia los sectores de más bajos ingresos. La poca efectividad del gasto público para resolver los grandes problemas de la gente, percibiendo gran corrupción en la administración del mismo y el enriquecimiento de los funcionarios y su entorno, ha provocado que la población sienta gran irritación por las consecutivas reformas tributarias realizadas durante el período de gobiernos que nos anteceden.

En términos generales, las propuestas de política fiscal de nuestro Proyecto "Repensando el Estado Dominicano", incluyen la reducción progresiva de las tasas impositivas y la simplificación del sistema tributario, para facilitar el pago de los impuestos.

Proponen el reordenamiento institucional en las entidades gubernamentales para lograr que el gasto público sea de mayor calidad y que esté sujeto a un irrestricto control, garantizando su transparencia.

Comprendiendo que el irrespeto a la Constitución y a las leyes puede causar graves daños al clima de inversión y la convivencia democrática en la República Dominicana, esta vision país establece un compro-miso con el cumplimiento del marco legal vigente en todos los órdenes, incluyendo aquellas leyes que estipulan la asignación de recursos presupuestarios a instituciones como el ministerio de Educación, la Suprema Corte de Justicia, los Ayuntamientos y otras.

Se realizará un plan de inversiones públicas, distribuidas en toda la geografía nacional, consistentes en infraestructuras y otras obras, que complementadas por la inversión privada, impulsen la producción de los sectores agropecuario, agroindustrial, turístico, de manufactura, comercial, de micro, pequeña y mediana empresas, entre otros sectores productivos.

Las siguientes son las medidas de política fiscal propuestas, orientadas a la creación de un sistema impositivo simple, que permita al Estado recaudar con eficiencia y mantener un gasto público transparente y bajo control:

- Reducir el Impuesto Sobre la Renta (IRS) a un 15%. Esto elevará el ingreso disponible de los que se ven impedidos de evadir el pago de los impuestos y la reducción de los ingresos fiscales se verá compensada con la mayor transparencia de un ISR equilibrado.

- Reducir en un 30% los impuestos que gravan el consumo de gasolina y gasoil, lo que producirá una rebaja de 18 pesos en el precio de la gasolina y de 10 pesos en el caso del gasoil.

- Reducir la tasa del ITBIS a un 15%, manteniendo inalterable la actual lista de bienes y servicios que están exentos del pago del ITBIS.

- Reducir, de manera gradual, el arancel máximo de 20% a un 15%.

- Eliminar el impuesto de 9 pesos por galón que grava el consumo del gas de cocinar.

- Aumentar en un 30% los salarios de los empleados públicos que ganan menos de RD$25,000.00.

- Focalizar los subsidios del gobierno al consumo de energía y gas licua-do de petróleo en los sectores de ingresos que realmente los necesitan. Esto representará un ahorro fiscal que liberará recursos a favor de obras prioritarias.

- Reducir los sueldos extraordinarios que devengan los funcionarios.

- Efectuar una reorganización institucional, para eliminar la duplicidad de funciones dentro de un mismo sector.

- Racionalizar el uso de vehículos públicos, dietas, sobresueldos, gastos de representación y publicidad.

- Dar prioridad a las inversiones productivas y no deficitarias.

Políticas para generar empleos

La creación de empleos productivos para mejorar la situación económica y social de la mayoría de los dominicanos y dominicanas constituye un objetivo prioritario dentro de esta vision país. Si bien el desempeño de la economía es uno de los factores principales que determinan el comportamiento del empleo, una política de empleos requiere de acciones específicas orientadas a generar empleos.

Las políticas específicas generadoras de empleo básicamente serán:

- En primer lugar, para estimular el empleo de los cientos de miles de jóvenes que se encuentran desempleados y deambulando por las calles de los centros urbanos, ejecutaremos el programa del primer empleo, por medio del cual el gobierno concederá incentivos tributarios a las empresas que participen en el programa. Todas las empresas registradas en la Tesorería de la Seguridad Social podrán acogerse a este programa. El incentivo consistirá en que las empresas, en adición al registro del salario como un gasto deducible del impuesto sobre la renta, podrán deducir directamente del impuesto sobre la renta a pagar, el 25% del salario pagado a los nuevos empleados. La legislación establecerá los límites a la edad de los nuevos empleados, así como los mecanismos de verificación del primer empleo del beneficiario.

- En segundo lugar, para estimular la creación de empleos en el sector privado, someteremos un proyecto de simplificación y reducción de impuestos, que incluirá la reducción del Impuesto sobre la Renta de las Personas Físicas y de las empresas, de un 25% a 15%. La reforma incluirá también la modificación del régimen de depreciación, para permitir la depreciación acelerada, lo que mejorará el flujo de caja de las empresas. Estas medidas están orientadas a estimular las actividades productivas y con ello aumentar la capacidad de las empresas de crear empleos.

- En tercer lugar, debido a que la construcción de viviendas es la actividad del sector de la construcción que utiliza más intensivamente la mano de obra, se implementarán diversas medidas para promover la creación de empleos vía la construcción pública y privada de viviendas y soluciones habitacionales. Una de las medidas a implementar es la ejecución de un programa de construcción de viviendas económicas, con una asignación anual de RD$10,500 millones, que se distribuirán en todo el territorio nacional. También se implementará un amplio programa de soluciones habitacionales, con lo cual esperamos completar en 4 años 100,000 soluciones habitacionales y se promoverá la participación de empresas privadas de la construcción en el mercado de deuda hipotecaria. La construcción pública y privada de 80,000 viviendas y las 100,000 soluciones habitacionales crearán 250,000 nuevos empleos durante los próximos cuatro años

- En cuarto lugar, la estrategia de creación de empleos se fundamentará en un desarrollo sin precedentes del sector inmobiliario en la República Dominicana. Someteremos al Congreso Nacional una ley de incentivos destinados a las empresas de desarrollo inmobiliario en general, a los proyectos de desarrollo turístico y a los compradores de propiedades turísticas, nacionales y extranjeros, con el objetivo de estimular el desarrollo de este sector y aprovechar la gran disponibilidad de capitales que existe hoy día en el mundo para este tipo de inversión. Esta legislación producirá un "boom" del sector inmobiliario turístico, generando miles de empleos productivos.

- En quinto lugar, se tomarán las acciones y reformas necesarias para reducir los excesivos costos que enfrentan las empresas dominicanas para competir y que les impide expandir sus inversiones y aumentar sus niveles de empleo. Estas acciones incluirán, entre otras medidas, la compra de todos los contratos de energía, respetando los derechos adquiridos y los contratos de las empresas generadoras, que impiden que la tarifa de electricidad baje.

- En sexto lugar, se someterá a la consideración de la Junta Monetaria, la flexibilización de las normas prudenciales vigentes que facilitan los préstamos al consumo mientras imposibilitan los préstamos a las empresas, lo que limita las posibilidades de éstas expandirse, para aumentar su producción y el nivel de empleados contratados.

- En séptimo lugar, nos proponemos ejecutar un plan decenal de agricultura en parques invernaderos, que estimule la instalación de 25,000 invernaderos en los próximos 10 años, a razón de 1,800 invernaderos por año.

- Con esa acción modernizante de la agricultura dominicana, anualmente se crearán 13,500 empleos en la zona rural, y 54,000 en un nuevo período. Esto contribuirá a aprovechar más intensamente las oportunidades que ofrecen múltiples acuerdos comerciales del cual somos parte y los nuevos que promoveremos.

- En octavo lugar, ejecutaremos un programa nacional de reforestación y rehabilitación de las cuencas hidrográficas, que permitirá no sólo reforestar zonas deforestadas y rehabilitar cuencas hidrográficas que mejorarán el caudal de agua, sino también crear miles de empleos permanentes en la zona rural.

- En noveno lugar, será el programa de inversión privada en infraestructura pública que abarcará la construcción de autopistas, carreteras, puentes y puertos marítimos. La participación del sector privado en estas obras creará miles de empleos productivos directos e indirectos.

- En décimo lugar, ejecutaremos un intenso programa de construcción y mantenimiento de obras públicas en todo el territorio nacional, que incluirá la

reconstrucción de calles, carreteras, circunvalaciones
y puentes, edificaciones gubernamentales, la
construcción y reparación de escuelas y hospitales, y
la construcción de nuevas presas, trasvases, canales de
riego, acueductos, alcantarillados.

Finalmente, ejecutaremos el programa integral de desarrollo y fortalecimiento de la micro y pequeñas empresas, que incluirá programas que reduzcan la informalidad de las micro y pequeñas empresas, y a la vez fortalezcan su régimen de propiedad y su acceso al financiamiento.

- Polos regionales de competitividad

Como parte de la estrategia económica para el desarrollo sostenible y sustentable de la economía dominicana, se plantea apoyar el desarrollo de los sectores económicos más dinámicos de la economía a través del establecimiento de polos regionales de competitividad o centros productivos.

Los polos regionales de competitividad obedecen a un nuevo enfoque de desarrollo regional que tiene como motor el impulso de los sectores estratégicos, fundamentado en la dotación de los recursos y la utilización de la innovación tecnológica, las comunicaciones y la educación.

Estos polos contemplan reunir en un ámbito territorial las interrelaciones del sector público y la iniciativa privada, en acciones que, con la debida coordinación, deberán desencadenar una sinergia sectorial e importantes economías de escala. Las acciones conjuntas en materia de infraestructura y oferta adecuada de servicios sociales, contribuirá convertir estos centros productivos en polos integrales de desarrollo sobre los que se sustentará el desarrollo regional que brindará sostenibilidad al desarrollo económico nacional.

Como parte de la visión de desarrollo del Estado dominicano, base de esta propuesta, se ha planteado desarrollar polos regionales de competitividad en tres áreas o sectores: agropecuario, turístico y metropolitano. La descripción de estos polos y los proyectos que se implementarán para su pleno desarrollo se incluyen en las estrategias que para cada uno de estos sectores se ha diseñado en el marco de esta vision país.

REDUCCION DE LAS DESIGUALDADES

ESTRATEGIA PARA REDUCIR LA POBREZA

En el país, la pobreza representa un gran obstáculo para la consecución del desarrollo humano. Según la CEPAL, en el 2006 el 44.5% de los hogares en la República Dominicana vivía por debajo de la línea de la pobreza, sien-do más acentuado en la zona rural (49.5%) que en la urbana (41.8%). Los resultados indican que 22% de los hogares vive en la indigencia, agravada en la zona rural (28.5%), contra la urbana (18.5%).

La situación es mucho más grave en el caso de los hogares presididos por mujeres. En el 2004 el 41% de los hogares con mujeres como jefas de hogar eran indigentes, mientras que este porcentaje aumentó a un 50%. En el 2004 el 35% de los hogares presididos por mujeres eran pobres, alcanzan-do en la actualidad un 39%. En el Distrito Nacional y la provincia Santo Domingo, si bien el promedio de pobres es inferior comparado con el promedio nacional.

En el país existen provincias donde la pobreza sobrepasa el 70%, como Elías Piña (82.4%), Bahoruco (75.6%), Monte Plata (73.3%), San Juan de la Maguana (70.4%) y El Seibo (70.2%). El alto porcentaje de pobreza, además de constituir un obstáculo para el desarrollo, es la principal causa de la delincuencia y, por ende de la inseguridad ciudadana. La pobreza, en gran escala, representa un peligro para la estabilidad política y la credibilidad del sistema democrático de la nación.

Las causas de la pobreza son múltiples, incluyendo las desigualdades de ingreso, las desigualdades económicas, sociales, de género y rural- urbana. Estas disparidades afectan y a su vez contribuyen a la expansión del desempleo, a la escasa cobertura e ineficacia de los servicios sociales, la educación, salud, seguridad social y vivienda.

Las desigualdades de ingreso en el país pueden considerarse como dramáticas, el 20% de la población más rica recibe el 56% del ingreso, lo que les permite expandir sus posibilidades de consumo, ahorro e inversión. Sin embargo, el 20% de la población más pobre apenas recibe el 4% del ingre-so, nivel poco significativo para adquirir la cantidad adecuada de bienes y servicios con que satisfacer sus necesidades.

La distribución del ingreso se ha hecho más desigual. En el 2016, el ingreso del 10% más rico era equivalente a 3.2 veces el ingreso del 40% de los hogares más pobres. Actualmente, la relación es de 4.1 veces. Por eso, el coeficiente de Gini, que mide el nivel de desigualdad en el ingreso, ha aumenta-do hasta 0.58, lo que refleja un aumento en la desigualdad del ingreso.

Para enfrentar el problema de la indigencia, la pobreza y la desigualdad, tenemos que tener en cuenta que en el corto plazo podemos reducir significativamente la pobreza coyuntural. La pobreza coyuntural, es la generada por aumentos en el costo de la vida y pérdida de empleos, que llevan a muchos a hogares que antes tenían un ingreso superior a la línea de la pobreza, a percibir ingresos por debajo de dicha línea.

Es por eso que nuestras dos primeras propuestas presentadas al país se enfocan en el tema de la creación de empleos y la reducción en el costo de la vida.

- Creación de 680 mil empleos con 11 acciones y políticas
- Reducción del costo de la vida con rebajas impositivas

La otra pobreza, la estructural, en el corto plazo se puede aliviar, pero su reducción toma más tiempo, pues requiere habilitar a los hogares en su capacidad para generar ingresos. Los hogares que son pobres estructurales son aquellos cuyos niveles de instrucción no les permiten obtener ingresos superiores a la línea de la pobreza.

Para aliviar la pobreza estructural intensificaremos los programas de asistencia social, focalizando los esfuerzos en aquellos hogares que viven en la indigencia, luego los que viven en la pobreza, pero privilegiando los hogares presididos por mujeres, que como vimos son los que más se han empobrecido en los últimos 4 años.

El Programa Supérate, como ya hemos planteado, será transformado. Este programa tiene dos componentes. El programa Comer es Primero, que confiere un subsidio directo de RD$800 al mes a los beneficiarios, unos 830 mil en la actualidad. Nuestra propuesta es llevar a otro nivel a por lo menos el 35% de los que están en este programa y lograr elevarlos dándoles la oportunidad de un empleo productivo en función de las habilidades que tengan e insertarlos en una plataforma de miles de emprendedores a los que el Estado dominicano deberá apoyar de manera gradual, eso es sacar a la gente de la pobreza y dejar de reproducir la miseria como lamentablemente lo hace este gobierno.

El otro programa es el ILAE (Incentivo a la Asistencia Escolar) el cual confiere subsidios focalizados atados a la asistencia escolar. Nuestra propuesta es elevar el monto asignado y duplicar el número de beneficiarios. Este programa, trabaja tanto como alivio a la pobreza estructural y como mecanismo de reducción a mediano y largo plazo de la pobreza al estimular la educación de los niños. La educación es la llave que abre las puertas a la solución de la mayoría de los problemas dominicanos, comenzando con la pobreza. Para enfrentar el problema de la pobreza estructural aumentaremos significativamente la inversión en la gente, específicamente:

- Educación de calidad.
- Salud y seguridad social
- Agua potable
- Vivienda digna

La creación de los polos regionales de competitividad complementarán las demás acciones establecidas en la estrategia de lucha contra la pobreza. Estos polos de competitividad constituyen los fundamentos del desarrollo regional del país, los cuales debido a las inversiones conjuntas y complementarias de los sectores privado y público se convertirán en centros de desarrollo integral que resultarán en aumentos sustanciales de la producción, el empleo y la mejora en las condiciones de vida de los habitantes.

La distribución de la inversión pública en todas las áreas geográficas del país contribuirá a aumentar la producción y el empleo en todo el territorio nacional, y con ello incrementar los niveles de ingreso y condiciones de vida de la población.

El problema de la distribución del ingreso toma más tiempo en ceder. Durante décadas en el país y en otros países de América Latina y el Caribe se pensó que esto se lograba con un sistema impositivo muy progresivo, cobrando tasas mayores a los que más ganan, que son precisamente los que tienen dinero para contratar expertos que le ayudan a pagar menos impuestos. Las tasas impositivas altas en la región no han logrado este propósito. La América Latina y el Caribe sigue siendo la región de peor distribución del ingreso en el mundo.

Por eso algunos gobiernos han comenzado a variar y a poner

más énfasis en la estructura del gasto público. El sistema tributario lo que tiene que hacer es recaudar, con simplicidad, con transparencia, y con efectividad. Pocas tasas a niveles razonables pueden hacer el trabajo. La progresividad debemos obtenerla a través de una reestructuración del gasto público, invirtiendo a las áreas que permitirán a los más pobres, especialmente a los niños provenientes de hogares pobres, a educarse, para obtener empleos e ingresos que le permitan prosperar en el futuro.

RECONVERSIÓN DE LA EDUCACIÓN PARA LA PRODUCTIVIDAD

La reconversión del sistema educativo, orientado a una educación de calidad y con énfasis en la satisfacción del derecho a la educación será uno de las prioridades del Gobierno. La misma tendrá el propósito de incidir de manera significativa en mejorar las condiciones de vida de las familias, superando las condiciones de pobreza que padece la mayoría del pueblo dominicano.

La educación de calidad será uno de los pilares del Proyecto de Nación y Visión País. Si los recursos humanos del país no se califican como requiere la actual sociedad del conocimiento, la participación del país en el proceso de globalización de los mercados, no producirá los frutos que se esperan y, por lo tanto, el país seguirá sumido en los niveles de pobreza y marginalidad en que se encuentra.

La reconversión integral del sistema educativo se enmarca dentro de una política de largo plazo. El principal beneficio de invertir masivamente en educación será cosechado por las generaciones futuras. Esta reforma, la más urgente y trascendental de las reformas que requiere el país para poner en marcha una estrategia de desarrollo económico, social e institucional que conlleve prosperidad a todos los hogares dominicanos, que garantice que las nuevas generaciones puedan vivir en una República Dominicana donde todos tengan la oportunidad de progresar.

Esta reconversión debe promover una descentralización efectiva, que fortalezca el papel del usuario del servicio educativo, específicamente los estudiantes y sus representantes, los padres. La reforma debe conceder autonomía al proveedor, representado por la escuela pública, otorgando a la dirección el poder para tomar las decisiones operativas básicas. La nueva política educativa debe focalizar e intensificar el rol del Gobierno, mientras reduce el control y la centralización burocrática.

Calificar y acreditar las competencias de los maestros es un prerrequisito para una educación de calidad. En este sentido, los programas de capacitación y entrenamiento de maestros deben ser reestructurados, dando especial importancia a la formación inicial y continua de los docentes y además, especializando los docentes que requieren las áreas de la educación técnica profesional.

El desarrollo de la educación técnica recibirá la prioridad necesaria para incidir en la satisfacción de la demanda de recursos humanos de los sectores productivos, para apoyar la estrategia de expansión económica contenida en el Proyecto de Nación y Visión País.

El establecimiento de un nuevo sistema de remuneraciones y de incentivos, para atraer mejores candidatos al magisterio público, los programas de capacitación, la adecuación del ambiente de trabajo, la dotación de equipos del alta tecnología para acompañar el proceso de aprendizaje (computa-doras, Internet, pizarras, aulas virtuales), y la contratación de maestros y capacitadores, demandarán un mayor esfuerzo de recursos financieros por parte del Gobierno.

No es posible ejecutar una reconversión del sistema educativo con los actuales niveles de inversión del Gobierno en educación. Son cuantiosos los requerimientos de recursos públicos para invertir en educación inicial, básica y media. Se requiere, por lo tanto, duplicar la inversión actual que el Gobierno destina a la educación pública, llevándola al 4.0% del PIB, que es el nivel promedio que prevalece actualmente en América Latina y el Caribe.

LA CRISIS DE LA EDUCACIÓN PÚBLICA

El Foro Económico Mundial coloca a República Dominicana en el último lugar entre 115 países en lo referente a la calidad de la educación primaria; y en la posición 113 cuando mide la calidad de la enseñanza de matemáticas y ciencia. Y constantemente en las evaluaciones de PISA salimos muy mal en esas evaluaciones. El Banco Mundial revela que un joven pobre de la República Dominicana tiene muy pocas posibilidades de finalizar la educación secundaria y obtener un trabajo estable y muy probablemente quedará atrapado en la pobreza.

1. El 33% de los jóvenes entre 15-24 años están desempleados, en parte, debido a su baja calificación.

2. Las empresas tienen problemas para encontrar trabajadores calificados.

3. El salario promedio de un maestro de escuela pública en República Dominicana equivale al 18% del salario promedio que recibe un maestro de escuela pública en Chile.

4. La infraestructura escolar está muy debilitada, registrándose un marcado deterioro en los planteles, la creciente insuficiencia de pupitres, facilidades sanitarias, y de material educativo.

5. Déficit cualitativo en el cuerpo docente; apenas el 58% de los maestros de las escuelas públicas dominicanas son docentes cuentan con certificados.

6. Programas de magisterio ofertados por universidades e institutos atraen los peores estudiantes del bachillerato (problema de selección adversa generado por política de bajos salarios).

7. Incentivos económicos a los maestros no son más que completivos salariales.

8. Poca atención a incentivos no económicos, lo que desincentiva la entra-da de buenos bachilleres y estimula salida de los mejores maestros.

9. Los programas de capacitación de maestros no parecen haber mejorado la productividad y el desempeño.

10. ¿Dónde está el problema educativo dominicano?

11. El excesivo centralismo de la política educativa.

12. El manejo corporativo del sector.

13. Escuelas públicas sin autonomía.

14. Incentivos poco claros e insuficientes para los maestros. Docentes siguen emanando de los hogares de bajos niveles de ingresos y de escuelas públicas. No todos los maestros son entrañables o capacitables.

15. Padres de familia incapacitados para influir en las escuelas públicas donde asisten sus hijos.

16. Intentos de regionalización no han funcionado, pues han recreado las complejidades administrativas, sin mejorar la autonomía de las escuelas públicas, ni el rol de los padres; lo que sí han logrado es abrir más espacio a los políticos.

17. El gobierno dominicano invierte 2.0% del PIB en educación, el nivel más bajo entre todos los países de la América Latina. Es inferior al promedio de 6.3% de los países desarrollados (OECD), 5.7% de Europa del Este, 3.3% del Asia, 5.5% del Medio Oriente, y 6.1% del África.

LINEAMIENTOS GENERALES PARA LA REFORMA

- Una descentralización efectiva requiere fortalecer al usuario del servicio educativo, conceder autonomía al proveedor y focalizar el rol del Gobierno.

- Para lograr el fortalecimiento del usuario padres y estudiantes) hay que proveer informaciones sobre la situación de calidad de la educación, información que puede obtenerse a través de exámenes nacionales que permitan medir y calificar cada una de las escuelas; participación en las decisiones, principalmente en la escogencia y despido del director de la escuela; ampliar las posibilidades, aumentando el número de opciones educativas.

- Para dar autonomía al proveedor (la escuela pública), la dirección debe contar con poder para tomar las decisiones operativas básicas: escoger, promover o despedir a los maestros; asignar los recursos presupuestarios entre personal, materiales educativos, mantenimiento y entrenamiento.

Debemos confiar en la disciplina que impone el usuario.

- Para focalizar el rol del Gobierno debemos reducir el control burocrático, financiar adecuadamente la inversión, pagar por lo producido, no por los insumos, generar información a través de exámenes estandarizados agregados por escuelas y fijar estándares.

- Evaluación certera de la capacidad del cuerpo docente:
  - Exámenes de certificación para maestros en ejercicio y aspirantes al magisterio.
  - Evaluación de maestros no certificados potencialmente entrenables (entrevistas y pruebas de evaluación).

- Reforma de programas de capacitación y entrenamiento de maestros.

- La creciente demanda educativa, la reducción en el número de tandas de trabajo de los actuales maestros y los requerimientos de entrenadores y capacitadores daría como resultado un aumento en el déficit magisterial. Para cubrir este déficit se requerirá la contratación de entrenadores y profesores calificados, especialmente, para el entrenamiento en enseñanza de matemáticas, ciencias, e idiomas.

El establecimiento de un nuevo sistema de remuneraciones y de incentivos, para atraer mejores candidatos al magisterio público, programas de capacitación, adecuación del ambiente de trabajo, la dotación de equipos del alta tecnología para acompañar el proceso de aprendizaje (computadoras, internet, pizarras electrónicas en las aulas) y la contratación de maestros y capacitadores, demandan un mayor esfuerzo fiscal por parte del Gobierno.

Lo anterior requiere aumentar en los próximos 4 años la inversión actual que el Gobierno destina a la educación pública (de 3.8% a 5.0% del PIB).

Propuestas específicas para una educación de calidad

a. Garantizar el acceso a la educación a todos los niveles

b. Garantizar el acceso al 100% de los niños/as de 3 a 5 años de edad al nivel inicial. Expandir la oferta de centros de educación inicial con capacidad para incorporar a todos los niños/as de 3 a 5 años de edad.

c. Aumentar significativamente las oportunidades educativas de los habitantes de las zonas rural y periférica de las grandes ciudades, ofreciendo una educación básica completa de ocho grados.

d. Tomar las acciones necesarias para elevar a octavo grado los centros educativos de la zona rural.

e. Fortalecer las acciones para garantizar que todos los centros rurales sean incorporados al programa de multigrado innovado.

f. Poner en marcha un programa de educación básica a distancia para garantizar el acceso de la población rural dispersa, aprovechando la experiencia de PREPARA.

g. Propiciar que el 60% de los jóvenes de 14-17 años de edad se incorpore efectivamente a la educación media, en particular aquellos que habitan en las zonas rurales y las áreas marginales de las grandes ciudades.

h. Ampliar el programa PREPARA para incrementar la cantidad de liceos nocturnos y rurales que operan bajo esta modalidad.

i. Apoyar las acciones formativas del nivel medio con el uso intensivo de las TIC, en interés de mantener actualizado el conocimiento disponible sobre una determinada área del saber.

j. Aumentar la cobertura de la educación media técnica un 20% con la finalidad de atender las necesidades de los sectores productivos

k. Garantizar la igualdad de acceso a la educación técnica para lo cual se pondrá en marcha una red de talleres móviles, dependiente de los politécnicos provinciales, mediante los cuales en cada uno de los municipios del país, se implementará el programa de formación de técnicos básicos.

l. Reducir de 11.2% a 6% el analfabetismo, creando zonas de desarrollo educativo prioritarias en la frontera y en los grandes barrios marginados de las ciudades.

m. Restablecer el programa de alfabetización en la zona fronteriza y en los sectores populares de las ciudades, para eliminar el alto porcentaje de iletrados en las referidas zonas e incorporar esa población a la producción.

n. Complementar las acciones de alfabetización con una formación para el trabajo, a través de cursos móviles orientados por los Politécnicos Provinciales.

Mejorar la calidad del servicio educativo

a. Aumentar la calidad de los docentes como medio eficiente para garantizar una educación de calidad en función de las necesidades de la sociedad.

b. Realizar concursos transparentes para llenar las vacantes que se originen en el sistema educativo, para garantizar que sean los docentes más talentosos quienes ocupen los cargos disponibles.

c. Ejecutar un programa amplio para docentes de cursos de educación continuada, incluyendo cursos de postgrado a nivel de maestría y doctorado en sus respectivas áreas de enseñanza.

d. Fomentar, mediante incentivos especiales, la incorporación al sistema educativo de jóvenes talentosos de otras profesiones, para elevar a corto plazo la calidad de la enseñanza en las ciencias naturales y la matemática.

e. Crear un sistema de incentivo para garantizar la permanencia en las aulas de aquellos docentes que demuestren tener éxito en los resultados educativos de sus alumnos.

f. Ajustar el salario de los docentes a fin de hacerlo equivalente al que pueda devengar un profesional de otra rama del saber.

g. Ajustar anualmente el salario de los docentes de acuerdo al índice de inflación del año anterior.

h. Transformar el currículo del sistema educativo dominicano organizándolo en torno a las competencias requeridas para el logro de los objetivos de aprendizaje.

i. Incluir en el contenido del currículo educativo los avances recientes en las ciencias y las tecnologías.

j. Establecer la enseñanza del Español y las Matemáticas como ejes en torno a los cuales se organizará el contenido de la educación básica en las cuatro primeros grados.

k. Incluir como parte del nuevo currículo la formación de un ciudadano crítico, responsable, amante de su cultura y respetuoso de la de los de-más, que convive pacíficamente, que valora los cambios y respeta las ideas de los otros.

l. Fomentar que en la implementación del currículo que cada centro elabore su proyecto de centro para responder a las necesidades del entorno.

m. Garantizar que todos los centros educativos dispongan de los medios y recursos didácticos necesarios para el desarrollo de las experiencias de aprendizaje a nivel del aula.

n. Dotar a los centros educativos de los niveles básicos y medio de los laboratorios de ciencias necesarios para la implementación del currículo.

o. Dotar de laboratorios de informática con acceso a internet y recursos multimedios a los centros educativos que carezcan de éstos con la finalidad de fortalecer el proceso educativo y hacerlo más activo y participativo

p. Introducir las innovaciones necesarias para que el proceso educativo centre su atención en el aprendizaje autónomo de los alumnos.

q. Priorizar que los libros de texto que se incorporen al proceso educativo estén elaborados en base a los principios de auto-aprendizaje para fortalecer la autonomía de los alumnos en su propio aprendizaje.

r. Dotar de rincones de lecturas a las aulas de los centros educativos para fortalecer el aprendizaje basado en proyectos o contratos de aprendizaje.

s.   Fomentar la realización de concursos de lectura sobre obras de la litera-tura universal, como medio eficiente para el desarrollo del pensamiento y del individuo.

t.   Fortalecer la cultura de evaluación, tanto de los aprendizajes, como de la institución educativa, como mecanismo para aumentar significativa-mente la calidad de la educación dominicana.

u.   Establecer que las Pruebas Nacionales tengan un carácter diagnóstico que permita la obtención de las informaciones necesarias para valorar la calidad de los aprendizajes de los alumnos.

v.   Establecer la evaluación del desempeño de los docentes como eje fundamental para otorgar incentivos salariales y la promoción al personal que integra esta categoría.

w.   Establecer evaluaciones cada dos años de los centros con la finalidad de precisar sus fortalezas y debilidades institucionales y adoptar los correctivos de lugar.

x.   Someter a los directores de centros educativos a una evaluación de sus competencias para determinar sus cualidades para la gestión de centros educativos.

y.   Poner en vigencia el Centro Nacional de Evaluación de la Calidad Educativa como ente autónomo responsable de conducir la política de evaluación de la calidad en el sistema educativo dominicano.

Propiciar una gestión moderna de los centros educativos

a.   Garantizar una gestión moderna de los centros educativos con fines de ofrecer un servicio más adecuado a la comunidad educativa.

b.   Integrar los centros educativos del país a una red digital de gestión administrativa que facilite la tramitación de necesidades y la toma de decisiones en tiempo real.

c. Construir Oficinas de las Direcciones Regionales y de los Distritos Educativos dotándolas de facilidades para reuniones y actividades de capacitación de los docentes.

d. Fomentar la creación de comunidades virtuales de directores de centro a los fines de compartir conocimientos y experiencias innovadoras sobre centros con buenas prácticas.

e. Establecer un sistema adecuado de monitoreo de los centros educativos que permita recoger las informaciones necesarias para el fortalecimiento del proceso educativo a nivel del aula.

f. Monitorear de manera anual al 33% de las escuelas del nivel básico utilizando un grupo técnico especializado en los contenidos del currículo, con la finalidad de observar las prácticas del docente a nivel del aula y hacer recomendaciones de mejoramiento.

g. Fomentar la capacitación de los directores de los centros, a nivel de especialización en la gestión académica de los centros, en interés de que centren su atención, principalmente, en los problemas de aprendizaje de los alumnos más que en la rutina administrativa.

Propiciar la descentralización

a. Convertir el centro educativo en la unidad técnico-administrativa funda-mental de la gestión de la educación a nivel local, dotándolo de la capacidad de tomar las decisiones administrativas y curriculares necesarias.

b. Elaborar Proyectos de Centro con la participación de las comunidades y cuyos órganos representativos velarán, junto a los mecanismos de con-trol de que dispone la SEE, por su adecuada implementación.

c. Entregar a los centros educativos los recursos económicos adecuados para la ejecución del Proyecto de Centro

d. Evaluar, durante y después de su ejecución a los Proyectos de Centro para adoptar las decisiones que sean prudentes.

e. Establecer una línea de investigación sobre las causas que originan la repotencia, el abandono, el ausentismo escolar y las estrategias de aprendizaje de los alumnos, a fin de introducir las mejoras correspondientes para garantizar la permanencia y el éxito de estudiantes.

Fomentar el fortalecimiento institucional de todo el sector

a. Fortalecer la institucionalidad de la MINERD para lograr mayor eficiencia y transparencia en la gestión de la educación nacional.

b. Fortalecer la implementación de la Ley de Educación y sus reglamentaciones como marco sobre el cual se realizarán todas las actividades de la MINERD

c. Realizar concursos transparentes para todas las operaciones de compra de bienes y servicio, a cuya documentación tendrá acceso el público interesado.

d. Crear el sistema de información sobre gestión, planificación, monito-reo, políticas educativas y financiamiento, con la finalidad de que las decisiones que se adopten se basen en datos sobre la realidad educativa del país.

e. Fortalecer el sistema de planificación de la MINERD a los fines de que la gestión de la cartera se base en planes cuatrienales y operativos anuales.

Garantizar nivel de financiamiento acorde con una educación de calidad

a. En la Ley de Gastos Públicos correspondiente al año 2023 se consignará al menos el 18% del gasto total al sector educativo.

b. Desde el momento de toma de posesión del Gobierno se garantizará la aplicación de los mecanismos de exoneración de impuestos a la importación de todos los insumos y equipos necesarios para el desarrollo del proceso educativo.

c. Se creará el Fondo Nacional de Fomento a la Educación provisto en la

d. Ley 66-97 el cual se nutrirá de un aporte corriente del Gobierno y las demás fuentes consignadas en la referida ley.

e. El Gobierno auspiciará la firma de un pacto con los sectores representativos de la sociedad, a los fines de garantizar que el financiamiento de la educación nacional sea considerado como una prioridad del Estado Dominicano al menos durante los próximos 20 años.

Inversión en Politécnicos

Se propone un plan de inversión en politécnicos provinciales, municipales y barriales. Se plantea construir 29 politécnicos, 22 de los cuales tendrán 24 aulas y los 7 restantes, 18 aulas. Estimaciones preliminares estiman el costo total de este plan de inversión en RD$ 6,725 millones de pesos, de acuerdo al siguiente cuadro.

REFORMA Y AMPLIACIÓN DE LOS SERVICIOS DE SALUD Y LA SEGURIDAD SOCIAL

El objetivo básico del Sector Salud es el de garantizar la salud de la gente y prolongar su esperanza de vida con calidad. Dentro del contexto de ua , y teniendo como marco de desempeño el Proyecto de Nación Repensando el Estado Dominicano, los objetivos de la gestión del sector, deben estar encaminados a contribuir con:

a. El mejoramiento de las condiciones de salud y la supervivencia humana: concentrando los esfuerzos en la reducción de la mortalidad infantil y materna y el mejoramiento de los servicios de salud que se brindan en los hospitales;

b. La implementación del sistema de Seguridad Social, priorizando el acceso de la población pobre al servicio familiar de salud, y ampliando la cobertura de régimen subsidiario, para que beneficie a una mayor cantidad de la población pobre.

A tales fines, las políticas y acciones orientadas al sector salud incluyen:

Modernización del Sector Salud

a. Se pondrá en vigencia la nueva organización funcional y estructural del Ministerio de salud. Esto será el inicio del proceso de creación de la nueva Ministerio de salud que establece la ley 42-01, que limita su responsabilidad a ejercer una rectoría fuerte, proveer los Servicios de Salud Pública o Salud Colectiva y la Asistencia Social a personas impedidas por razones de salud o vejez.

b. La Rectoría y los servicios de Salud Pública serán desempeñados por las autoridades provinciales (Directores Provinciales de Salud), en coordinación con las redes regionales hospitalarias, lo que implicará mayor eficiencia en el desempeño de los servicios.

c. Se culminará con el proceso de habilitación definitiva de los establecimientos de salud, para que estén en condiciones de ser contratados por cualquier Administradora de Riesgo de Salud del Sistema.

d. Cumpliremos con el mandato de la ley General de Salud, sobre la implantación de un Sistema de Información General y Vigilancia Epidemiológica, cuyas informaciones serán puestas a disposición del público en general a través de la página Web del Ministerio de salud.

e. Con la aprobación del Reglamento de Medicamentos, transformaremos la Dirección Nacional de Drogas y Farmacias, para garantizar la producción, precio y calidad de los medicamentos requeridos para el Plan Familiar de Salud.

Reorganización de los Servicios de Salud de Atención a las Personas

a. Iniciar la organización de los servicios hospitalarios, en redes regionales públicas, para mejorar la calidad de los mismos, porque de lo contrario, la población no percibirá los beneficios de una reforma, financieramente muy costosa.

b. Crear los Consejos de Administración de la Dirección de cada Red Regional Pública de los Servicios de Salud que tendrán la responsabilidad de aprobar y vigilar el presupuesto de la Red; conocer y decidir acerca del Plan Estratégico; así como diseñar sus Acuerdos de Gestión, entre otras.

c. Durante el período de transición, se establecerán convenios de gestión entre las Proveedoras Regionales de Servicios de Salud Pública y las Instituciones del Sistema de la Seguridad Social, para que operen inicial-mente de manera desconcentrada, hasta tanto adquieran su personería jurídica y autonomía administrativa.

d. Priorizar la reorganización de los hospitales materno-infantiles regionales y provinciales, enfatizando: 1) la designación de personal capacita-do en ginecología y obstetricia en los niveles de atención primaria; 2) la atención especial de las mujeres en edad avanzada; y 3) la implementación de programas preventivos de enfermedades propias de la mujer.

e. Establecer una política de medicamentos de calidad, que garantice la accesibilidad a la población en cantidad y precio.

f. Establecer nuevas políticas sobre los Recurso Humanos.

g. Retomar la aplicación del Reglamento de selección de las personas que califican para el Seguro Familiar de Salud del Régimen Subsidiado.

Continuar el fortalecimiento de los Programas de Salud Básicos y de Salud Colectiva

a. Establecer como instrumento de asignación de recursos al sector el Plan Decenal de Salud, tal como lo establece la Ley General de Salud. Dentro de este

deberá priorizarse la adecuación y la mejora de la
infraestructura hospitalaria, para que los asegurados en
el Sistema de la Seguridad Social reciban un servicio
de calidad, y se les garantice acceso financiero

b. Fortalecer el Programa Ampliado de Inmunización,
para mantener bajo estricto control las enfermedades
prevenibles por vacunas, y continuar reduciendo la
morbimortalidad de las poblaciones objetivos, a través
de la disposición oportuna de los biólogos, cadena de
frio, vacunación masiva y vigilancia epidemiológica.

c. Continuar fortaleciendo los programas de capacitación
del personal de salud para mantener el control de
las normas para los servicios maternos infantiles
y la ejecución de las estrategias de diagnósticos y
suministros de medicamentos para la prevención de
enfermedades dirigidas a disminuir la mortalidad
materna infantil.

d. Aumentar las labores de vigilancia epidemiológica a
fin de detectar y eliminar focos de contaminación de
enfermedades como malaria y dengue en el todo el
territorio nacional.

e. Ofrecer a todos los usuarios de los servicios de
transfusión de sangre y sus derivados, la cantidad y
calidad suficiente para satisfacer la demanda, para
proteger sus vidas y garantizar los controles de la
propagación de las enfermedades infectas contagiosas.

f. Ampliar la búsqueda y detección de los nuevos casos
de tuberculosis, ampliando la cobertura de la estrategia
de tratamiento gratuito y oportuno, con supervisión y
seguimiento de los pacientes.

g. Garantizar a la población nacional el ejercicio de
sus derechos y deberes relativos a la salud mental,

mediante la atención especializada, cuidado personal y diagnóstico integral.

h. Continuar la creación de centros de día de atención de forma integral a los adultos mayores, facilitando el acceso a más y mejores servicios sociales, de salud, recreación, alimentación balanceada, actividades físicas y orientaciones para promover un ambiente saludable.

i. Fortalecer los programas de vacunación masiva de perros, gatos, eliminación selectiva de focos de contaminación, para prevenir y controlar la rabia a nivel nacional.

j. Continuar con los programas de identificación, prevención y control de riesgos ambientales que constituyan una amenaza para la salud de la población dominicana.

k. Aumentar la cobertura y calidad de los Servicios de Salud Bucal al 90% del materno infantil y ampliar significativamente los perfiles de salud bucal de los dominicanos (as) aumentando las unidades odontológicas fijas y portátiles, en los todos los centros de salud públicos.

l. Continuar con los programas de prevención y control de las infecciones de transmisión Sexual y VIH/SIDA. Fundamentalmente aumentaremos la cobertura de atención a embarazadas de VIH en un 50% y la cobertura en servicios en un 80% a nivel nacional, para continuar salvándole la vida a niños hijos de madres infectadas.

Fortalecimiento de la política de medicamentos genéricos y esenciales

a. Profundizar el proceso de reorganización de PROMESE para su transformación en una Central de Apoyo Logístico, encargada de la compra y distribución de los medicamentos a todo el sector público.

b. Continuar el proceso de evaluación de las Boticas Populares para su habilitación como establecimiento de dispensación de medicamentos dentro del Sistema de Seguridad Social, para garantizar la gratuidad de los medicamentos a los subsidiados.

c. Durante el periodo de transición del Sistema de Salud, reforzaremos el programa de suministros de medicamentos a los hospitales a través de PROMESE-CAL, para garantizar la efectividad, la cantidad y los precios de los mismos.

d. Reforzar el Programa de Medicamentos Esenciales para Clínicas Rurales, profundizando los estudios de necesidades de medicamentos en función de los perfiles epidemiológicos y situación de salud de las poblaciones que atienden las diferentes clínicas rurales.

e. Mejorar la disponibilidad de medicamentos para atender a los dializa-dos, los enfermos de tuberculosis, infectados con VIH, entre otros.

Establecimiento de una nueva política de recursos humanos

a. Promulgar el reglamento que establece el estatuto jurídico de los profesionales que trabajan directamente en los servicios de salud, incluyen-do a médicos, bioanalistas, enfermeras, etc.

b. Hacer efectivo el cumplimiento de la ley 14-91 de servicio civil y carrera administrativa, para el personal funcionarios de los órganos centrales y dependiente de la SESPAS.

c. Poner en marcha el nuevo régimen jurídico de los profesionales que trabajan en los servicios de salud, reordenando su desempeño en las distintas regiones de salud públicas organizadas en redes, aplicando una nueva política de contratación, incentivo y liquidación de salario, en función del trabajo realizado y su capacitación.

d. Establecer prioridades en las especializaciones médicas, en función de las necesidades de la población y crearemos la Escuela de Salud Pública, para garantizar la capacitación permanente del personal que presta servicios de salud.

Continuar con la gradual implementación del Sistema Dominicano de Seguridad Social

a. Fortalecer institucionalmente al Seguro Nacional de Salud (SENASA), reorientando sus funciones hacia los objetivos que establecen las leyes y sus reglamentos.

b. Mantener un proceso de afiliación gradual al Seguro Nacional de Salud (SENASA) de los subsidiados, dadas las restricciones presupuestarias que tendrán que enfrentarse en un nuevo periodo de gobierno. Hay que tener un cuenta que de que cada cinco por ciento de la población integrada al régimen subsidiado, el Gobierno debe realizar un aporte presupuestario adicional a la Tesorería de la Seguridad

Social.

c. Continuar invirtiendo en el fortaleciendo de las instituciones del Sistema de la Seguridad Social, como la Superintendencia de Salud, la Superintendencia de Pensiones, la Tesorería de la Seguridad Social, el Seguro Nacional de Salud, la Dirección de Información de los Derechos de los afiliados (DIDA).

d. Aumentar las pensiones solidarias equivalente a un 60% del salario mínimo que se otorgan a través del Ministerio de salud, durante los cuatro años, para beneficiar personas de cualquier edad con discapacidad severa, adultos mayores de 60 años de edad carente de recursos y madres solteras desempleadas con hijos menores de edad que carecen de recursos.

MEJORAMIENTO DE LA VIVIENDA

La vivienda es esencial para tener una vida digna. Conscientes de la importancia de contar con un techo, el Estado está llamado a priorizar la producción masiva de viviendas de bajo costo, en una gestión combinada con el sector empresarial de la construcción. Asimismo, resulta fundamental adecuar las viviendas existentes, para contribuir a reducir el déficit en La calidad de las viviendas y con ello incrementar las condiciones de vida de la población, en particular de aquellos que viven en condiciones de pobreza y marginalidad.

Como parte de este proyecto pais para repensar el estado dominicano se plantean los siguientes lineamientos como parte del Programa de Vivienda a ser ejecutado en un nuevo periodo de gobierno:

- Otorgar al Estado un rol "facilitador" y subsidiario, estableciendo las condiciones sociales, económicas, financieras y jurídicas para que las familias dominicanas tengan acceso a una vivienda digna y adecuada

- Propiciar la creación de un Banco de Tierras con el fin de organizar y registrar todos los terrenos de propiedad del Estado con vocación para asentamientos humanos.

- Estimular la participación del sector privado en la construcción y financiamiento de la vivienda y su infraestructura, en condiciones de competencia y libre mercado, así como la participación de la población en la solución del problema habitacional a través de las Organizaciones no Gubernamentales y de sus organizaciones locales.

- Crear la seguridad jurídica necesaria para asegurar la efectividad de las garantías hipotecarias

Las metas físicas y operacionales que se plantean incluyen la construcción de viviendas nuevas, y la adecuación de viviendas en mal estado:

Construcción de 100,000 unidades habitacionales, en un periodo de cuatro años a través del desarrollo de proyectos según los modos de intervención. De las 100,000 viviendas, 50,000 estarán destinadas a las familias de ingresos mínimos de la categoría uno (1) entre el 2.5 Y 4.0 salarios mínimos; y 50,000 unidades en beneficio de las familias de ingresos me-dio bajos en el rango de 4.0 a 7.0 salarios mínimos.

Para la construcción de las 100,000 viviendas hemos determinado necesario la consecución de las metas operacionales siguientes:

a. La urbanización de 6.5 millones de metros cuadrados de tierra, distribuidas en todo el territorio nacional con vocación para asentamientos humanos localizadas en zonas urbanas y/o suburbanas, de los cuales 4, 500,000 metros cuadrados serán asignados por Estado como mecanismo de aporte al programa, considerando un valor estimado por metro cuadrado de RD$150.00.

b. La construcción de 100,000 unidades habitacionales mínimas mediante la inversión que realice el Estado a través del presupuesto Nacional como capital semilla ascendente a RD$16,000.00 millones, para los cuatro años, conforme a cronograma propuesto

c. Ejecutar un ambicioso programa de reparación y adecuación de viviendas en mal estado, que por causa de la mala calidad de los materiales del techo, de las paredes, o por el deterioro de los mismos, califiquen la vivienda como deficitaria.

d. Emprender un programa de sustitución de pisos de tierra por pisos de hormigón, así como un programa de letrinización.

e. Llevar a cabo un programa de viviendas sociales para los que residen dentro del ámbito de los proyectos de los Polos Regionales de Competitividad, teniendo en cuenta que la construcción de las obras de infraestructura de los Polos de Competitividad enumerados en esta Visión País, obligará a reubicar las familias que habitan dentro del ámbito de dichas obras. Por ese concepto se construirán 2,000 viviendas de carácter social en sitios seleccionados, sin que afecte el entorno natural de su hábitat.

f. Proceder a la terminación de 5,000 unidades en los proyectos habitacionales inconclusos de pasadas administraciones, dando prioridad a la zona rural

Sustitución de las viviendas construidas en la margen del Río Ozama

(La Zurza, Capotillo, Simón Bolívar, Gualey, Los Guandules y La Ciénega). Para la ejecución de esta iniciativa se propone utilizar el método de las concesiones, otorgando beneficios fiscales a las empresas que tendrían a su cargo la construcción de viviendas de carácter social. Se ha estimado un total de 65,000 unidades.

Sustitución de 7,000 viviendas en las márgenes de los ríos Higuamos, Yaque del Norte, y Yuna (Barrios Bajo Manhatan, Carrión, Laguna Mallen, Pastor, Hoyo Oscuro, Callejón de Borbón, Bella Vista, Rafey, Puchuela, La Javilla, Hoyo de Bartola.

SECTORES PRODUCTIVOS

Uno de los ejes fundamentales de la estrategia de desarrollo y crecimiento económico que se implementará como parte de esta vision país es el fortalecimiento de los sectores productivos con el Estado actuando como ente facilitador de las actividades productivas.

Las políticas sectoriales planteadas en el marco de este Plan de Gobierno están orientadas a transformar los sectores económicos claves, a fin de modernizarlos y transformarlos para que puedan contribuir de manera efectiva con la creación de un sector productivo moderno, competitivo y eficiente, con las características que requiere la estrategia de desarrollo y crecimiento con equidad y justicia social que se plantea en el marco de este Plan de Gobierno.

SECTOR AGROPECUARIO

El sector agropecuario juega un rol importante en el desarrollo económico y social de la República Dominicana, dada la variedad de funciones que desempeña, las cuales están relacionadas con la producción de alimentos, suministro de materias primas para la industria, generación de oferta exportable y divisas para financiar las importaciones, directa e indirectamente, y la generación de empleos. Además, el sector constituye un medio eficaz para la promoción del desarrollo social, el combate a la pobreza rural y la preservación del equilibrio ecológico mediante el uso racional de los recursos naturales.

POLÍTICAS PARA EL DESARROLLO AGROPECUARIO

Para potenciar el sector agropecuario, como elemento importante del equilibrio en el desarrollo social y económico dominicano, se hace necesario establecer un paquete de medidas relacionadas a fortalecer y modernizar los aspectos institucionales, productivos y tecnológicos del sector. Estas medidas contribuirán también al fortalecimiento de los Polos de Competitividad Agropecuaria, los que, entre otros beneficios, contribuirán a posicionar al país como proveedor confiable, rápido y eficaz de productos agropecuarios saludables, frescos y de alto valor agregado.

1. En materia institucional y legal, se propone:

- Reestructurar el marco institucional público responsable de diseñar y aplicar la política agroalimentaria en la República Dominicana, a fin de evitar duplicación de esfuerzos y despilfarro de recursos que deberían orientarse a beneficiar directamente a los productores agropecuarios.

- Reformar el ministerio de Agricultura con el objetivo funda-mental de reorientar los recursos presupuestarios que recibe, a programas de apoyo directo a los agricultores.

- Fortalecer los servicios realizados por el Instituto Agrario Dominicano (IAD) y el Instituto Nacional de Estabilización de Precios (INESPRE), des-de un nuevo esquema institucional liderado por el ministerio de Estado de Agricultura.

- Reorientar la política de empleos para fortalecer los equipos técnicos, re-entrenándolos y mejorando sus condiciones laborales.

- Realizar las modificaciones necesarias al marco

legal vigente que rige las actividades agropecuarias en el país, a fin de que permita la transformación y modernización del sector.

Aspecto crediticio

El crédito para el financiamiento de la actividad productiva del Sector, será un aspecto fundamental en la política de apoyo a la agropecuaria y la agroindustria del país. En tal sentido se propone:

- Establecer una política crediticia que asegure financiamiento con intereses y plazos adecuados.

Reestructurar y fortalecer los programas de crédito del Banco Agrícola para ampliar la cobertura de financiamiento a los medianos y pequeños productores, enfatizando la concesión de micro créditos como política de apoyo al desarrollo rural y comunitario.

Aspectos tecnológicos

La transformación tecnológica de la agropecuaria constituye un aspecto fundamental para la modernización del sector agropecuario, por lo que en este Plan de Gobierno se propone:

- Establecer el Programa de Innovación Tecnológica, el cual se iniciará con los cultivos sensibles, de alto consumo por parte de la población.

- Continuar el Programa de Innovación Tecnológica trabajando en apoyo a los productos de exportación que tienen gran potencial de crecimiento, tales como el banano, los aguacates, mangos, piñas, cocos, naranjas, limones agrios, y otras frutas tropicales.

- Establecer un programa de apoyo tecnológico en la producción y manejo post cosecha de los productos étnicos para el mercado de exportación a las comunidades donde residen los dominicanos en el exterior.

- Fortalecer la agropecuaria orgánica, adoptando nuevas prácticas tecno-lógicas para mejorar la productividad de esta importante modalidad pro-ductiva.

Reorientar las actividades del Instituto Dominicano de Investigaciones Agropecuarias y Forestales (IDIAF) y del Instituto de Investigaciones Industrial y de Biotecnología (IIBI), a fin de que puedan llevar a cabo las medidas anteriormente enunciadas.

Aspectos productivos

En un ambiente de liberalización creciente de los mercados agrícolas y pecuarios, se hace necesario definir un plan de acción para la transformación productiva del campo dominicano. En tal sentido se plantea enfocar la política productiva en los siguientes aspectos:

- Apoyar la producción de animales menores: ganadería ovicaprina, producción cunícula, avicultura de cielo abierto o de aves no tradicionales, acuacultura, agricultura orgánica, agricultura étnica, agricultura tropical.

- Ejecutar un Plan Decenal de Agricultura en Parques Invernaderos, que estimule la instalación de 15,000 invernaderos en los próximos10 años, a razón de 1,500 invernaderos por año.

- Someter al Congreso Nacional un Proyecto de Ley que concederá los incentivos del régimen actual de zonas francas, a la agricultura en parques de invernaderos.

POLOS DE COMPETITIVIDAD AGROPECUARIA

Establecimiento de Polos de Competitividad Agropecuaria

Se establecerán polos de competitividad en diferentes zonas productivas del país donde puedan incorporarse los recursos tecnológicos en los procesos productivos, como precondiciones para elevar la productividad, la calidad y volúmenes de producción que permitan elevar la competitividad de la producción dominicana en los mercados internacionales.

Para la definición de los Polos de Competitividad Agropecuaria se tomaron en cuenta diversos elementos relacionados con las características productivas de las diferentes zonas, incluyendo la estructura de propiedad agraria, las intervenciones del Estado en infraestructuras hidro-agrícolas, así como factores que inciden en el aprovechamiento de los recursos naturales disponibles.

Como parte de este Plan de Gobierno, se han establecido cinco polos de competitividad agropecuaria con una superficie de 298,241 hectáreas. La meta propuesta es desarrollar una superficie de 979,200 tareas, en las cuales la innovación tecnológica y la reconversión de cultivos jugarán un papel de primer orden.

POLO I DE COMPETITIVIDAD AGROPECUARIA

Está localizado en las provincias Santiago, Valverde, Montecristi, Dajabón y Santiago Rodríguez. Tiene una superficie total de 94,856 hectáreas. De esta superficie han sido seleccionadas 24,400 hectáreas (equivalentes al 25.7% del área total), para realizar la transformación y reconversión de cultivos que pudieran alcanzar niveles de productividad de alta rentabilidad, como es el caso del banano, frutales, hortalizas y cultivos cosméticos como la sábila.

A fin de lograr los objetivos propuestos, dentro de este polo se han identificado 9 proyectos, los que serían realizados con un costo total de $US224 millones, y que permitirán beneficiar, de manera directa o indirecta, a una población de 1, 299,232 habitantes, residente en las cinco provincias que componen este Polo.

POLO II DE COMPETITIVIDAD AGROPECUARIA

Ubicado en las provincias Monseñor Noel, La Vega, Espaillat, Salcedo, Duarte, Sánchez Ramírez y María Trinidad Sánchez. Actualmente tiene un área en producción bajo riego de 74,494 hectáreas. Se plantea utilizar 16,250 hectáreas, (el 21.8% del área en producción total) para la transformación y reconversión de cultivos. En particular se plantea reconvertir parte del área dedicada al cultivo de arroz para la siembra de otros cultivos y aumentar los niveles de competitividad en el cultivo del arroz. Dentro de este polo se plantea ejecutar 14 proyectos con un monto total de US$ 446 millones, para beneficiar directa o indirectamente a una población de 1, 444,877 personas. Dentro de estos proyectos se incluye el trasvase de las aguas del río Yuna al río Jima, lo cual permitirá garantizar el suministro de agua potable para los acueductos de San Francisco de Macorís, Bonao, Salcedo, Cayetano Germosén en la provincia de Espaillat y el municipio de Jima en la provincia de La Vega. Además de reducir las inundaciones que frecuentemente afectan la parte baja del río Yuna, esto permitirá incorporar 8 mil has nuevas a la producción agropecuaria.

POLO III DE COMPETITIVIDAD AGROPECUARIA

Se ubica en las provincias de Azua, San Juan de la Maguana y Elías Piña. En este polo existen actualmente 66 mil ha bajo riego, equipadas en su mayoría con adecuada infraestructura de riego de uso común. Se plantea la transformación de 21 mil ha equivalentes al 31.8% del área total, a través de la ejecución de 9 proyectos que tienen un costo total de US$ 247 millones. La población a beneficiar es de 513,841 personas.

POLO IV DE COMPETITIVIDAD AGROPECUARIA

Comprende los territorios agrícolas de las provincias Peravia, San Cristóbal y San José de Ocoa, que tienen un área actual equipada con infraestructura de riego de 17,055 hectáreas. Se plantea la transformación del 35.2% de dicha área equivalente a 6 mil hectáreas, mediante la ejecución de 6 proyectos con un costo total de US$ 144 millones, incluidos la construcción del acueducto de Peravia y la ampliación del alcantarillado sanitario de San Cristóbal. La población a beneficiar es de 765,113 personas.

POLO V DE COMPETITIVIDAD AGROPECUARIA

Se ubica en las provincias de Barahona, Bahoruco e Independencia. Tiene un área actual equipada con infraestructura de riego de 45,811 ha, de las cuales se plantea intervenir en 21.2% equivalente a 10 mil hectáreas, mediante la ejecución de 3 proyectos principales, con un costo de 274 millones de dólares. Dentro de estos se incluye la construcción de la presa de Monte Grande y su área de influencia.

TURISMO

PLAN DE ACCION POR ÁREAS

MARCO LEGAL Y ORDENAMIENTO

Uno de los aspectos que el país necesita consolidar de cara al desarrollo económico es el funcionamiento de sus instituciones y la garantía de que las políticas públicas relacionadas con la inversión privada sólo serán va-riadas en base a normas totalmente predecibles. Con estos criterios nos comprometemos frente a los actores del sector turístico a:

- Puesta en marcha en lo inmediato de un plan de ordenamiento territorial que defina, en base a criterios estrictamente técnicos, los parámetros en los cuales sustentar el desarrollo de las diferentes áreas turísticas, definiendo la densidad de las habitaciones hoteleras por hectáreas y otras observaciones necesarias, en armonía con la factibilidad económica de los proyectos y con la protección al medio ambiente.

- Establecer oficinas de planificación y proyectos del ministerio Turismo en los 4 principales polos turísticos del país que, en coordinación con los ayuntamientos, mantengan una supervisión constante para impedir la arrabalización del entorno turístico como ocurre en estos momentos. Además esta oficina facilitara, en menor tiempo y con mayor supervisión la aprobación de los proyectos locales sin necesidad de que los desarrolladores tengan que desplazarse a la sede central del Ministerio de Turismo.

- Establecer una ventanilla única de aprobación de proyectos que unifique en un solo lugar a todos los organismos del Estado de regulación. Es-tos son: Ayuntamientos, Liga Municipal Dominicana, del Ministerio de Turismo, INAPA, Ministerio de Energía y Minas, Ministerio de Medio Ambiente y de Obras Públicas. Asimismo, establecer una sola tasa en todos esos organismos, que sea distribuida proporcionalmente según sus requerimientos.

- Ejecutar un programa de paradores públicos en las principales playas del país. Los turistas nacionales e incluso los turistas extranjeros ubicados en instalaciones no situadas frente al mar están imposibilitados a un acceso conveniente y organizado a las playas. Esta imposibilidad produce una presión social creciente que atenta contra la seguridad y orden de los hoteles existentes, además de constituir una injusticia.

Con este propósito vamos a proponer un proyecto de ley que establezca la existencia de estos paradores en las playas no desarrolladas y que del Ministerio de Turismo tenga la posibilidad de establecerlos en las áreas ya desarrolladas. Estos Paradores deberán ofrecer baños, vestidores y una plaza para vendedores ambulantes que será regulada por el ministerio de Turismo, por medio de un Patronato en el que además de del Ministerio de Turismo esté presente el sector privado, los ayuntamientos y las asociaciones, de manera que se pueda lograr un funcionamiento eficiente, higiénico y seguro de esos lugares. Lo mismo debe repetirse para los balnearios y ríos.

- Revisar y adecuar las leyes tributarias que afectan las empresas turísticas de manera directa o indirectamente.

- Garantizar el mantenimiento de la Ley 1692 que creó

el Código de Trabajo y los artículos 228, 229 y 230 en los cuales se consagra el 10% de propina legal. Esta ley es una garantía a la envidiable paz laboral que ha disfrutado el sector.

- Propiciar el establecimiento de un foro permanente en el que participen todos los sectores nacionales e internacionales que incidan en el sector, como una forma de monitorear los planes de desarrollo de la actividad turística e introducir de inmediatos los cambios que se requieran.

- Políticas públicas de apoyo a la competitividad

El concepto fundamental asociado a la competitividad es que la acción de los gobiernos y de las empresas puede ayudar de manera decisiva a crear ventajas competitivas a favor de un sector o actividad productiva. La competitividad no depende exclusivamente de la dotación de recursos físicos, que en el caso del turismo dominicano son de primera calidad y existen en abundancia, sino que el país, a través del gobierno y las empresas, están en el deber de crear las capacidades y las condiciones necesarias para agregarle valor y explotar racionalmente dichos recursos.

En ese sentido, un nuevo gobierno deberá enfrentar con determinación las causas que afectan la competitividad en el Sector Turístico de República Dominicana. Las principales áreas de intervención gubernamental serán las siguientes:

- El alto costo de la energía eléctrica. Con la sola medida de autorizar, según lo plantea la ley de electricidad, que los hoteles puedan convertirse en consumidores no regulados de energía, les ahorraría cerca de un 50% en el costo de la energía eléctrica que consumen.

- En el caso del polo turístico Bávaro-Punta Cana, es inexplicable que el plan de extender las líneas de transmisión desde Higüey, que se dejó planificado en el año 2004, aún no se haya ejecutado.

- Hacer un desmonte a los impuestos de las tasas aeroportuarias de manera que sean competitivas a otros países de la región.

- Revisar las tasas que pagan los combustibles utilizados por los aviones (Avtur) ajustándolas a las tasas promedio de los demás países del área.

- Revisar las tasas de impuestos a los hoteles, especialmente los de modalidad toda incluida, de manera que estén en los rangos que se aplican en los demás países del área que compiten con el mercado dominicano.

- Coordinar con las oficinas reguladoras de transporte y con los sindicatos que participan en las áreas turísticas el establecimiento de rutas regula-res. Estas nuevas rutas de transporte deben establecerse especialmente en las zonas turísticas más aisladas como son Bávaro, Punta Cana y Bayahibe, con la finalidad de que disminuya el costo operacional tanto para los empleados de los hoteles como para los obreros que acuden diariamente a trabajar en estos establecimientos turísticos. En la actualidad, cada establecimiento hotelero tiene que ofrecer su propio transporte a sus empleados.

Con el propósito de tener un transporte turístico, eficiente, rentable, confortable y seguro para el sector planteamos la formación de un Consejo Permanente Especial, que facilite la importación de taxis y minibuses sin ningún tipo de impuestos ni cargas del Estado. Este Consejo estará integrado por miembros de los sindicatos y los sectores del gobierno correspondientes.

- Promover una mayor competencia en la oferta de
  transporte aéreo hacia la República Dominicana, vía
  la participación de nuevas líneas en las rutas donde no
  existe competencia o es muy limitada. La aplicación
  inmediata de esta medida es muy importante después
  de la aprobación de la Ley de Competencia.
- Ampliación y desarrollo de infraestructura

El mayor aporte que puede hacer el gobierno al desarrollo
turístico del país es la ejecución de un programa de construcción
de infraestructura que resuelva definitivamente las carencias de
agua potable, energía eléctrica, manejo de desechos sólidos, redes
viales y embellecimiento de los entornos naturales.

En ese sentido, un nuevo gobierno deberá comprometerse a:

- Terminar la construcción y poner en funcionamiento
  el sistema de alcantarillado sanitario y de aguas
  residuales de Sosua y Cabarete.
- Terminar la construcción y poner en funcionamiento
  el sistema de alcantarillado sanitario y de aguas
  residuales de Las Terrenas.
- Construir un sistema de alcantarillado sanitario y de
  aguas residuales en Bayahibe.
- Construir el sistema de alcantarillado sanitario y de
  aguas residuales d Punta Cana y Bávaro utilizando
  la infraestructura que ya han creado los hoteles. Para
  estos fines actualizaremos la oferta de financiamiento
  que había otorgado el Banco Mundial para estas obras.
  En el proyecto del Banco Mundial en Bávaro estaba
  contemplado usar las aguas residuales para regar los
  campos de golf.

Nuestra propuesta en el caso de Punta Cana y Bávaro es que se cree una Corporación de Acueducto y Alcantarillado, de sociedad mixta con el gobierno, donde los hoteles aporten en acciones de naturaleza las infraestructuras que tienen cada uno en plantas de tratamiento y acueductos. Este esquema de organización podría repetirse en Bayahibe.

- Construcción de la autovía del Coral desde la Romana hasta Bávaro-Punta Cana.

- Terminación del Boulevard Turístico de Punta Cana-Macao e iniciar la parte de Macao a Miches.

- Construcción de la carretera costera Puerto Plata - Montecristi. Esta carretera permitiría el desarrollo turístico de playas excelentes que se ubican en esta zona. Además permitiría el acceso aéreo de esta zona por medio del aeropuerto Gregorio Luperón.

  - Terminación del tramo de carretera de cuatro vías Playa Dorada-Aero-puerto Gregorio Luperón, iniciada durante el Gobierno del Dr. Joaquín Balaguer y que permitiría explotar los terrenos adyacentes a Playa Dora-da y reducir el tiempo de acceso al aeropuerto.

  - Construcción de circunvalación de la carretera Sosúa-Gaspar Hernández, en el trayecto de Cabarete. Proponemos que la carretera se construya al borde de la Laguna de Cabarete, para que sirva de frontera ambiental y evite el relleno indiscriminado que está sucediendo en la actualidad.

  - Construcción carretera aeropuerto El Catey-La Majagua a las Terrenas, por la costa. Sin esta carretera el nuevo aeropuerto solo tendría un impacto parcial sobre el destino turístico de Samaná.

  - Estudio y posible inicio de la carretera ecológica San Juan de la Maguana-Santiago.

  - Terminación definitiva de la Carretera San Pedro-La Romana.

  - Rehabilitación general de las carreteras: Puerto Plata-

Samaná, Jarabacoa-Constanza, Higüey-El Seybo-Miches, Sabana de la Mar-Hato Mayor y Miches-Sabana de la Mar.

- Ampliación a cuatro vías de la carretera Higüey-La Otra Banda.

- Ejecución de un programa integral de señalización de las vías, carrete-ras, lugares y centros de interés turísticos.

- Construcción de un centro de convenciones y exposiciones en la ciudad de Santo Domingo, realizado en sociedad con el sector privado y manejado por una firma con experiencia internacional en la materia.

NUEVOS DESARROLLOS

El país aún dispone de grandes áreas con extraordinario potencial turístico que sólo esperan la presencia de la inversión pública para pasar a formar parte de las fuentes de creación de riquezas de la nación. El exitoso ejemplo, en término de participación y regulación del Estado, que significó el proyecto Playa Dorada, en la provincia de Puerto Plata, es un modelo que aún tiene vigencia para la República Dominicana.

La organización de una Corporación, que asegure en su fase inicial la inversión pública, pero con una clara visión de ir traspasando paulatinamente la administración al sector privado y el compromiso de recuperar la inversión realizada y generar excedentes, que se puedan convertir en un fondo continuo para realizar nuevos desarrollos es una modalidad que pondremos en práctica durante el próximo período de gobierno.

En ese sentido, en lo adelante, deberá ser aplicado este modelo para el desarrollo de Pedernales con Bahía de las Águilas, en el polo turístico de Montecristi y con algunas modificaciones, en la Provincia de Barahona.

BAHÍA DE LAS ÁGUILAS-PEDERNALES

- El Gobierno desarrollará la infraestructura turística necesaria creando una organización similar a la que funcionó en Playa Dorada en su momento, adaptada a las nuevas circunstancias.

- Ante un conflicto legal de muchos años, que ha detenido el desarrollo de la zona, el Estado dominicano deberá declarar de utilidad pública un área de terrenos que permita desarrollar de 15 a 20 lotes hoteleros, campos de golf, desarrollos inmobiliarios y residenciales, áreas comerciales, así como toda la infraestructura vial y aérea que se requiera.

- Este desarrollo se hará respetando las regulaciones medioambientales dispuestas por el ministerio de Medio Ambiente con el interés de proteger la riqueza natural de la zona.

- Al finalizar la Litis legal que envuelve estos terrenos, el Estado pagaría a los que el dictamen de la justicia determine sean sus verdaderos propietarios.

MONTECRISTI

- El gobierno propiciará acuerdos con los propietarios de terrenos fuera de las áreas protegidas para que el Estado participe en el desarrollo de las infraestructuras en un modelo de participación público-privado que garantice el desarrollo organizado de esta zona.

- La Marina de Montecristi se ampliará para convertirla en un atractivo turístico-deportivo. Se promoverá que esta inversión sea realizada por el sector privado extranjero.

BARAHONA

- La provincia de Barahona y especialmente la ciudad cabecera tiene bellezas y paisajes envidiables para cualquier región del país y del Caribe y aunque las condiciones de sus playas no son las más favorables, todo plan de desarrollo regional debe tener a Barahona como su eje principal.

- Crear las condiciones que permitan ampliar la oferta hotelera y de los servicios para los turistas, así como el mejoramiento de las facilidades portuarias para el turismo de crucero, pueden significar un nuevo impulso a la inversión turística nacional. Por tanto, es fundamental evaluar diferentes tipos de incentivos que se podrían ofrecer para convertir a Barahona en el eje principal del turismo en la región Sur del país.

- El auge de la actividad comercial y turística de la región activaría el aeropuerto María Montés y atraería inversiones públicas y privadas para la rehabilitación de varias playas y actividades productivas asociadas al desarrollo de la provincia de Barahona.

TURISMO ECOLÓGICO, ÁREAS PROTEGIDAS Y PROTECCIÓN AL MEDIO AMBIENTE

Uno de los nichos turísticos que mayor interés ha despertado en los últimos tiempos es el turismo ecológico. Países como Costa Rica, en Centro América, han hecho de este mercado su principal atractivo. El turismo ecológico mezcla la aventura con el disfrute de las bellezas naturales expresadas en plantas, montañas, ríos, insectos, lugares exóticos y vírgenes. En Europa se ha vuelto un atractivo compartir vacaciones en medio de la sencillez que ofrece la vida campesina.

República Dominicana tiene muchos lugares que contienen elementos propios de este tipo de turismo, pero todavía su explotación es muy limita-da y recibe poco apoyo gubernamental. Está demostrado que la preservación de los parques nacionales y otras áreas protegidas, tan necesarias para el equilibrio ecológico del país, es más segura cuando se hace en armonía con las comunidades circundantes y éstas reciben los beneficios de su manejo.

En este sentido, el Estado dominicano deberá poner especial atención al desarrollo de este subsector turístico. Con este propósito nos comprometemos a:

Desarrollar, conjuntamente con el sector privado, programas de servicios al usuario, con la construcción de senderos y la provisión de guías para visitas organizadas a los parques nacionales.

- Elaborar un mapa de uso de suelo conjuntamente con los ayuntamientos para fomentar los alojamientos de lujo en la montaña.
- Ofrecer incentivos especiales a las inversiones dirigidas al desarrollo del turismo ecológico.

TURISMO DE CRUCEROS Y MARINAS

El turismo de cruceros duplica la tasa de crecimiento del turismo hotelero a nivel internacional. De manera más individual la adquisición de yates está "en boga" en Estados Unidos. La infraestructura en el Caribe para cruceros y yates es limitada e insuficiente y para aprovecharnos de tan importante nicho, proponemos lo siguiente:

- Apoyar el proyecto de ley de la industria de cruceros que en estos momentos reposa en el Senado de la República.

- Coordinar con la Autoridad Portuaria Dominicana un programa de privatización de puertos especializados para cruceros, por medio de una licitación pública internacional. Los puertos de Puerto Plata, Montecristi, Samaná y Barahona serán licitados de inmediato.

- Disminuir el 50% de las tasas impositivas que cobra el gobierno por la entrada de turistas que ingresen por esta vía.

- Acudir a los eventos especializados de cruceros y yates e incrementar la inversión dirigida a promocionar las facilidades que ofrece el país al turismo de cruceros.

- Crear el Subministerio de Cruceros en del Ministerio de Turismo.

- Crear, conjuntamente con la Marina de Guerra, una unidad de salvamento rápido cerca de las marinas existentes y las que se construyen, para auxiliar cualquier emergencia.

TURISMO INMOBILIARIO
Y TIEMPO COMPARTIDO

Los especialistas en Turismo afirman que el turismo Inmobiliario ocurre aproximadamente 10 años después de haber empezado el turismo hotelero. Teniendo en cuenta que el turismo inmobiliario es alimentado fundamentalmente por los segmentos de mayores ingresos, tanto a lo interno de los países como por inversionistas con posibilidades de adquirir una segunda vivienda o disponer de un lugar agradable para pasar vacaciones y hasta vivir cuando se retiren, entonces es cierto que este puede ser uno de los nichos de mayor valor agregado y dinamismo en la industria turística.

Para este segmento del mercado, el tema de la seguridad y la existencia de servicios son vitales para su desarrollo. Por lo tanto, si el país quiere entrar a gran escala a este mercado tendrá que invertir no sólo en infraestructura sino también en la provisión de servicios de calidad en las zonas turísticas, o al menos crear incentivos para que el sector privado los provea. En este sentido, un nuevo gobierno deberá comprometerse a:

* Propiciar la instalación de clínicas con equipos de última tecnología y médicos de nivel internacional en los polos turísticos con este tipo de desarrollo. Esto es necesario ya que una parte importante de los adquirientes de propiedades tienden a ser personas de edad avanzada en retiro que necesitan de asistencia médica de calidad.

* Adecuar la Ley No. 158-01 del Consejo de Fomento al Turismo (CONFOTUR) para que beneficie a todas las regiones del país por igual en este sector, por cuanto existe cierta confusión en la aplicación de esta Ley en la actualidad. En cuanto a la ejecución de esta ley, advertir a los organismos recaudadores del estricto cumplimiento de sus beneficios.

* Impulsar un proyecto de ley que regule la modalidad turística Tiempo Compartido (Timeshare), similar al vigente en México donde este sector ha crecido a magnitudes tales de representar el 35% de la oferta hotelera del país. Para que este esquema de adquisición parcial de inmueble pueda crecer necesita de un marco legal actualmente inexistente en el país.

OFERTA COMPLEMENTARIA

Los intereses y preferencias de los turistas son diversos y se caracterizan por la disposición del visitante a conocer y vivir nuevas experiencias ya sean estas de orden cultural o simplemente de entretenimiento. Además, para que se alcance la efectiva redistribución de los ingresos que genera el sector turístico es necesario que se produzcan encadenamientos productivos con actividades complementarias asociadas a los servicios y bienes turísticos.

Un país con una oferta complementaria abundante y de calidad aumenta la satisfacción del turista y estimula la posibilidad de retorno de los visitantes.

En ese sentido, el Estado dominicano debería auspiciar, en cooperación con el sector privado y el Ministerio de Cultura, un amplio plan de actividades complementarias dirigido a satisfacer el interés cultural y de entretenimiento del turista. Algunas de esas actividades son:

- Senderos para corredores (Jogging path) en todas las playas del país.
- Senderos ecológicos en los parques del país.
- Senderos históricos, ejemplo: Sendero Hispaniola, la ruta de Colón, des-de la Isabela.
- Museos de productos dominicanos, ejemplo: del Tabaco en Santiago, del Ron en Puerto Plata o Santiago, de la Caña en San Pedro de Macorís y otros, coordinando con empresas fabricantes las visitas a sus instalaciones.
- Museo de los Derechos Humanos: estatua de Fray Antón de Montesinos en el Malecón de Santo Domingo.
- Permitir la apertura de tiendas en las zonas francas del país en las cuales el turista podría comprar libre de impuestos, artículos producidos en dichos lugares con sólo demostrar su condición de visitante extranjero.

Además de aumentar la oferta complementaria del turismo ayudaría también a la recuperación del sector de Zonas Francas tan golpeado por este gobierno.

- Abrir oficinas de información turística en los principales hoteles y lugares de interés con el propósito de promover las diferentes actividades y alternativas a disposición y alcance del turista.

SALUBRIDAD, HIGIENIZACIÓN Y MANEJO DE DESECHOS SÓLIDOS

Si algo debe cuidar un país que tiene en la industria turística una de sus principales fuentes de ingreso es la reputación de su preocupación por la Salud y la integridad de los visitantes. En ese sentido, con el objetivo de garantizar el más alto grado de protección al turista, el Estado dominicano se deberá comprometer a:

- Crear una Unidad Especial de Supervisión y Control, operada y certificada según las normas internacionales de salud y medio ambiente, de integración multisectorial conformada por el ministerio de Salud Pública y Asistencia Social y de Medio Ambiente y Recursos Naturales, INAPA y del Ministerio de Turismo. Esta unidad, entre otras responsabilidades, debe supervisar:

- La calidad del agua de los acueductos que sirven las áreas turísticas así como los acueductos privados de cada hotel.

- Establecimiento y supervisión de normas de calidad en la manipulación de alimentos en las cocinas de los hoteles y restaurantes.

- Supervisión de la disposición final de las aguas tratadas, así como el funcionamiento de las plantas de tratamiento privadas de los hoteles.

- Supervisión frecuente, en coordinación con el ministerio de Medio Ambiente, de la calidad de las aguas de las playas, balnearios y piscinas, así como del agua alojada en el subsuelo de las áreas turísticas.

- Monitoreo, conjuntamente con el ministerio de Salud Pública, de las campañas de prevención para el control de las plagas y enfermedades contagiosas que afectan al país y cuyos brotes han perjudica-do la imagen del país en los mercados turísticos internacionales.

PROMOCIÓN Y PUBLICIDAD

Diferente a muchas otras industrias, quienes compiten en el negocio turístico no son simplemente las empresas. Son los países con sus recursos naturales, la aptitud de su gente, su acervo cultural, sus monumentos, su historia, la calidad de sus servicios, y muchos otros aspectos intangibles, los que juntos crean un perfil y una reputación que al final es el producto que consume el turista.

- Contrario a lo que pueda pensarse, los productos turísticos se comercializan en un mercado complejo y altamente competitivos. Por esta razón la promoción publicitaria inteligente y bien conceptualizada, en los países de altos ingresos, es fundamental para posicionar el país en el gusto de los consumidores de bienes turísticos a nivel global. En este sentido, el Estado dominicano deberá comprometerse a:

- Aumentar en cantidad y calidad la publicidad turística en forma proporcional a la cantidad de turistas que ingresen al país y asignar para ello, por ley, un por ciento del ingreso por la tarjeta de turismo.

- Dividir las inversiones en marketing, de manera equitativa entre publicidad y relaciones públicas.

- Crear un equipo de "Respuesta Rápida a Crisis (RRC)" con capacidad de responder a situaciones inesperadas y sobre todo, en capacidad de contrarrestar cualquier publicidad negativa que surja en el plano internacional.

- Distribuir las campañas de mercadeo entre un 25% para la marca país (República Dominicana) y focalizar el resto entre las regiones y polos a promocionar, incluyendo la ciudad de Santo Domingo.

FORMACIÓN DE GESTION
DEL TALENTO HUMANO

Hoy día se reconoce que en cualquier industria, más importante que tener re-cursos naturales es tener la capacidad de agregarles valor, y esto sólo es posible a través del conocimiento y la eficiencia de los procesos productivos.

Un personal capacitado y preparado es vital para el desarrollo sostenido de una industria turística competitiva. Los hoteles y establecimientos turísticos pagan a INFOTEP, al igual que todas las empresas del país, un 1% de su nómina para capacitación. La importancia y dinamismo de este sector requiere una institución de capacitación de mayor dedicación en términos de tiempo y contenido. Por lo tanto, el Estado dominicano se deberá comprometer a:

Crear una unidad especial de formación dirigida por INFOTEP, del Ministerio de Turismo, ASONAHORES y los trabajadores, para la educación exclusiva del personal que labora en las diferentes instalaciones turísticas. Consecuente-mente el 1% que destinan los hoteles y demás instalaciones turísticas al INFOTEP, será destinado a este nuevo instituto.

La formación en este nuevo instituto estará enfocada especialmente a:

- Cursos técnicos de formación turística y hotelera en todos los polos y zonas turísticas con la presencia de laboratorios de cocina, restaurantes, bares, talleres de artesanía y pintura, sala de idiomas y centros de cómputos hoteleros, entre otros.

- Implementar programas de certificación de los puestos turísticos y hoteleros y dar las facilidades al trabajador para una educación continua.

- Fortalecer la enseñanza y perfeccionamiento del aprendizaje de idiomas.

- Colaborar con los demás institutos, escuelas técnicas o Universidades que imparten programas académicos de capacitación turística así como con el ministerio de Educación Superior para homologar las prensas e impartir carreras y cursos técnicos que guarden relación al perfil que exige el puesto turístico y hotelero.

- Facilitar a este instituto uno o varios hoteles del Estado (la mayoría sin uso), para que sean utilizados como centros de enseñanzas. Uno de es-tos hoteles sería el Hotel Naranjo, de Higüey.

SEGURIDAD CIUDADANA

La República Dominicana no escapa al fenómeno mundial de incremento de la delincuencia y si hay algo que las personas que visitan un país aprecian es la existencia de un clima de seguridad y confianza. Por lo tanto, se hace necesario, que en adición a los programas de protección ciudadana que ejecutan los organismos correspondientes se fortalezcan los planes específicos dirigidos a preservar el ambiente de seguridad y tranquilidad que aún prevalece en los centros turísticos del país.

En este sentido, el Estado dominicano se debería comprometer a:

- Duplicar la cantidad de miembros de CESTUR, para que haya supervisión permanente en las playas, hoteles, áreas de villas e inmuebles turísticos.

- Elevar el nivel educativo y la capacitación técnica, emocional y de relaciones humanas del personal de CESTUR.

- Elevar los salarios de los policías de CESTUR a un nivel digno para poder exigirle sin reparos la realización de una labor decente, honesta y eficiente.

- Dotar el personal de seguridad de los equipos técnicos necesarios para el buen desarrollo de su labor, como son armas letales y no letales, comunicación, transporte y vigilancia por medio de cámaras en puntos estratégicos turísticos.

- Elevar el presupuesto de CESTUR a las necesidades reales del sector y continuar la colaboración con el sector hotelero que les otorga aloja-miento y alimentación.

- Establecer mayor colaboración y comunicación entre CESTUR y la INTERPOL, para evitar la entrada al país de delincuentes internacionales.

- Establecer claramente los campos de acción de CESTUR y los de la Policía Nacional, para evitar conflictos innecesarios y duplicación de esfuerzos y recursos.

POLOS DE COMPETITIVIDAD TURÍSTICA.

Se han definido cuatro (4) Polos de Competitividad Turística en los que se ejecutarán un conjunto de proyectos prioritarios para asegurar la sostenibilidad y desarrollo del sector. El monto total requerido para apoyar el desarrollo y sostenibilidad del conjunto de los Polos Turísticos señalados es de US$582 millones.

POLO I DE COMPETITIVIDAD TURÍSTICA

Ubicado en la región Este, en las provincias La Romana, La Altagracia y municipio de Miches. Se han identificado 6 proyectos básicos que permitirán, por un lado, asegurar el suministro de agua potable en la zona y por otro, establecer una red vial adecuada de conexión entre este Polo I y el Polo II ubicado en Samaná. Los proyectos planteados tendrán un costo total de US$224 millones y contribuirán a beneficiar a una población de 401,832 habitantes.

POLO II DE COMPETITIVIDAD TURÍSTICA

Se ubica en la provincia de Samaná. Para apoyar el desarrollo de este Polo se han identificado 6 proyectos orientados principalmente al abastecimiento de agua, saneamiento y mejoramiento y ampliación de la red vial. El costo de estos proyectos es de US$145.4 millones. La población de la provincia es de 91,875 habitantes.

POLO III DE COMPETITIVIDAD TURÍSTICA
FOTO MERCADITO DE SOSUA

Se ubica en la provincia de Puerto Plata. Como apoyo al desarrollo de este Polo se ha planificado la ejecución de 5 proyectos con un monto total de US$193 millones. Estos proyectos contribuirán a garantizar el suministro de agua potable a la franja Cabarete-Sosúa y Luperón-La Isabela; de igual manera, adecuar la carretera Santiago-Puerto Plata por la montaña y la carretera Luperón-La Isabela-Monte Cristi y, además, promover el desarrollo agrícola del valle de Bajabonico. La población de la provincia es de 312,706 habitantes.

POLO IV DE COMPETITIVIDAD TURÍSTICA

Se ubica en las provincias de Barahona y Pedernales. Para apoyar su desarrollo se han planificado 3 proyectos con una inversión de US$20.5 millones. Estos proyectos comprenden el estudio de un Plan Maestro para el desarrollo del potencial turístico de la zona que identifique la fuente de agua, así como un nuevo acueducto para la ciudad de Pedernales y desarrollo de agricultura tecnificada.

POLOS DE COMPETITIVIDAD AGROPECUARIA

Establecimiento de Polos de Competitividad Agropecuaria

Se establecerán polos de competitividad en diferentes zonas productivas del país donde puedan incorporarse los recursos tecnológicos en los procesos productivos, como precondiciones para elevar la productividad, la calidad y volúmenes de producción que permitan elevar la competitividad de la producción dominicana en los mercados internacionales.

Para la definición de los Polos de Competitividad Agropecuaria se tomaron en cuenta diversos elementos relacionados con las características productivas de las diferentes zonas, incluyendo la estructura de propiedad agraria, las intervenciones del Estado en infraestructuras hidro-agrícolas, así como factores que inciden en el aprovechamiento de los recursos naturales disponibles.

Como parte de este Plan de Gobierno, se han establecido cinco polos de competitividad agropecuaria con una superficie de 298,241 hectáreas. La meta propuesta es desarrollar una superficie de 979,200 tareas, en las cuales la innovación tecnológica y la reconversión de cultivos jugarán un papel de primer orden.

SECTOR INDUSTRIA Y COMERCIO

El sector industrial juega un papel dinámico en el sector productivo para el aprovechamiento de las ventajas que ofrecen los acuerdos de libre comercio que originan la apertura de los mercados.

El gobierno aplicará un conjunto de políticas tendentes a fortalecer la capacidad tecnológica y la competitividad de este sector, estimulando el incremento de la inversión y la productividad. Cabe señalar que la reconversión tecnológica y gerencial de las empresas es un requisito para que la producción local pueda cumplir exitosamente con las exigencias de una cambiante economía internacional, cada vez más apoyada en estándares de competitividad, eficiencia y desarrollo tecnológico. Asimismo, apoyará el surgimiento de nuevas y modernas empresas industriales.

Industria manufacturera

El desarrollo de la industria nacional debe descansar en un proceso de re-novación impulsado por el flujo de recursos financieros con tasas de interés reales razonablemente bajas, que favorezcan la reconversión del sector y la reestructuración y ampliación del patrimonio industrial de la nación.

Lograr un incremento de las inversiones en el sector industrial constituirá un objetivo prioritario dentro de este Plan de Gobierno.

La asignación de recursos para el desarrollo industrial del país se realizará integrando las tareas de reestructuración, reconversión y creación de nuevas actividades industriales, tomando en consideración las exigencias de un mercado que funciona bajo crecientes niveles de competitividad interna y externa.

La política industrial dará especial atención al desarrollo tecnológico especializado a nivel del proceso productivo, del diseño, y de la gestión industrial. Asimismo, se otorgará prioridad a la formación gerencial, y al estímulo de las exportaciones de manufacturas, por medio de investigaciones de mercado y promoción comercial. El programa de reestructuración, reconversión y creación de nuevas actividades industriales permitirá un uso más intensivo del factor trabajo y de los recursos naturales, lo que contribuirá a la generación de empleos, de ingresos y de divisas, en beneficio de toda la economía nacional.

Para la concreción de la política industrial se procederá a tomar una serie de medidas específicas:

a. Aplicar las alternativas de inversión en productos cuyo procesamiento ofrezca una ventaja comparativa dinámica.

b. Incentivar el desarrollo de la agroindustria y el proceso de transformación en el país de los productos tradicionales de exportación, a fin de ampliar el mercado exterior de los bienes no tradicionales.

c. Promover un mayor grado de integración entre la industria orientada al mercado interno y al mercado externo.

d. Promover la concertación de una nueva política industrial participativa entre el Estado, el sector privado y los trabajadores.

e. Lograr un activo proceso de pre-inversión en las áreas agrícola y agroindustrial, energética, química, metalmecánica, de energía solar y eólica, sistemas de ahorro energético, comunicaciones, microelectrónica de consumo e industrial.

f. Promover el uso de materias primas nacionales en el proceso industrial, logrando una real integración entre la agricultura y la industria.

g. Optimizar y mantener estrictos controles de calidad técnica y administrativa.

h. Programar con la empresa privada y los centros educacionales los estudios profesionales necesarios para el programa de reconversión y reactivación industrial.

i. Promover a nivel nacional un sistema eficaz de conservación de combustibles y energía y reforzar los planes para reducir o eliminar todo tipo de contaminación ambiental que tenga como causa los procesos industriales.

Zonas Francas

La Industria de Zona Franca es uno de los principales sectores de la República Dominicana por su importante aporte a las exportaciones totales, a la generación de empleo y de demanda en otros sectores económicos.

En los últimos años, las zonas francas han experimentado un grave deterioro originado por el incremento en sus costos debido al aumento en la tarifa de electricidad, los costos laborales, los costos de las materias primas y de los bienes intermedios. Al mismo tiempo, la apreciación de la tasa de cambio conllevó a una reducción de los ingresos de las empresas, perjudicando aún más la situación de estas empresas.

Para mejorar la situación de las zonas francas lo primero que se requiere es un Gobierno que esté plenamente convencido de que las zonas francas son un pilar fundamental de nuestra estrategia de desarrollo económico y social. Para ello se requiere ejecutar un conjunto de reformas que permitan reducir los costos que enfrenta el sector, acompañadas de una política eco-nómica que elimine la apreciación de la tasa de cambio.

Entre las acciones que nos proponemos ejecutar se incluyen:

- Reducir en 20% la tarifa de electricidad, producto de la recompra de los contratos con las empresas generadoras de electricidad.

- Reducir los precios de los combustibles a través de una reducción del 30% en los impuestos que gravan el consumo de los derivados del petróleo.

- Flexibilizar la política salarial que regula al sector de zonas francas, creando mecanismos que permitan no sólo retener a los actuales trabajadores del sector, sino también la incorporación de aquellos que han perdido su trabajo en los últimos dos años.

- Mejorar el funcionamiento del mercado de transporte de carga para abaratar los costos de las empresas de zonas francas.

- Reducir los costos de desaduanamiento de las materias primas importadas por las zonas francas.

- Invertir en educación de calidad, condición necesaria para poder exportar bienes de mayor valor agregado. Esto incluye la reestructuración de la política de entrenamiento que realiza el INFOTEP para que desarrolle programas de capacitación acorde con la demanda del sector zonas francas.

- Evitar políticas monetarias artificiales e inconsistentes que afectan la competitividad del sector.
- Estimular los esfuerzos del sector hacia la integración vertical de la industria de confecciones.
- Creación de parques de invernaderos bajo el sistema de zonas francas.
- Estimular el establecimiento de zonas francas de astilleros navales para la reparación y construcción de barcos.

MICRO, PEQUEÑA Y MEDIANA EMPRESA

POLÍTICAS Y PLANES PROPUESTOS

a. Promover la aprobación y/o actualización y enriquecimiento de la Ley Marco para las MIPYME que cursa en el Congreso Nacional, y del Reglamento correspondiente;

b. Constituir el Consejo Nacional de Fomento de las MIPYME (CONMI-PYMES), con la participación del sector público y el sector privado;

c. Promover la creación del Banco de las MIPYME, bajo el control del CONMIPYMES, como una entidad financiera de segundo piso y fondos aportados por el Estado y otras fuentes, para ser canalizados a las MI-PYME a través del sistema bancario formal, especialmente las entidades de micro crédito

d. Promover la creación de un Fondo Estatal de Garantía Limitada, mediante el cual el Banco de las MIPYME podrá comprometer frente a la entidad prestamista un colateral equivalente al 70% del monto del primer préstamo que sea otorgado a una micro o pequeña empresa seleccionada conforme a los criterios que definirá el CONMIPYMES.

e. Ejecutar un Plan de Registro Nacional de MIPYME, incluyendo estadísticas y diagnóstico actualizados del sector, a fin de que las empresas puedan ser beneficiarias de los planes, programas y proyectos que impliquen fondos estatales;

f. Establecer un Programa con apoyo estatal de inclusión de los micro, pequeños y medianos empresarios y sus trabajadores en los sistemas de Seguridad Social, Seguro de Riesgos Laborales y Seguro de Servicios de Salud;

g. Establecer un Programa con apoyo estatal para la Formalización Legal y Contable de las MIPYME;

h. Ejecutar un Programa con apoyo estatal de acceso de los micro, pequeños y medianos empresarios y sus empresas, a servicios de formación y capacitación de empresarios y técnicos y trabajadores de la empresa impartidos por órganos públicos y entidades privadas, bajo los auspicios del CONMIPYMES.

i. Llevar a cabo un Programa con apoyo estatal de acceso de las MIPYME a servicios de innovación tecnológica de órganos públicos y del sector privado;

j. Ejecutar un programa con apoyo estatal y en cooperación con las entidades asociativas de las MIPYME para la Aceleración o Relanzamiento de Negocios de empresas existentes, especialmente aquellas con mayor vocación para la creación de empleos y de productos y servicios exportables;

k. Establecer un Programa para la Incubación de Empresas, con apoyo estatal y en cooperación con entidades académicas, con prioridad en la identificación y apoyo de nuevas iniciativas en proyectos de base tecnológica, especialmente alta y mediana;

l. Crear un Programa de Apoyo Estatal de Formación
    y Entrenamiento para la Competitividad, el cual será
    auspiciado por el Estado a través del CONMIPYMES en
    cooperación con entidades académicas del sector privado
    nacional y extranjero;

m. Ejecutar un Programa de Descuentos Fiscales por
    Crecimiento Competitivo y Creación de Empleos, según el
    cual la MIPYME que alcance las metas y estándares trazados
    por el Estado en los planes y programas para el sector será
    premiada con descuentos en sus obligaciones fiscales;

n. Mantener la Mesa de Concertación Nacional y Mesas de
    Concertación Sectoriales y Locales, para el diálogo entre
    las autoridades y el sector privado de las MIPYME, como
    escenario ideal para consensuar las políticas y acciones
    y sus actualizaciones en el porvenir, a fin de garantizar la
    permanencia y aplicación sistémica de este esfuerzo de
    rescate del sector durante los próximos 10 años;

o. Promover y respaldar el acceso de las MIPYMEs a
    programas de cooperación académica, científica y financiera
    nacionales y extranjeros, a fin de incrementar los volúmenes
    de beneficiarios de los distintos planes y programas a favor
    del sector;

p. Dar participación a las MIPYME en el programa Primer
    Empleo y el programa de Pasantía para jóvenes egresados de
    los centros técnicos y tecnológicos;

q. Promover la participación prioritaria de las MIPYMEs
    en programas que promuevan y apoyen la instalación
    y desarrollo de proyectos de producción limpia, uso de
    materiales reciclables, generación de energía de fuentes
    renovables y protección y fomento del equilibrio ecológico y
    ambiental;

r. Dar preferencia en la participación en los distintos programas
    destinados a las MIPYMEs, a aquellas unidades encabezadas

por jóvenes y mujeres, entre estas preferiblemente a las madres solteras.

En adición se plantea llevar a cabo los siguientes programas:

a. Programa en cooperación del Estado y el sector privado, incluyendo el sector académico, de Becas para la Competitividad, el cual procurará la formación especializada, en el país y en el exterior, de empresarios MIPYME y personal de gestión, técnico y laboral, en materias como: gestión moderna de administración y negocios, mercadeo, diseños industriales, procesos productivos, idiomas claves, etc.

b. Programa de Investigaciones de Productos, Servicios y Mercados en el Exterior bajo contratos con el CONMIPYMES, a través del cual los gremios y emprendedores de productos y servicios dominicanos dispondrán de informaciones precisas sobre las condiciones y tendencias del consumo, actualizar sus estrategias de mercadeo y los diseños de sus productos y servicios, conservando y ampliando sus volúmenes de venta;

c. Programa de Acceso de las MIPYME a los Parques Industriales y Distritos

d. Industriales promovidos por el Estado, a fin de reducir costos, facilitar las alianzas y cadenas productivas y aprovechar las sinergias de este tipo de aglomeraciones productivas para reducir los costos de los servicios;

e. Programa de fomento de las cadenas productivas y otras alianzas de empresas;

f. Programa de incentivos estatales y acceso a incentivos de fuentes de la cooperación internacional, a las MIPYME que participen en proyectos identificados por su impacto sano en el medio ambiente, de conformidad con los Objetivos del Milenio.

g. Edificación y equipamiento por el Estado, en cooperación
    con el sector privado y la cooperación internacional, de
    un Centro de Innovación y Diseños, el cual será dotado de
    equipos, maquinarias y laboratorios de

h. última generación y personal altamente calificado, nacional y
    extranjero, como instrumento a disposición de las empresas,
    especialmente las de alta y mediana tecnologías, para la
    reconversión y actualización de sus productos y servicios a
    niveles internacionalmente competitivos.

i. Edificación por el Estado de Parques MIPYME en los
    actuales Parques

j. Industriales y Distritos Industriales de su propiedad, y en
    otros puntos del país que resulten estratégicos para el fácil
    acceso a consumidores finales, como las áreas dedicadas
    a los turistas extranjeros, especialmente valiosas para los
    productores de artesanías de regalo.

k. Edificación por el Estado, y bajo control del
    CONMIPYMES, del Centro Nacional de Mercadeo de
    Productos y Servicios de las MIPYME (CENTRO de las
    MIPYME), dotado de facilidades para la exhibición y
    promoción de productos y servicios de las MIPYME.

l. Apertura, principalmente en los parques y distritos
    industriales del Esta-do, de oficinas locales del
    CONMIPYMES, las cuales actuarán en cada punto del país
    como Ventanilla Única de Información y Tramitación de
    los asuntos de las MIPYMEs y de su participación en los
    programas estatales.

SECTOR DE LA MINERÍA

La minería requiere de una explotación racional que proteja el medio ambiente y que genere beneficios sustanciales a las regiones en las cuales se ejecutan los procesos de explotación.

A continuación, algunas de las acciones que nos proponemos ejecutar:

a. Apoyaremos el desarrollo de los sulfuros de la mina de Pueblo Viejo, velando por el fiel cumplimiento del Contrato de Explotación existente con la empresa Barrick Gold.

b. Estimularemos las inversiones en el desarrollo de nuevos proyectos mineros con vocación exportadora.

c. Promoveremos el fortalecimiento y la competitividad del sector de piedras ornamentales y de minerales industriales, incluyendo la creación de un Fondo para el Desarrollo de microempresas industriales mineras que les permita elevar sus operaciones a través de clusters artesanales.

d. Estimularemos la participación de las comunidades donde existan proyectos mineros, garantizando que reciban los fondos especiales provenientes de dichas operaciones de explotación y que los mismos se inviertan en proyectos sustentables.

e. Garantizaremos los derechos mineros de los inversionistas nacionales e internacionales, dentro del marco del fortalecimiento de la seguridad jurídica que requieren los inversionistas privados.

SECTOR TRANSPORTE E INFRAESTRUCTURA

El transporte representa el medio de soporte y vinculación de todos los sectores de la economía. El país requiere un sistema integrado de transporte y una red vial urbana que ofrezca accesibilidad e integración sectorial a las áreas urbanas. Para esto son imprescindibles acciones orientadas a corregir las deficiencias en infraestructura y en el servicio básico de transporte para crear un sistema integrado del transporte.

En este sentido los lineamientos de política en materia de transporte incluyen:

- Desarrollar importantes obras de viabilidad, incluyendo la rehabilitación, reconstrucción y mantenimiento de caminos vecinales y pavimentación de calles, carreteras y avenidas.

- Algunas de las obras de vialidad más importantes incluyen:
    - Ampliación de la carretera Navarrete-Puerto Plata.
    - Rehabilitación y ampliación de la carretera San Francisco de Macorís-
    - Nagua-Samaná.
    - Rehabilitación y ampliación de la carretera Higüey-Miches-Sabana de la
    - Mar-El Valle-Hato Mayor.
    - Ampliación y rehabilitación de la carretera Cruce de Ocoa-Ocoa-Constanza.
    - Rehabilitación del anillo carretero Cruce de Palo Alto-

Galván-Neiba-La

- Descubierta-Jimaní-Duvergé-Cruce de Barahona.
- Rehabilitación de la carretera Piedra Blanca-Maimón-Pimentel.
- Rehabilitación de la carretera Montecristi-Dajabón-Partido.
- Rehabilitación de la carretera Guayubín-Juan Gómez-Villa Sinda.
- Rehabilitación de la carretera Villa Elisa-Estero Hondo.
- Rehabilitación de la carretera Nagua-Cabrera-Río San Juan-Gaspar Hernández-Cabarete-Sosúa.
- Rehabilitación de la carretera turística Santiago-Puerto Plata.
- Rehabilitación de la carretera Moca-Jamao-Puerto Plata.
- Construcción de la nueva carretera La Isabela-Montecristi.
- Construcción de la carretera Haina-Autopista Duarte.
- Reinicio del programa de mejoramiento de puentes y de pavimentación de 1,000 kms. de calles, carreteras y avenidas y del plan nacional de rehabilitación de 6,000 kms. de caminos vecinales.
- La mejora de la carretera en la zona costera de la península de Samaná, en particular, Samaná-Las Galeras-Bahía de Rincón.
- Construcción de la autovía del Coral desde la Romana hasta Bávaro-
- Punta Cana.
- Terminación del Boulevard Turístico de Punta Cana-Macao e iniciar la parte de Macao a Miches.
- Construir la carretera desde Puerto Plata hasta Montecristi, por la Costa.
- Terminar el tramo de carretera de cuatro vías Playa Dorada-Aeropuerto
- Gregorio Luperón.

- Circunvalación de la carretera Sosúa-Gaspar Hernández, en el trayecto de Cabarete.

- Construcción carretera aeropuerto-El Catey-La Majagua a las Terrenas, por la Costa.

- Terminación definitiva de la Carretera San Pedro de Macorís-La Romana.

- Arreglo general de las carreteras: Puerto Plata-Samaná, Jarabacoa-Constanza, Higüey-El Seybo-Miches, Sabana de la Mar-Hato Mayor y Miches-Sabana de la Mar.

- Arreglar y ampliar a cuatro vías la carretera Higüey - La Otra Banda.

El programa de inversión de la red vial contempla la inversión de unos RD$7,000 millones en mantenimiento y construcción de carreteras y RD$4,000 millones en el mantenimiento y reconstrucción de caminos vecinales. En la rehabilitación de puertos se contemplan varias obras para la recuperación de la infraestructura con una inversión de 5,000 millones de pesos. En lo relativo a los aeropuertos se apoyará el proceso de privatización con consorcios internacionales para traspasar todas las actividades concernientes, administración, operación, mantenimiento y ampliación de los principales aeropuertos internacionales.

a. Reiniciar grandes proyectos viales que incluyen tramos viales, puentes y pasos peatonales.

b. Apoyar el establecimiento de un sistema integrado de transporte.

c. Crear un fondo vial especializado para mantener en buenas condiciones la red de calles, avenidas y caminos vecinales.

d. Elaborar y ejecutar planes directores de tránsito en las principales ciudades del país, que provean de anillos viales periféricos y radiales que impidan la penetración al centro de las ciudades, del tránsito de vehículos.

e. Realizar cambios institucionales y del marco legal para

concesiones de construcción y mantenimiento vial.

f. Realizar el Plan Nacional de Transporte, integrando todas las modalidades del transporte. Este plan orientará las inversiones del gobierno y del sector privado hacia aquellas obras que más contribuyan al desarrollo de Santo Domingo y que a su vez sean susceptibles de ser licitadas bajo el régimen de concesión, vale decir, rentables a medio plazo.

g. Establecer lineamientos estandarizados para el diseño de nuevas inter-secciones que prevean las demandas futuras en los cruces e intersecciones de las principales arterias viales de las más importantes ciudades del país.

h. Implementar un programa de mantenimiento vial a nivel nacional dentro de un marco de descentralización, donde la red vial del país sea clasificada y donde las diferentes entidades gubernamentales tomen responsabilidad por los tramos de vías dentro de su jurisdicción.

i. Establecer un programa de seguridad vial mediante el estricto cumplimiento de las actuales leyes del tránsito y que incluya un programa de seguridad peatonal, donde cruzar las calles y caminar en las aceras no sean actividades llenas de peligro.

j. Establecer un programa amplio de señalización en carreteras.

k. Crear un programa especial para mejorar carreteras en áreas turísticas que elimine el estado de carreteras deficientes que afecta negativamente el potencial de las áreas turísticas para el desarrollo de la inversión.

DESARROLLO SOSTENIBLE
Y GESTIÓN AMBIENTAL

La República Dominicana sufre graves problemas ambientales. Estos problemas se agudizan debido a la constante amenaza de peligros naturales como huracanes y ciclones. Algunos de estos problemas incluyen: limitaciones en la oferta de agua, erosión de los suelos debido a décadas de deforestación y prácticas agrícolas inapropiadas, deforestación como resultado de antiguas prácticas de explotación para fines energéticos o de obtención de combustibles, y la práctica tradicional de sembrar en la ladera de la montaña; daños a corales y manglares, como resultado de la actividad humana; degradación de los ecosistemas fluviales, como resultado de la minería de agregados; amenaza grave de pérdida de la flora y fauna, y de hábitats sensibles; deficiente gestión de desechos sólidos por la falta de ver-tederos regionales apropiados desde el punto de vista ecológico y contaminación de suelo y agua como resultado del uso intensivo de pesticidas.

La política de medio ambiente y recursos naturales será asumida por el Estado dominicano como un compromiso nacional y global con las generaciones presentes y futuras, condiciones estas imprescindibles para lograr a largo plazo un desarrollo integral y sustentable de toda la nación Dominicana.

Desde el gobierno se impulsará una agenda nacional ambiental y de manejo de los recursos naturales que incida real y efectivamente en los grandes ejes de desarrollo del país, como son: la calidad ambiental en que se desenvuelve nuestra población, la conservación y preservación de nuestra biodiversidad, y el uso sostenible y racional de los recursos naturales productivos. Con miras al desarrollo de estos ejes se plantean los programas, proyectos y acciones a realizar en lo adelante:

Políticas ambientales

a. Impulsar la implementación de la Ley General de Medio Ambiente y Recursos Naturales Ley 64-00, creando los instrumentos administrativos, jurídicos y económicos para su aplicación.

b. Dar cumplimiento a los convenios que ha firmado la República Dominicana en el área ambiental, especialmente los Convenios sobre: Biodiversidad, Cambio Climático, Desertificación y Sequía, Marpol, Protocolo de Montreal y CITES, entre otros.

c. Implementar planes, programas y proyectos que permitan prevenir y controlar la degradación del medio ambiente y los recursos naturales con la finalidad de impulsar el país hacia el uso racional de los recursos naturales y conducirlo hacia el desarrollo sostenible.

d. Fomentar la voluntad política y social de todos los sectores para lograr un cambio de actitud en cuanto a la necesidad de proteger el medio ambiente.

e. Establecer programas de concienciación ciudadana que disminuyan la falta de conocimiento sobre el costo social y monetario derivados de la degradación ambiental.

Ejecución de los siguientes planes y programas:

Manejo integral de cuencas

Este programa está orientado a prevenir y controlar los procesos de degradación de las cuencas hídricas en todo el territorio nacional. Las cuencas seleccionadas para la implementación del Programa Nacional de Manejo de Cuencas en los primeros cuatro años serán: las cuencas del Yaque del Norte, Yaque del Sur, Yuna y Nizao (con sus afluentes) (4,600 Km2). Estas cuencas tienen un gran valor económico y social para la República Dominicana, ya que en ellas se produce la mayor cantidad de agua que consume el país, la cual es usada para riego, producción de energía y consumo humano.

Otras cuencas a ser consideradas son las de los ríos Ozama, Haina e Isabela, con las cuales se busca garantizar el suministro de agua al Distrito Nacional y a la provincia Santo Domingo y devolver la belleza turística a la Zona Colonial.

Programa Nacional de Reforestación

Este programa se orienta al desarrollo del potencial del sector forestal para generar empleo y promover un crecimiento económico nacional sobre bases sostenibles, a fin de garantizar el disfrute equitativo de las presentes y futuras generaciones.

Plan Nacional de Ordenamiento del Territorio (PNOT)

Se formulará e implementará el Plan Nacional de Ordenamiento Territorial (PNOT), el cual servirá al Poder Ejecutivo y a los órganos rectores de la política socio-territorial, económica y ambiental para promover, regular y administrar los procesos de intervención de la base territorial y de las actividades económicas y sociales concomitantes, para de esa manera atender los fundamentos del desarrollo sostenible, así como elaborar y ejecutar los planes de ordenamiento regionales, provinciales y municipales.

Programa Nacional de Educación Ambiental y Conciencia Ciudadana

Este Programa está orientado a producir cambios de actitudes y aptitudes en la población dominicana, a fin de mantener una relación en mayor armonía con la naturaleza y contribuir con el desarrollo sostenible de la República Dominicana.

Desarrollo y protección de zonas costeras

Se requiere la construcción de una infraestructura sanitaria para la recolección y tratamiento de los residuos líquidos en los polos turísticos definidos en la República Dominicana, para esto se pueden aprovechar los recursos aportados por distintas entidades de financiamiento.

Conjuntamente se deben crear entidades operadoras de esos servicios, para mantenimiento de las instalaciones construidas y la creación de entidades reguladoras que apliquen las normas y leyes vigentes, definiendo reglas claras, para vigilar que las entidades operadoras cumplan con sus objetivos.

Por los niveles de contaminación que se ha generado en el litoral costero de República Dominicana y en los cuerpos de agua interiores como con-secuencia de la descarga en el mar de efluentes no tratados, se considera urgente la construcción de alcantarillados sanitarios en Santo Domingo, Distrito Nacional, Santo Domingo Este, San Pedro de Macorís, Bavaro – Punta Cana, Miches, Juan Dolio, Boca Chica, Samaná, Puerto Plata, Montecristi, Sosúa, Nagua, Santiago, Santo Domingo Norte y Oeste, La Vega, San Cristóbal, Jarabacoa, Las Terrenas, Najayo.

En adición se requiere la construcción de drenaje pluvial en San Pedro de Macorís, Santiago, Santo Domingo y La Romana.

Programas de saneamiento integral de arroyos y cañadas

El saneamiento integral de arroyos y cañadas que cruzan poblaciones constituye una actividad de primer orden, ya que la descarga de desecho líquido domiciliario y otro tipo de desecho los convierten en focos de enfermedades para la población. En este sentido, se considera de urgencia aplicar el programa de saneamiento en Santo Domingo, Distrito Nacional, Santiago, San Pedro de Macorís, Espaillat, Jarabacoa, Higüey, La Romana, El Seibo, Monte Plata, San Cristóbal, Moca, San Francisco de Macorís, Salcedo, Nagua, Azua, San Juan de la Maguana y La Vega.

Para la ejecución de las obras requeridas se han definido tres polos de saneamiento, desarrollo y protección del hábitat. El primero de estos polos está integrado por el Distrito nacional y las provincias de Santo Domingo, Monte Plata y San Pedro de Macorís; un segundo polo agrupa las provincias de La Romana y La Altagracia y como tercer polo se han agrupado las provincias Santiago y Puerto Plata. El monto total requerido para la ejecución de los proyectos de saneamiento, construcción de presa y provisión de agua potable en las 8 provincias señaladas es de US$554 millones.

La ejecución de estos proyectos es la garantía para contar con verdadero desarrollo sostenido en sectores que como el turismo son claves para la economía dominicana. El siguiente mapa contiene la ubicación geográfica de los Polos de Saneamiento, Desarrollo y Protección de hábitats:

Programas de saneamiento integral de arroyos y cañadas

El saneamiento integral de arroyos y cañadas que cruzan poblaciones constituye una actividad de primer orden, ya que la descarga de desecho líquido domiciliario y otro tipo de desecho los convierten en focos de enfermedades para la población. En este sentido, se considera de urgencia aplicar el programa de saneamiento en Santo Domingo, Distrito Nacional, Santiago, San Pedro de Macorís, Espaillat, Jarabacoa, Higüey, La Romana, El Seibo, Monte Plata, San Cristóbal, Moca, San Francisco de Macorís, Salcedo, Nagua, Azua, San Juan de la Maguana y La Vega.

Para la ejecución de las obras requeridas se han definido tres polos de saneamiento, desarrollo y protección de hábitat. El primero de estos polos está integrado por el Distrito nacional y las provincias de Santo Domingo, Monte Plata y San Pedro de Macorís; un segundo polo agrupa las provincias de La Romana y La Altagracia y como tercer polo se han agrupado las provincias Santiago y Puerto Plata. El monto total requerido para la ejecución de los proyectos de saneamiento, construcción de presa y provisión de agua potable en las 8 provincias señaladas es de US$554 millones.

La ejecución de estos proyectos es la garantía para contar con verdadero desarrollo sostenido en sectores que como el turismo son claves para la economía dominicana.

El siguiente mapa contiene la ubicación geográfica de los Polos de Sanea-miento, Desarrollo y Protección de hábitats:

Para el Polo de Saneamiento, Desarrollo y Protección de Hábitat I se ha planificado la ejecución de 10 proyectos dirigidos básicamente al saneamiento y abastecimiento de agua potable. Estos proyectos tienen un monto de US$230 millones e incluyen la terminación del acueducto de la zona Oriental, el reforzamiento de los subsistemas de abastecimiento de agua en varios sectores del Distrito Nacional, la construcción de los acueductos de San Pedro de Macorís, Monte Plata, Bayaguana y Yamasá, así como el alcantarillado del Distrito Nacional y de San Pedro de Macorís, entre otros proyectos.

Para el Polo de Saneamiento, Desarrollo y Protección de Hábitat II se han identificado 6 proyectos con un monto de US$24 millones, dirigidos básicamente al saneamiento de las ciudades La Romana, Higüey, Bávaro-Punta Cana, con el propósito de garantizar la sostenibilidad del desarrollo turístico de la zona.

Polo de Saneamiento, desarrollo y protección de hábitat II

El Polo de Saneamiento, Desarrollo y Protección de Hábitat III está ubicado en las provincias de Santiago y Puerto Plata. Para el saneamiento y mejoramiento de la calidad ambiental se han definido 8 proyectos con un monto de US$300 millones. Dentro de estos proyectos se incluye un nuevo acueducto para la ciudad de Santiago, la construcción de la presa de Amina, el alcantarillado sanitario de Santiago, la ampliación del alcantarillado sanitario de Puerto Plata, los alcantarillados sanitarios de Sosúa, La Isabela, Luperón y un programa de saneamiento y protección de cauce en Santiago y en Puerto Plata.

Polo de Saneamiento, desarrollo y protección de hábitat III

RECONVERSIÓN Y DESARROLLO ENERGÉTICO

Lineamientos generales

Es imposible proseguir postergando la solución de una de las principales barreras para que el país sea competitivo: el problema de la energía. Apagones interminables, tarifas elevadas y déficit insostenible revelan clara-mente que para resolver la problemática es necesario lograr su equilibrio financiero en el más breve plazo posible. Para alcanzar este objetivo debe procesarse el problema por la vertiente ingresos y también analizar los costos.

El error más grave que ha cometido la toma de decisiones con el sector eléctrico ha sido aumentar frecuentemente la tarifa como la forma más efectiva de elevar los ingresos, y con la finalidad de superar los desequilibrios financieros. Cuando se sobredimensiona el cobro de un mal servicio, los usuarios buscan la forma de evadir el pago. Además de elevar los ingresos del sector, se requiere, ofrecer un servicio eficiente, permanente y a bajo costo.

La energía debe ser suministrada a un precio justo y competitivo que tenga en cuenta la estructura de generación del país. Los subsidios a través de tarifas y del consumo en zonas deprimidas deberán racionalizarse para beneficiar exclusivamente a quienes realmente los necesitan. Para elevar los ingresos del sector a través de las distribuidoras, se requiere una combinación de tarifas más bajas y racionales y el establecimiento de tecnologías que impidan el robo y el fraude en el consumo de electricidad.

Con el respaldo de las instituciones internacionales de financiamiento se deben apoyar los esfuerzos de las empresas eléctricas orientados a la renovación y ampliación de las líneas de distribución e instalación de transformadores que eleven la eficiencia, reduzcan las pérdidas técnicas y mejoren la calidad del servicio. Simultáneamente, estimularemos un programa de instalación de medidores (contadores) a los usuarios que no disponen de los mismos, preferiblemente enmarcado dentro de un programa de contadores de consumo pre-pagado, como forma de reducir el fraude y mejorar sensiblemente el flujo de caja de las empresas distribuidoras. Las IFIs podrían apoyar estas inversiones.

Para las empresas generadoras de electricidad, se debe propiciar planes para producir cambios en el uso de los combustibles, especialmente privilegiando las Hidroeléctricas y el gas natural, con lo cual se lograría una disminución significativa en los costos de producción. Otro elemento a impulsar es la estrategia para la reestructuración de la industria eléctrica, de manera que se ahorre una parte significativa de los elevados costos existentes en el segmento de distribución. En este país tiene más sentido un esquema en el cual quien produce cobra, y no uno que delegue el cobro en otra empresa.

En algunos países, la industria eléctrica está verticalmente integrada: el generador distribuye y cobra la energía. Existen experiencias que revelan que las industrias eléctricas verticalmente integradas pueden producir ahorros significativos, lo que permitiría al sector operar con tarifas de generación y valor agregado de distribución más bajos.

Este esquema, sin embargo, requiere de una buena supervisión y regulación de la Superintendencia de Electricidad para evitar prácticas monopólicas que afecten el bienestar del consumidor. En la República Dominicana, la tarifa de electricidad que termina pagando el usuario es fijada por la Superintendencia de Electricidad. Por tanto, el temor del surgimiento de prácticas monopólicas bajo una industria verticalmente integrada, tiende a reducirse en la medida en que el órgano regulador del sector opere con independencia y transparencia.

El Gobierno evaluará la factibilidad financiera y legal de llevar a cabo una reestructuración de la industria desde el esquema actual de empresas de generación y distribución separadas a un sistema verticalmente integrado. Conjuntamente con la mejoría de la eficiencia, la calidad del servicio y la reducción en los costos de generación debe acordarse en términos beneficiosos para el país y sin atentar contra la imagen favorable que se debe ofrecer a la inversión extranjera, la terminación anticipada de los contratos con tarifas excesivas existentes a la fecha.

Una de las metas es el establecimiento de tarifas de generación de mercado, más bajas que las prevalecientes, incentivando la entrada de nuevas plantas que generen energía en forma más eficiente, que utilicen combustibles más asequibles y de menor costo, y sobre todo, aprovechando al máximo, el potencial de generación hidroeléctrico. Sumando esfuerzos públicos, privados y sociales, se mejorará el servicio de energía eléctrica, sentando las bases para la solución definitiva de este dilatado y agobiante problema.

Propuestas básicas
para resolver el problema eléctrico

Empresarios, consumidores y la sociedad en su conjunto han elevado protestas y denuncias, públicas y formales, en contra de la discrecionalidad, falta de transparencia, ineficiencia y elevados niveles de corrupción que imperan en la actual administración pública. Para evitar el inminente deterioro del mercado eléctrico y asegurar su viabilidad en el mediano plazo, se propone la implementación de políticas públicas fundamentadas en los factores que determinan el desarrollo sostenido del país, especialmente su participación en los sectores: turístico, agroindustrial y zonas francas, considerados como fuentes fundamentales del crecimiento económico.

Es reconocido, incluso por sus propulsores, que el esquema de la organización del sector eléctrico dominicano mediante el concepto de capitalización ha sido un fracaso técnico, financiero y de gestión empresarial. En consecuencia, proponemos establecer un modelo real, probado, con reglas y ordenamiento regulatorio universalmente aceptados, que garantice en el corto y mediano plazos su operatividad, autonomía y buen desempeño y que responda a las necesidades nacionales y pueda ser organizado y puesto en ejecución en breve plazo, como forma de eliminar los déficit financieros y de suministro provocados por la ineficiente capitalización, cuyos resultados han sido los siguientes:

- Ineficacia en el suministro (generación, transmisión, distribución, gestión comercial.

- Alto costo de producción y precio de venta (tarifa).

- Sistemas y procesos ineficaces de facturación y cobros.

- Alta dosis de irresponsabilidad política (discontinuidad de los planes indicativos válidos, personal incompetente y altamente politizado).

- Privatización incompleta y asimétrica, y apoyada en contratos incompatibles con la normativa del negocio eléctrico.

- Instituciones y personal regulatorio inoperantes.

- Improvisación y ensayismo patológico: permanente introducción de elementos coyunturales e imprevistos, usualmente por funcionarios in-competentes.

- Ocultamiento del mal desempeño de la gestión.

- Alta y permanente dependencia de los aportes del gobierno (subsidios no focalizados) para mantener un servicio eléctrico precario.

- Nepotismo, prevaricación, discrecionalidad, corrupción, discriminación e ilegalidad se han apoderado del sector gubernamental del mercado eléctrico dominicano corroyendo su institucionalidad en la presente administración.

Nuestro compromiso es con el desarrollo y la mejoría del sector energético dominicano, de manera sostenible y transparente, lo que podrá ser logrado mediante la ejecución de políticas consistentes mediante la expansión y crecimiento de esta industria.

A continuación presentamos propuestas de solución integral, con la intención de tomar iniciativas racionales, transparentes y normales, respetando los derechos de inversionistas dentro del marco del interés nacional, como garantía de sostenimiento de la gobernabilidad institucional, la inversión y funcionamiento del mercado.

Concesiones. Esta modalidad será desarrollada para la integración sinergética entre los sectores públicos y privados en el sector eléctrico. Para ello, en los primeros meses de gestión pública se creará el marco jurídico para la ejecución de proyectos de infraestructura bajo esta modalidad.

Se propone concesionar al sector privado la administración y desarrollo de las empresas distribuidoras (Edenorte, Edesur, Edeeste), reconociendo que el estado de desarrollo institucional del país no puede evitar que estas empresas sean afectadas por prácticas de clientelismo político, tal y como ha quedado evidenciado.

El proceso de concesión deberá realizarse mediante licitación abierta y transparente en la cual la empresa privada se hace cargo de la administración y desarrollo de las empresas distribuidoras, debidamente establecido en el contrato de concesión. La gestión de las distribuidoras por una empresa independiente de influencias e injerencias políticas contribuirá a una regulación transparente del sistema, elevará la confianza de los agentes y permitirá la realización de las inversiones necesarias para la expansión y mantenimiento de las instalaciones que el Estado no está en condiciones financieras de realizar. Una vez saneadas las empresas distribuidoras y fortalecida la regulación y supervisión del sector, se evaluará la viabilidad del doble rol de regulador y accionista del Estado en el sector eléctrico, tanto en el segmento de la distribución como el de la generación.

Nuevas inversiones. Se promoverá la ejecución de proyectos hidroeléctricos y de transmisión para facilitar el financiamiento y mitigar el riesgo de inversionistas privados en el desarrollo de centrales térmicas a gas natural y de fuentes renovables de energía.

Se ampliará la importación y comercialización del gas natural y utilizarán los 273 megavatios de turbina a gas existentes en las empresas de gene-ración capitalizadas, mediante un proceso de conversión a unidades más eficientes. El gobierno otorgará las facilidades necesarias, incluyendo ampliación de la capacidad a través de un ciclo combinado.

Se fomentará un plan de desarrollo masivo de pequeñas y micro centrales hidroeléctricas y fuentes renovables de energía con apoyo financiero del sector público como soporte energético a las instalaciones agroindustriales, las zonas francas de productos agrícolas, invernaderos, granjas, entre otras.

Contratos de Compra de Energía. Traspasar los contratos de compra de electricidad actuales del Ministerio de Energía y Minas (IPP) a las empresas distribuidoras.

Medio ambiente: un país verde. Se valorará el impacto sobre el medio ambiente de las plantas contaminantes, en comparación con aquellas fuentes de energía no contaminantes. Los efectos positivos sobre el medio ambiente se cuantificarán a fin de aprovechar los beneficios que ofrece actualmente el Protocolo de Kyoto a través de los mercados de bonos de carbono y los certificados de reducción de emisiones. Para un país en el cual el turismo es uno de los pilares fundamentales de la economía, la generación limpia produce externalidades positivas que deben ser incorporadas en la estrategia de desarrollo del sector eléctrico.

Plan indicativo. Se adoptará un plan indicativo de las nuevas instalaciones coordinado con los agentes del sector, de forma que haya una participación integral de todos en el plan de evolución del sistema interconectado, la forma de su financiamiento y el programa de reducción de las pérdidas a los niveles normales de la industria.

Cooperativas eléctricas. Proponemos establecer cooperativas eléctricas en las comunidades rurales y suburbanas gestionadas por la sociedad civil organizada, en acuerdo tripartito con las empresas distribuidoras y el gobierno, de forma que exista un real plan indicativo de compromisos y de metas alcanzables y sostenibles en el tiempo. De esta manera el subsidio a la electricidad será administrado con indicadores de desempeño y obedeciendo el concepto de "la nueva democracia" en la cual las organizaciones de base de la sociedad forman parte de la planificación y la gestión de su destino.

Precio de la electricidad. Aplicación de la tarifa técnica. El sistema de precios de la energía eléctrica en la República Dominicana no corresponde a criterios comerciales normales de estándares mundiales que faciliten o incentiven la participación de las inversiones extranjeras directas, necesarias para el sostenimiento del negocio eléctrico dominicano.

Resulta imprescindible fortalecer la prevención del fraude en el consumo de electricidad, para incidir en la reducción de la tarifa, la cual se reducirá en la medida en que aumente el número de usuarios que pagan el servicio que reciben. Al mismo tiempo, acelerar los programas de mejora de la cobranza de las distribuidoras, lo que permitirá reducir el déficit existente en el sector.

Proponemos la aplicación de la tarifa técnica, como soporte de la racionalización de los precios de venta de las empresas distribuidoras:

Clientes industriales, comerciales y residenciales. Hacemos el compromiso de reducir el precio de la electricidad a ser financiado mediante la utilización de una alta proporción de los ingresos generados por la producción de las hidroeléctricas.

Clientes de los barrios subsidiados y área rural. Se mantendrá y fortalecerá el Programa de Reducción de Apagones (PRA). Hacemos el compromiso de entregar la administración del PRA a la sociedad civil de los barrios y zona rural, organizada en forma de cooperativas eléctricas, con autonomía y de gestión propia, para que los ingresos financieros sean utilizados para la tecnificación y la mejoría de las redes e infraestructuras de cada barrio y zona. Deberá racionalizarse la tarifa social o subsidiada para beneficiar exclusivamente a los hogares de menores niveles de ingreso, así como el subsidio a los barrios carenciados para que lo reciban quienes realmente lo necesitan.

Usuarios no Regulados (UNR). El precio de la energía a los usuarios no regulados será garantizado en cumplimiento estricto de las leyes y reglamentos que lo rigen. En consecuencia hacemos el compromiso de eliminar el impuesto de 10% que se carga a los usuarios no regulados en el término de un año a partir de enero de 2021.

Regulación y Supervisión. Nos proponemos fortalecer la institucionalidad regulatoria del mercado eléctrico dominicano, mediante la profesionalización e independencia de la Superintendencia de Electricidad, de acuerdo a lo previsto en las leyes y reglamentos.

Ahorro y conservación. Se fortalecerán con apoyos financieros y facilidades extraordinarias los programas de ahorro y conservación de la electricidad como una forma productiva de mantener y desarrollar planes indicativos de crecimiento de la demanda. Se establecerá la normativa de utilización de los equipos y alumbrados eléctricos a cargo de la Superintendencia de Electricidad.

Se reorientará el uso de los fondos originados por la aplicación de la Ley 102-01, entre otros, en las siguientes acciones gubernamentales:

- Implantar celdas de combustible y/o gas natural en todos los vehículos de transporte público (OMSA);
- Universalizar el uso de bombillos de bajo consumo en los barrios subsidiados bajo el PRA;
- Abrir una ventanilla de financiamiento para proyectos privados de nuevas pequeñas hidroeléctricas, parque eólico y uso de la energía solar directa;
- Incorporar terrenos a la producción de biomasa para biocombustibles, iniciando con proyectos cuya facilidad ya ha sido estudiada;
- Incentivar el desarrollo de proyecto de generación de energía y etanol a partir de los residuos sólidos municipales, industriales, hospitalarios y agrícolas;
- Crear un fondo permanente para investigación y desarrollo en energía a través de los centros de altos estudios del país.

PROYECTOS ESPECÍFICOS

Ejecutaremos un plan de inversión en proyectos hidroeléctricos, los que se estima tienen una potencia instalada de 603.50 MW y una producción de 2,349 millones de KWH al año, con costo estimado de 1,212 millones de dólares. La ejecución de cada uno de los proyectos presentados será priorizada considerando su ubicación en relación a presas ya construidas.

En este sentido se proponen los siguientes proyectos hidroeléctricos:

* Manabao-Bejucal-Taveras: localizado entre las provincias de La Vega y Santiago para aprovechar las aguas del río Yaque del Norte. Está integrado por dos saltos hidroeléctricos con una potencia instalada de 104.8 MW y generación promedio anual de 220 millones de KWH-año.

* Las Placetas: ubicado en Santiago, incluye la construcción de dos presas, una localizada en el río Bao, en Sabaneta. La otra, localizada en el río

* Jagua, en Los Limones. Tiene dos centrales de 43.50 MW, cada una con capacidad total de 87.00 MW y una energía media de 331 millones de KWH al año. Su costo es de US$161.0 millones.

* Hidroeléctrico de Palomino: presa localizada en Boca de los Ríos, aguas abajo de la confluencia de los ríos Blanco y Yaque del Sur. Tiene una potencia instalada de 98.8 MW y produce una energía media anual de 150 millones de KWH-año. Tiene un costo estimado de US$152.0 millones.

* Hidroeléctrico El Torito-Los Veganos: ubicada en la cuenca alta del río Yuna. Consiste en la construcción de 5 presas derivadoras, la primera de ellas construida

sobre el río Yuna, la segunda construida sobre el arroyo Blanco, la tercera y cuarta se construirán sobre el arroyo Colorado y la quinta presa derivadora se construirá sobre el río Yuna, en el sitio de Los Veganos, tendrá una capacidad instalada de 14.9 MW y una producción media anual de 67.5 KWH-año. El costo estimado es de US$75.37 millones.

- Hidroeléctrico Alto Jimenoa: en la construcción de una presa de hormigón compactado localizada sobre el río La Palma aguas arriba de la confluencia con el río Jimenoa. Tiene una capacidad instalada de 30 MW, produciendo una energía media anual de 63 millones de KWH-año, y un costo estimado de US$75.0 millones.

- Básica- Jamao: localizada sobre el río Yásica, en el flanco norte de la cordillera Septentrional cerca de las ciudades de Puerto Plata y Sosúa. Consiste en la construcción de una presa con capacidad de almacenamiento de 84 millones de metros cúbicos. Tiene una capacidad instalada de 14 MW, con una producción de energía media anual de 30.8 millones de KWH-año. Suministrará agua para la producción agrícola de 2,000 hectáreas en Sabaneta de Yásica. Además suministrará agua para el abastecimiento de las poblaciones de Sosúa, Sabaneta de Yásica, Gaspar Hernández y otras comunidades. El costo estimado es de US$29.0 millones.

- Hidroeléctrico Magueyal: localizado en Azua, para aprovechar las aguas para riego que desde la presa de Sabana Yegua se transportan al Valle de Azua. Tiene una potencia instalada de 12 MW y una producción de energía promedio anual de 109 millones de KWH-año. Actualmente está en fase de construcción.

- Hidroeléctrico Los Tres Saltos del PRYN: en Mao Valverde este proyecto permite aprovechar las aguas que se dedican al riego con el canal Alto Yaque del Norte (PRYN). Estará integrado por tres hidroeléctricas, una sobre el lateral Jicomé, la segunda sobre el lateral Guayacanes y la tercera sobre el lateral Esperanza. Tiene una potencia instalada de 12 MW, con una producción de energía media anual de 76 millones de KWH-año. Actual-mente está en fase de construcción. El costo es de US$32.0 millones.

- Hidroeléctrico Alto Yuna: ubicada en aguas debajo de la confluencia de los ríos Yuna y Blanco, a dos kilómetros aguas arriba del poblado de los

- Quemados. Tendrá una central con dos turbinas de13.50 MW cada una, sumando un total de 27.00 MW, produciendo una energía media anual de 107.90 GWH. El proyecto permitirá además, adicionar una nueva turbina a la hidroeléctrica de Rincón de 10.00 MW, produciendo una energía media anual de 21.50 GWH. El costo estimado es de US$117.36 millones.

- Hidroeléctrica Pinalito: en Pinalito, en el río Tireo, aguas debajo de la confluencia del río Tireo con el arroyo Madre Vieja. Está formado por una presa de gravedad de hormigón compactado. Tendrá una capacidad total instalada de 50 MW, distribuidas en dos turbinas, generando una energía media anual de 136 GWH. El costo estimado del proyecto es de US$131.72 millones. Actualmente está en fase de construcción.

- Hidroeléctrico Masipedro: en río Masipedro, en el sitio denominado Masipedro. Consiste en una presa de gravedad de hormigón. Tendrá dos turbinas con capacidad de 8.25 MW cada una, para un total de 16.50 MW de capacidad instalada, con una producción de energía media anual de 47.83 GWH. El costo estimado es de US$46.0 millones.

- Hidroeléctrico Bonito: en río Masipedro, en el sitio denominado Bonito. Constará con una presa de gravedad de hormigón. Estará equipada con dos turbinas con capacidad de 8.95 MW cada una, para un total de 17.90 MW, y una producción de energía media anual de 53.64 GWH. El costo estimado es de US$60.0 millones.

- Hidroeléctrico Arroyo Gallo: en río Mao, aguas arriba de la presa de Monción, será construido en el río Maguá afluente del río Mao. La casa de máquina alojará dos turbinas, cada una con capacidad de 6.30 MW, para una potencia total de 12.60 MW y una producción de energía media anual de 42.05 GWH. El costo estimado es de US$35.0 millones.

- Hidroeléctrico La Diferencia: en río Amina, aguas arriba del sitio de presa de Amina, aprovechará los aportes del río Amina y del arroyo La Manacla. La casa de maquina alojará dos turbinas con capacidad de 5.50 MW cada una, para un total de 11.00 MW con una generación anual de 30.41 GWH/año. El costo estimado es de US$32.25 millones.

Hidroeléctrico Los Plátanos: en río Maimón, en el sitio denominado

- Los Plátanos, dos turbinas de 3.50 MW cada una, para un total de 7.00 MW, y una producción de energía media anual de 24.99 GWH. Tiene estudio de prefactibilidad concluido. El costo estimado es de US$52.89 millones.

- Hidroeléctrico La Hilguera: en río San Juan, aguas debajo de la con-fluencia del arroyo Gurabo y el río San Juan, aguas abajo del pueblo de La Higuera. Dos turbinas con capacidad de 7.60 MW cada una, totalizando

- 15.20 MW de capacidad instalada, y una producción de energía media anual de 57.90 millones de GWH. El costo estimado es de US$41.70 mi-llones.

- Hidroeléctrico Los Jaiminez: en Arroyo Los Gajitos, a unos 1,500 metros del proyecto La Hilguera, en la cuenca alta del río San Juan. Será una presa de gravedad de hormigón. Tiene dos turbinas de 3.20 MW cada una, para una potencia total de 6.40 MW, y una producción media anual de energía de 27.10 GWH. El costo estimado es de US$24.32 millones.

- Hidroeléctrico Hondo Valle: en Río San Juan, aguas abajo del pueblo de Hondo Valle. Consiste en una presa de hormigón compactado. Dos tur-binas, cada una con capacidad de 6.75 MW, totalizando 13.50 MW de capacidad instalada. Tiene una producción de energía media anual de 48.00 GWH. El agua turbinaza en esta central, irá al embalse de la presa de La Hilguera. El costo estimado es de US$53.06 millones.

- Hidroeléctrico Los Guanos: en arroyo Limón, en el sitio denominado Los Guanos. El arroyo Los Guanos es afluente del río San Juan. Dos turbinas de 5.60 MW cada una, totalizando11.20 MW de capacidad instalada, con una producción de energía media anual de 34.50 GWH. El agua turbina-zada en esta central va al embalse de Las Avispas. Tiene un costo estimado de US$40.47 millones.

- Hidroeléctricos San Pedro-Las Avispas: dos presas, la presa San Pedro localizada en el arroyo San Pedro, afluente del río San Juan y la presa de Las Avispas sobre el arroyo Limón, afluente del río San Juan. Se construirá un túnel de trasvase que llevara el agua desde la presa de Las Avispas hasta el embalse de la presa de San Pedro. Dos turbinas, cada una con capacidad de 9.31 MW, totalizando18.60 MW de capacidad instalada, y una producción de media de energía anual de 55.90 GWH. Tiene un costo estimado de US$63.11 millones.

- El Corte I: En el río Artibonito, próximo a la localidad del corte en la línea fronteriza con Haití. Construcción de una presa con escollera con pantalla aguas arriba en hormigón. La central alojara dos turbinas de 21.10 MW cada una, totalizando 40.80 MW de potencia insta-lada. Con una producción de energía media anual de 84.88 GWH.

- Hidroeléctrico Pedro Santana: Localizado sobre el río Artibonito, aguas arriba del puente en la proximidad de Pedro Santana. Tiene una central que alojara dos turbinas, con capacidad cada una de 2.10 MW, totalizando 4.10 MW de capacidad potencial instalada. La operación mínima de 24 horas diarias, produce 34.95 GWH.

POLÍTICA DEL RECURSO HÍDRICO NACIONAL

El objetivo básico y general de la política del Recurso Hídrico Nacional es crear la base fundamental para el desarrollo nacional y regional del país, a través del fortalecimiento, mejoramiento y ampliación de los servicios de agua potable y servida. Con ello se contribuye a lograr en el corto y mediano plazo el bienestar social y mejoramiento de la calidad de vida de los dominicanos y del medio ambiente, a la vez que se fomenta una producción agrícola nacional intensiva y de calidad con adecuado nivel tecnológico, y la generación de energía limpia, con lo que se facilita el desarrollo de sectores fundamentales de la economía como el turismo, la industria y la zona franca.

**Dentro de los objetivos específicos
de esta Política se incluyen:**

- Lograr la aplicación de los recursos hídricos en aquellas demandas que presentan el mayor beneficio económico, social y medio ambiental para el país.

- Maximizar el aporte de los recursos hídricos al crecimiento del país, a través del desarrollo de las fuentes no utilizadas existentes y del uso eficiente en los distintos aprovechamientos sectoriales en un marco de factibilidad económica.

- Disminuir el impacto de la variabilidad hidrológica (sequías, inundaciones, huracanes, etc.) en las diferentes actividades del país.

- Recuperar el pasivo ambiental existente en el país en relación con el recurso hídrico y asegurar su desarrollo sin que ello signifique un deterioro para el medio.

Como metas en el corto y mediano plazo de la Política de Recursos Hídricos se propone llevar a cabo acciones institucionales y acciones particulares para de manera prioritaria a los sectores básicos para el crecimiento económico del país:

Acciones institucionales

- Establecer y desarrollar programas de conservación de los recursos hídricos para garantizar que el agua de los ríos de alta montaña mantenga niveles constantes de flujo y calidad.

- Poner en práctica planes de gestión de las cuencas hidrográficas para proteger las cuencas y las presas construidas.

- Adoptar regulaciones de conservación del agua para garantizar que las aguas subterráneas sean reserva potable de alta calidad.

- Desarrollar vertederos sanitarios ecológicamente sostenibles y regula-dos, administrados a nivel regional, que no contaminen las fuentes de las aguas superficiales y subterráneas.

- El INDRHI, INAPA, y la SEMARENA deberán elaborar un análisis de las necesidades existentes y proyectadas de los acuíferos del país.

- Identificar las áreas de alto índice demográfico y alto uso de los recursos hídricos subterráneos.

- Identificar las zonas de descenso del nivel freático y las zonas de intrusión de agua salada para establecer medidas correctoras.

- Establecer opciones en cuanto a técnicas y regulaciones sobre control del bombeo de las aguas subterráneas y prevenir el agotamiento o contaminación por aguas saladas de los acuíferos.

- Avanzar en el fortalecimiento de las organizaciones de regantes en su capacidad técnica y administrativa, en su representatividad y en el nivel de participación en las decisiones adoptadas.

- Elaborar y poner en ejecución un programa de capacitación, a mediano y largo plazo, con el apoyo conjunto de los sectores público y privado, para mejorar la capacidad de gestión de las organizaciones, el desarrollo técnico del sector y fomentar la cultura hídrica.

Acciones relacionadas con el Sector Agrícola

- El verdadero problema que debe afrontar un Plan Nacional de Aprovechamiento de los Recursos hídricos del país es la asignación de aguas para la producción agrícola. Debido a su importancia se proponen las siguientes acciones:

- Promover la innovación, el desarrollo tecnológico y los conocimientos, que permitan optimizar el agua y la productividad en una superficie actual bajo riego de 306 mil hectáreas netas, equipadas con infraestructuras de presas, canales y drenajes;

- Ampliar en 110 mil hectáreas la superficie bajo riego;

- Incrementar la eficiencia física del agua desde el nivel actual de 25% a un 75 % para una recuperación de más de 3,500 millones de metros cúbicos anuales, que sirvan a los intereses generales del país, favoreciendo el desarrollo agrícola;

Acciones relacionadas con el Sector Turismo

- Construcción de la infraestructura básica principal de abastecimiento y saneamiento de agua en los polos de desarrollo turístico actualmente en operación, en vía de desarrollo y en los potenciales

Acciones relacionadas con el Sector Hidroeléctrico

- Impulsar un conjunto de medidas y proyectos con el propósito de activar el mercado de producción de energía hidroeléctrica. Para ello se debe acudir al mecanismo de concesiones, el cual constituye un instrumento de amplias posibilidades para el aprovechamiento de los re-cursos hídricos en la producción de energía hidroeléctrica limpia y la incorporación de más de 600 MW adicionales a la potencia instalada

- Establecer disposiciones que favorezcan con porcentajes determinados de los beneficios de la generación hidroeléctrica y con la categoría de clientes no regulados a las comunidades en las zonas de emplazamientos de los proyectos hidroeléctricos.

Sector de Agua Potable y Saneamiento

A fin de mejorar los niveles de salud y bienestar de los ciudadanos es fundamental que los ciudadanos de las zonas urbanas y rurales del país cuenten con servicios adecuados de abastecimiento de agua y saneamiento. Para tales fines se propone:

- Alcanzar una cobertura mínima de abastecimiento de agua potable d 100% y de un 50% en saneamiento y depuración.

- Reducir las pérdidas generales de un 58% a un 15% y aumentar la cobertura de medición a un 90%.

- Para ampliar la cobertura se plantea la construcción de varios acueductos.

Acciones para el Sector Medio Ambiente

En la actualidad la sustentabilidad del medio ambiente asociado al recurso hídrico no se ha abordado cabalmente, lo que ha provocado deterioro en la biodiversidad y en el valor escénico y turístico asociado a la mayoría de los cuerpos y cursos de agua.

A fin de superar reducir la contaminación urbana y rural y por tanto mejorar el ambiente y la calidad de vida de las personas, disminuyendo los riesgos de salud pública y la vulnerabilidad ante eventos climáticos extremos, y a la vez garantizar que el aprovechamiento del agua pueda beneficiar a todos los sectores productivos del país se propone:

a. Elaborar, Aprobar e Implementar Planes Directores para la Gestión Integrada de los Recursos Hídricos, los cuales tienen como objetivo de-linear una acción coordinada entre el sector público, en su calidad de ente normativo, fiscalizador y promotor e inversionista del desarrollo sectorial y el sector privado como inversionista.

b. Modificar y Aprobar el Código de Aguas

c. Modificar la Ley 64-00 en lo referente al manejo, desarrollo y conservación de las aguas subterráneas y las superficiales.

d. Modificar del Artículo 55 de la Ley de Electricidad, que limita las Concesiones en proyectos Hidroeléctricos.

e. Generar y Aplicar Normas Estrictas de Emisión de residuos líquidos a cuerpos superficiales y subterráneos de aguas.

f. Crear Corporaciones Administrativas de Cuencas como alternativas descentralizadas, participativas y autóctonas desde el punto de vista financiero para la gestión de las externalidades presentes al nivel de cuencas hidrográficas y para el desarrollo de las iniciativas de interés común.

g. Elaborar y poner en conocimiento público el Reglamento del Catastro Público de Aguas, y establecer un Centro de Información de Recursos Hídricos.

h. Establecer un Programa de Mejora, Modernización e Innovación de los Sistemas de Riegos Existentes, orientado por los principios de ahorro, eficiencia y productividad en el uso del agua.

i. Expandir en el Territorio Nacional la Construcción de las Obras Necesarias para la regulación de los volúmenes de agua que discurren por ríos, arroyos y en canales de riegos en las horas nocturnas de no uso.

j. Dar Prioridad a las inversiones en obras de propósitos múltiples, que garanticen el suministro a acueductos, sistemas de riego y control de inundaciones y conservación del medio ambiente.

k. Tomar medidas para incrementar o evitar el deterioro de la calidad del agua.

l. Realizar los estudios correspondientes con el fin de disponer para el caso de tramos de ríos y zonas de un grado alto de vulnerabilidad, líneas a lo largo de las zonas inundables las cuales sean las referencias para ubicar dispositivos laterales de protección y mantener desocupadas dichas zonas.

EN GENERAL, SE PRIORIZARÁN LOS SIGUIENTES PROYECTOS:

Innovación Tecnológica de Riego y Transformación Agrícola

El agua es un recurso imprescindible para la modernización del sector agrícola. El riego es el mejor garante de la calidad de la producción agrícola, por lo que destinar recursos públicos para conseguir una agricultura con elevado potencial competitivo es necesario en zonas donde las explotaciones agrícolas requieren la presencia del riego tecnificado para incrementar sus niveles de competitividad.

Es por esto que se ha priorizado el programa de innovación tecnológica en los sistemas de riego y la transformación agrícola. Este programa abarca una superficie de 61,200 hectáreas distribuidas en 6 sistemas de riego del país.

El programa de innovación tecnológica en los sistemas de riego tiene como objetivo pasar del método tradicional de aplicación de agua por gravedad a un riego por goteo de alta intensidad y eficiencia física, acompañado por un cambio de cultivos. Se plantea cambiar de cultivos de bajo potencial competitivo a cultivos con elevado potencial de competitividad en los mercados de exportación. Los cultivos propuestos en este programa son: Banano, plátano, tomate, mango, aguacate, cebollas rojas y hortalizas, que incluye vegetales orientales. El costo estimado para la implementación de este programa es de US$319.80 millones, a ejecutarse en un período de 48 meses. Optimización del Agua de la Presa de Valdesia

Este proyecto pretende transformar la agricultura en el área de influencia del canal Marco A Cabral y Nizao Najayo y reducir los caudales que se entregan al sector agrícola para recuperar la capacidad de generación de energía firme en la presa de Valdesia. El costo estimado de los tres componentes, acueducto, transformación agrícola y recuperación de la capacidad de generación de Valdesia es de US$112.24millones.

Aprovechamiento múltiple del río Yuna

Este proyecto de uso múltiple está definido con el esquema de aprovecha-miento de las aguas del río Yuna trasvasando los caudales de crecidas o excedentes de las aguas del río Yuna al río Jima. El proyecto contempla la construcción de la presa de Alto Yuna y dos (2) centrales hidroeléctricas, una en el sitio de Piedra Gorda y una central subterránea que generará energía co aguas proveniente tanto del río Yuna como del río Masipedro; en adición se instalará una unidad de generación adicional en la presa de Rincón.

En el orden de abastecimiento de agua y saneamiento básico el proyecto permitirá ampliar y asegurar el abastecimiento de agua potable a Bonao, San Francisco de Macorís, Salcedo, Fantino, Cayetano Germosen, Castillo, Pimentel, Las Guaranas, Villa Rivas y Hostos. En el orden agrícola, asegurará el suministro de agua para riego en la zona de La Vega y Jima y una ampliación hacia la zona de Villa Tapia que permitirá incorporar unas 8 mil hectáreas al norte del canal Camú y unas 5 mil hectáreas entre San Francisco de Macorís y Sabana Grande de Hostos.

En el orden de control inundaciones, al mejorar el grado de regulación de las aguas del Río Yuna en la presa de Hatillo, se reducirán significativamente las inundaciones que periódicamente se producen en toda la parte baja del Río Yuna y que afectan severamente la agricultura, la infraestructura básica y las poblaciones de esa región. Se incluye en este proyecto, la construcción de un canal de alivio para descargar los volúmenes de crecidas directamente a la Bahía de Samaná. El costo estimado del proyecto es de $381 millones de dólares.

Presa Río Chavon-Sanate y Acueducto La Altagracia-Bavaro-Punta Cana

Está localizado en el río Chavón, en la confluencia con arroyo La Javilla, provincia del Seibó, con una interconexión con el río Sanate. El objetivo básico de este proyecto es el aprovechamiento de las aguas con fines de suministro de agua potables a las Provincias de El Seibo e Higüey, así también a los centros turísticos de Bávaro, Punta Cana y Cap Cana. Como objetivo secundario, está el de suministro de agua con fines agrícolas. El proyecto está en etapa de estudio de factibilidad, y se estima para su construcción un costo del orden de 75.00 millones de dólares, y de 70.00 millones para el acueducto.

Presa de Amina y nuevo Acueducto para Santiago

Es un aprovechamiento de uso múltiple donde el agua tendrá un primer aprovechamiento en el abastecimiento de agua a la ciudad de Santiago de los Caballeros y comunidades aledañas, Villa Gonzáles, San José de las Matas, Amina, La Canela, La Herradura, Quinigua; un segundo aprovecha-miento en la producción de energía eléctrica, y un tercer aprovechamiento para el riego agrícola en la zona de Amina.

El proyecto contempla la construcción de una presa con capacidad de almacenamiento de 197 millones de metros cúbicos, una potencia instalada de 49.7 MW y la producción de energía media anual de 92 millones de KWh./año. El costo estimado del proyecto es US$215.00 millones.

Desarrollo del Valle de Bajabonico

Este proyecto situado en la provincia de Puerto Plata consiste en regular y aprovechar las aguas de la cuenca del río Bajabonico y sus afluentes: río Grande, río Pérez, Cabía, Caonao, Navas y Unijica. En el control de avenidas permitirá regular y reducir las inundaciones frecuentes que se producen en toda las poblaciones situadas aguas debajo de los ríos citados, incluyendo principalmente la zona de Bajabonico, La Isabela, Imbert. Con el proyecto se producirá además energía hidroeléctrica ya que el mismo tendrá una potencia instalada de 6 MW. El costo preliminar estimado es de US$77.5 millones.

Presa de Monte Grande y Sistema de riego del bajo Yaque del Sur

Este proyecto consiste en la construcción de una presa en el sitio de Monte Grande sobre el curso bajo del Río Yaque del Sur. Este proyecto de aprovecha-miento múltiple es la base fundamental para el arranque del desarrollo de una de las regiones más empobrecidas del país como es la del sur profundo integrado por las provincias de Barahona, Bahoruco, Independencia y Pedernales.

La presa de Monte Grande con una capacidad de almacenamiento de 200 millones de metros cúbicos, permitirá la explotación agrícola adecuada de 50 mil hectáreas en el Valle de Neiba y Barahona; de las cuales 22 mil hectáreas serán de incorporación nueva a la producción agrícola y a 28 mil hectáreas se le garantiza el suministro de agua. A fin de asegurar la sostenibilidad de la presa de Monte Grande se requieren realizar intervenciones hidrológicas y forestales para resolver el problema del gran volumen de sedimentos que se genera por arrastres de fondo en arroyos y cañadas en la cuenca no regulada –aguas abajo de la Presa de Sabana Yegua- y aguas arriba del sitio de emplazamiento de Monte Grande

En el abastecimiento de agua y saneamiento básico, garantiza el suministro de agua al acueducto múltiple (en fase de construcción). En el área de control e inundaciones eliminara los grandes daños que a la vida humana y animal, a la infraestructura básica y a los ecosistemas de la parte baja del río Yaque del Sur provocan las grandes inundaciones que durante la tempo-rada ciclónica se producen con mucha frecuencia en esa región del país.

El proyecto tendrá un potencial de 8 MW con una producción de 56 millones de KWH-año. El costo estimado del proyecto es de US$252.00 millones.

Proyecto Joca –Tocino –Sabana Mula

Localizado en la provincia de Comendador, tiene como objetivo principal regar aproximadamente 5,000 hectáreas en la zona de Sabana Mula, al norte del Río Macasia

Desarrollo Agrícola del Área de Influencia de la Presa de Monción

Se localiza en las provincias de Valverde Mao y Montecristi. La primera etapa comprende el diseño y construcción de los canales de riego y drena-je necesario para incorporar a la producción agrícola los terrenos ubicado entre el actual canal Mao –Gurabo y los cerros de la vertiente norte de la cordillera Central, hasta la margen derecha del río Guayubin.

La segunda etapa abarca los terrenos localizados al sur del canal Fernando Valerio, al norte de los cerros de Santiago Rodríguez, hasta su colindancia con la presa de Maguaca. El área de la primera etapa es de 4,200 hectáreas y la segunda 6,500 hectáreas, para un total de 10,700 hectáreas.

El costo preliminar estimado es de US$77.0 millones.

Presurización del sistema de riego de Constanza

Las fuentes de agua de riego del Valle de Constanza están constituidas principalmente por los ríos Constanza, Tireo y Pantufla. Debido a la reducción de sus caudales en los períodos de estiajes, los agricultores se han visto forzados a la utilización de aguas subterráneas con el consiguiente incremento de los costos en la producción agrícola y la sobreexplotación de las aguas subterráneas con una significativa alteración de la calidad de la misma. Con el objetivo de eliminar las restricciones planteadas se propone el Proyecto de Presurización de la red de riego que domina una superficie de 2,100 hectáreas.

El proyecto estará integrado por los siguientes componentes:

a. Balsas de almacenamiento en la parte alta de los ríos para regular los caudales y aprovechar las cargas hidráulica existente debido a las diferencias de alturas, para presurizar la red de riego, de manera que se pueda aplicar el agua en las fincas sin necesidad de bombeo adicional.

b. Red de riego por tuberías que conducirán el agua a presión hasta su aplicación en las finca.

POLÍTICAS PARA EL DESARROLLO DE LA CIENCIA, LA TECNOLOGÍA Y LA INNOVACIÓN

El modelo multidimensional, Estado, Estado de Derecho, Políticas económicas, Social, Ambientales y Ciencia y Tecnología garantiza el crecimiento económico en un mundo cambiante; y mejora al mismo tiempo las condiciones para disminuir los niveles de pobreza. Debido a esto se requiere que la generación y aplicación del conocimiento científico tecnológico sea un componente esencial del desarrollo nacional.

Las acciones que se han venido realizando hasta ahora, aunque individualmente pueden considerarse como exitosas, han tenido un alcance limitado, con una baja eficiencia en la inversión. En este sentido se propone un programa de desarrollo científico- tecnológico, que sea Integral, Sostenible y Sinérgico. Este programa tendrá los siguientes componentes:

- Conocimiento para el desarrollo sostenible:

Este Programa incidirá principalmente en varios frentes a fin de incorporar la ciencia y la investigación en diversos sectores, incluyendo recursos naturales, medio ambiente urbano, servicios sociales, producción y energía. En este sentido se apoyarán las investigaciones y el trabajo conjunto de las diversas entidades y organizaciones de la sociedad civil orientados a la búsqueda de soluciones y mejoras tecnológicas que pudieran incidir en el mejor uso de los recursos naturales, la conservación del medio ambiente y el desarrollo de los sectores productivos del país.

- GESTION DEL TALENTO HUMANO

Se aplicará un programa específico para la formación del talento humano para la investigación y el desarrollo de tecnologías aplicadas, que actuará como un capital y humano semilla para irradiar su impacto a toda la nación. Un subprograma del mismo, será el financiamiento de pasantías, principalmente en el exterior, para acelerar la asimilación y transferencias de tecnologías necesarias.

- Acciones institucionales

a. Revitalizar la cúpula de planificación y decisión de las acciones en el campo de la ciencia y la tecnología.

b. Reforzar el segmento de investigación creando unidades temporales para atender problemas zonales o regionales, ya sea para investigación o para transferencias de tecnologías.

c. Provocar una alianzas con las unidades privadas que tratan problemas sociales específicos, multiplicando resultados como efecto de la suma de esfuerzos y la eficacia de los recursos asignados

d. Asumir el vínculo universidad aparato productivo estado, identificando roles y apoyos necesarios para asignar recursos a proyectos específicos.

e. Apoyar la creación o consolidación de centros regionales con proyectos específicos que permitan acceder a soluciones de los problemas de sus entornos.

Desarrollo de la tecnología de la información y el conocimiento

La República Dominicana tiene una vasta y avanzada infraestructura instalada que le puede permitir cubrir una parte importante de su geografía nacional con servicios de TIC. Sin embargo existe una importante brecha entre las provincias dominantes económicamente y aquellas que no han sido beneficiadas por el desarrollo, así como entre las zonas urbanas y las zonas rurales.

Para continuar el fortalecimiento del sector nos hemos propuesto realizar desde el gobierno, las siguientes políticas y acciones:

a. Garantizar, en áreas rurales y urbanas de bajos ingresos, la posibilidad de acceso a un servicio mínimo y eficaz de telefonía, a precios asequibles.

b. Promover la prestación de servicios de telecomunicaciones con características de calidad y precio que contribuyan al desarrollo de la actividad productiva.

c. Asegurar el correcto funcionamiento del mercado con imparcialidad y capacidad garantizando la solución de los conflictos entre las empresas del sector

d. Fundamentar el desarrollo de las telecomunicaciones en la autonomía del INDOTEL a través de una legislación que asegure su independencia funcional, Técnica, Administrativa y Financiera. La independencia del Órgano Regulador es la base fundamental para promover la seguridad y confianza de los inversionistas del sector privado.

e. Encaminar iniciativas de integración, dentro de un mismo dispositivo de telecomunicaciones, de tecnologías inicialmente identificadas con servicios específicos. El proceso de integración tecnológica permitirá que las tecnologías de las computadoras, las televisiones, los aparatos telefónicos y las redes de datos se combinen para ofrecer dispositivos multimedia capaces de identificar y procesar señales asociadas a distintos servicios de telecomunicaciones, lo que redundara en una deducción de los precios para los suscriptores.

f. Impulsar el desarrollo de la telefonía IP y la convergencia.

g. Fortalecer y crear infraestructuras de acceso al conocimiento y disponibilidad de información para garantizar el acceso igualitario a la información para todos.

h. Apoyar la elaboración e implementación de iniciativas vinculadas a la Tecnología de la Información y del conocimiento.

i. Apoyar la construcción del NAP del Caribe, con el cual se mejorará la conectividad, acceso y promoción de la Tecnología de la Información y el Conocimiento convirtiendo al país en uno de los puntos más atractivos para las empresas de alta tecnología que requieran del uso intensivo de las telecomunicaciones.

j. Construir otros Institutos de Tecnología con el objeto de eliminar lo más posible la brecha digital y permitir el acceso a la Tecnología de la Información y el Conocimiento a la mayor cantidad de estudiantes calificados y certificados.

POLÍTICA CULTURAL

Las políticas públicas culturales deben orientarse al logro de objetivos y metas a mediano y largo plazo sobre la base del desarrollo y calidad educativa, como resultado de la expresión democrática del consenso obtenido de los principios de libertad de expresión y de creación, con una amplia participación ciudadana en la definición de planes e instrumentos que aseguren la continuidad, expresa en las consultas que dieron origen al Plan Decenal de Cultura.

La cultura es un derecho Constitucional y universal. Un derecho de todos los dominicanos. A fin de que todos puedan ejercer ese derecho a plenitud, se requiere descentralizar y democratizar la cultura, a partir de sus estamentos hegemónicos. La base fundamental de la identidad nacional es la cultura tradicional. La participación, capacidad creativa y de adaptación son rasgos de nuestras comunidades populares, que han servido al proceso de construcción del régimen de libertades democráticas, del que hoy disfrutamos.

Esta vision país tiene como objetivo revalorizar las manifestaciones de la cultura popular dominicana, como parte del proceso creador, democrático y colectivo de integración e identidad del pueblo dominicano.

Al tenor de las directrices marcadas por el Plan Decenal de Cultura, proponemos a la Nación las siguientes medidas:

- Fortalecimiento institucional

a. Modificar y reestructurar la Ley de Cultura (41-00), con la intención de que nuestras instituciones e iniciativas respondan a los avances de la sociedad del conocimiento, la competitividad, la globalización y la economía del siglo XXI y permitan colocarnos, impulsando nuestra Marca País, como elemento líder de nuestra identidad.

b. Reapertura del Instituto Superior para las Bellas Artes, que permita el paso a un nivel superior de preparación a los hacedores de cultura.

c. Categorizar los centros culturales provinciales para que conformen la red de liceos culturales cuyos egresados alimentarán la matrícula del Instituto Superior de Bellas Artes.

d. Rescata y rediseñar las Bandas de Música Municipales, en coordinación con los ayuntamientos municipales.

e. Crear de bandas y orquestas sinfónicas regionales de música.

f. Crear, rescatar y rediseñar las Academias de Música, lo que permitirá la calificación de nuestros ritmos y creaciones.

g. Conformar y fomenta las Industrias Culturales.

h. Crear talleres y escuelas para la construcción y reparación de instrumentos musicales, para facilitar el equipamiento y mantenimiento a bajo costo de la enseñanza musical.

i. Rescate nacional de todas las instituciones históricas, científicas y bibliográficas.

j. Crear el Plan Nacional de Artesanía, que conlleve a rescatar viejas artesanías dispersas en algunas regiones del país y al mismo tiempo revalorice nuestras labores artesanales como manifestación de nuestra identidad nacional y se constituya en oferta tanto al mercado nacional como el internacional.

k. Reorientar la fabricación de artículos artesanales cuya materia prima está en vía de extinción.

l. Poner en marcha un gran plan de Talleres Artísticos y Artesanales, que de manera permanente incentive el intercambio cultural.

m. Plan Nacional de rescate y desarrollo de los Museos Nacionales.

n. Política de rescate de nuestros tesoros subacuáticos.

o. Crear un sistema de monitoreo estadístico de la actividad cultural, acordado con los hacedores de cultura, que facilite el conocimiento y dimensión del aporte de la cultura a la economía del país y las actividades económicas que producen bienes y servicios destinados a la cultura.

p. Desarrollar un Sistema Integrado de Información Cultural, que mantenga datos comparables internacionalmente.

- Estructuras físicas

a. Construir un gran Recinto Ferial y de Convenciones, en el cual se realicen además de las actividades del ministerio de Cultura, las convenciones, ferias y eventos nacionales e internacionales de cara a la capitalización del turismo de convenciones en la región del Caribe.

b. Edificar una nueva sede para el ministerio de Cultura, en la que se concentren las principales dependencias permitiendo un mayor nivel de eficiencia y funcionabilidad.

c. Construir 32 Multiusos Culturales en todos los municipios cabecera de las provincias, en interés de impulsar el desarrollo de la cultura en todos los niveles.

d. Construir un Recinto Sinfónico, con su respectivo teatro y salón acústico.

e. Remodelar y reequipar la Plaza de la Cultura, para mantener nuestro principal centro cultural en óptima condiciones.

Patrimonio monumental

Creación del Plan Nacional de Estatuaria, con el fin de replicar nuestros grandes héroes, gestas, epopeyas y glorias, permitiendo así, el desarrollo de esta modalidad en toda la nación.

Rescate y mantenimiento de todos los monumentos e instalaciones culturales nacionales.

Fomentar y respaldar la investigación arqueológica, histórica, musical y folklórica, en interés de aumentar nuestro acervo cultural.

Crear el Fondo Estatal de adquisiciones patrimoniales, conformado por aportes públicos y privados, por herencias no reclamadas y un porcentaje de los bienes nacionales enajenados, reinvirtiendo regionalmente los recursos correspondientes.

Reformar la Ley de Patrimonio Monumentales, modernizando su gestión y asegurando la conservación de los edificios de valor histórico o artístico, promoviendo su reciclaje y brindando adecuado apoyo a los propietarios.

-   **Promoción cultural**

a. Rediseñar de la Política Comunicacional de Cultura, de modo que contemple la modernización tecnológica.

b. Fortalecer la actividad cultural y artística en las provincias fronterizas, que refuercen la identidad nacional.

c. Internacionalizar nuestra cultura e instituciones culturales, para participar en el mundo global difundiendo nuestros valores.

d. Plan general de desarrollo cultural del Servicio Exterior, propiciar que las manifestaciones culturales nacionales en el exterior sean avaladas por el ministerio Cultura.

e. Plan Nacional de Animación Cultural, para promover la cultura popular.

f. Redimensionar la Editora Nacional de modo que garantice la memoria histórica y bibliográfica de nuestra identidad.

g. Adoptar una política nacional del libro y la lectura, que facilite el acceso a los libros y fomente la lectura.

h. Entregar material gratuito a estudiantes más necesitados.

i. Crear programas en conjunto con la industria para expandir el mercado.

j. Aplicar un modelo de apoyo estatal, lógica de mercado y una combinación de instrumentos de promoción artística e instrumentos de fomento productivo.

k. Fortalecer las bibliotecas a nivel municipal, barrial y de establecimientos educativos.

l. Fortalecer el sistema de bibliotecas públicas y el de bibliotecas móviles en cada provincia.

m. Fortalecer el apoyo a ferias de libro a nivel internacional, regional y nacional

n. Programa de incentivos y becas a escritores, académicos e investiga-dores.

o. Construir los "Murales de la Patria", creando una cultura que lleve nuestra expresión plástica a todos los edificios públicos del país, facilitando el relanzamiento de nuestras artes, nuestros valores históricos y cívicos, como elementos de reafirmación de la identidad nacional.

- Turismo cultural

a. Establecer un Plan Nacional de Turismo Cultural, que favorezca la valoración de los sitios y rutas patrimoniales de carácter histórico, artístico, arqueológico y natural, especialmente de los declarados y postulados Patrimonio de la Humanidad.

Cine

b. Crear una Cineteca Nacional basada en preceptos legales con fondos adecuados que permitan crear las bases del desarrollo del cine dominicano.

c. Promover en la Ley de Cine más plazos, como instrumento
    que norme las actividades y garanticen el impulso de esta
    actividad cultural.

- Medio Ambiente y cultura

a. Elaborar planes de concientización conjuntamente con el
    ministerio de Medio Ambiente, que formen un dominicano
    que intercambie con la naturaleza, de tal manera que disfrute
    de ella, sin provocarle daños.

b. Crear grupos de seguimiento y ejecución de políticas
    culturales y ambientales, que impidan violaciones en las
    construcciones de obras culturales con materia prima en
    vía de extinción o uso restringido, así como actividades
    culturales que produzcan impacto negativo que pongan en
    peligro nuestro patrimonio.

- Industria cultural

Fomentar el desarrollo de la industria cultural nacional
incorporando a la economía dominicana en un modelo industrial
pujante y moderno, las actividades del sector informal, mediático
y digital, con el interés de relanzar la industria del cine, editorial,
artesanía, discográfica, televisiva, así como las relacionadas con el
espectáculo, las artes gráficas y visuales.

- Cooperación cultural

Ampliar los acuerdos de cooperación existentes con los bloques
regionales del Caribe, los cuales promueven escuelas culturales,
en base a las tradiciones y el folclor regional.

- Patrimonio oral o intangible

Identificar grupos o manifestaciones culturales autóctonas y únicas

TRANSFORMACIONES INSTITUCIONALES

Independencia de los Poderes del Estado

El fortalecimiento de nuestro Sistema Judicial es un requisito para mantener la seguridad jurídica, requisito fundamental para la existencia de instituciones democráticas. La seguridad jurídica es el respeto a la garantía constitucional, producto de una administración de justicia pronta, eficiente, legítima y racional.

Si bien se han hecho algunos avances importantes, es fundamental garantizar la independencia y la separación de los poderes del Estado. Esta se ha visto afectada, entre otros factores por recortes presupuestarios que han afectado la funcionalidad y la ejecución de los proyectos orientados al mejor funcionamiento del Poder Judicial. En este sentido, el Estado está en la obligación de garantizar una buena y sana administración de justicia, la cual tiene sus fundamentos principalmente en la autonomía económica del Poder Judicial.

Para el logro de una óptima administración se proponen las siguientes acciones:

a. Someter a la consideración del Congreso Nacional un proyecto de Re-forma Constitucional para consagrar constitucionalmente el porcentaje sobre el presupuesto nacional que debe recibir el Poder Judicial.

b. Respaldar los esfuerzos que realiza la Suprema Corte de Justicia tendentes a la actualización de todos nuestros códigos, así como el fortalecimiento de la Escuela Nacional de la Judicatura y la Escuela del Ministerio Público.

c. Fortalecer la Escuela del Ministerio Público, para garantizar que los miembros de dicho ministerio serán formados dentro del rol que deben desarrollar en el ejercicio de sus funciones.

d. Reformar el sistema penitenciario, con el objeto de lograr que los internos en tránsito por nuestras cárceles sean completamente rehabilitados para su reingreso a la sociedad.

e. Apoyar la iniciativa de la Suprema Corte de Justicia para modificar la ley 25-orgánica de nuestro más alto Tribunal de Justicia, tendente a la creación de una 4ta. sala dentro del indicado tribunal para conocer únicamente de las acciones de inconstitucionalidad que se intenten por vía directa y los recursos de apelación en materia de hábeas corpus y de amparo.

f. Profundizar la reforma judicial, permitiendo las comisarías de familia con facultades de mediación y conciliación para interceder en conflictos entre vecinos y familiares.

Las Fuerzas Armadas y la Policía Nacional

La Constitución establece en su artículo 93 "Las Fuerzas Armadas son esencialmente obedientes y apolíticas, y no tienen, en ningún caso, facultad para deliberar. El objeto de su creación es defender la independencia e integridad de la República, mantener el orden público y sostener la Constitución y las Leyes". Las Fuerzas Armadas podrán intervenir, por instrucciones del Poder Ejecutivo, en programas de acción cívica y en planes destinados a promover el desarrollo social y económico del país.

En este sentido, es importante desarrollar desde el gobierno una política militar que proteja la integridad de la ciudadanía y garantice la soberanía e independencia del país, garantizando además la seguridad territorial y la seguridad jurídica de la República. Esta política implicará necesariamente un proceso de transformación de las Fuerzas Armadas para que puedan cumplir en mejores condiciones con la misión que la Constitución de la República establece.

Los esfuerzos del gobierno que inició el 16 de agosto del 2020, estarán dirigidos a implementar medidas y asignar recursos para:

a. Convertir las Fuerzas Armadas en un organismo de alta profesionalización y tecnificación, con alta capacidad de disuasión, y una mejor dotación de equipos.

b. Reforzar el mantenimiento de la absoluta apoliticidad de las Fuerzas Armadas, con estricto apego a la Constitución de la República, a su Ley Orgánica, a la preservación de su estamento militar, y al respeto y cumplimiento de su escalafón.

c. Crear nuevos centros de enseñanzas a nivel medio y superior, con la finalidad de que los soldados y oficiales estén en mejores condiciones para cumplir sus responsabilidades y participar al mismo tiempo del desarrollo nacional.

d. Impulsar y procurar un progresivo mejoramiento de todos los servicios destinados a elevar el nivel de vida de los militares, tales como el transporte, aprovisionamiento de ropa, zapatos, útiles educativos, recreación y, en particular, el mantenimiento óptimo de los servicios.

e. Aprovechar al máximo las becas y los acuerdos bilaterales y multilaterales de carácter internacional que faciliten el entrenamiento y capacitación del personal calificado.

f. Fortalecer el desarrollo de los deportes y la formación de atletas militares a nivel de competencia nacional e internacional y promover el arte en todas sus manifestaciones.

g. Fortalecer el papel de las Fuerzas Armadas en la lucha contra el narcotráfico y en la preservación del medio ambiente y los recursos naturales.

h. Comprometer también a la incorporación en calidad de fuerzas auxilia-res, de los veteranos de las Fuerzas Armadas y la Policía Nacional que, previa comprobación de sus condiciones morales, prestarán servicios complementarios en la lucha contra la delincuencia y el narcotráfico y la preservación del medio ambiente, y del orden público, siempre bajo la conducción de la jefatura de las instituciones castrenses.

i. Ejecutar un amplio programa de becas educativas para sus hijos y familiares.

Por otro lado, la Policía Nacional recibirá el mismo tratamiento que las Fuerzas Armadas en materia de modernización, compensación salarial y otros servicios y facilidades para elevar el nivel de vida y garantizar condiciones óptimas para cumplir con su misión de institución de orden público. De manera particular se propone:

1. Estimular y apoyar una adecuada coordinación entre la Policía Nacional, el Poder Judicial, el ministerio de Interior y Policía y otros cuerpos de seguridad del Estado para prevenir y combatir la delincuencia, el crimen y la violación a la Ley.

2. Canalizar recursos para la tecnificación y fortalecimiento de unidades destinadas a prevenir y combatir las nuevas modalidades de crimen organizado que se presentan en la sociedad, así como prevenir y combatir el tráfico y consumo de drogas.

LINEAMIENTOS GENERALES DE LA POLÍTICA EXTERIOR Y LAS RELACIONES INTERNACIONALES

Este Plan de Gobierno asume con plena conciencia la magnitud del compromiso y el reto que enfrentan ante la urgencia de cambio y transformaciones sustanciales que demanda la política exterior dominicana y los instrumentos gubernamentales que la facilitan. Los lineamientos estratégicos que normarán este Programa, se orientan en las siguientes ejecutorias:

a. Desarrollar una política exterior orientada a la defensa de los intereses fundamentales de la República Dominicana, enfatizando la protección universal de los derechos humanos y la autodeterminación de los pueblos, sobre la base de los principios del respeto recíproco y de igualdad jurídica entre los Estados y Naciones, e igualmente honrando los compromisos bilaterales y multilaterales contraídos por el Estado.

b. Realizar un proceso de reingeniería en el ministerio de Relaciones Exteriores, con miras a transformarla en una eficaz maquinaria al servicio del desarrollo nacional, adecuada estratégica y estructural-mente a esos fines.

c. Proveer el ministerio de Relaciones Exteriores de la capacidad para enfrentar de manera efectiva los retos y oportunidades que plantean las relaciones internacionales actuales, en cuanto a la globalización de la economía; el acceso generalizado a fuentes de información y nuevas tecnologías; los sistemas internacionales de integración; los acuerdos multilaterales; los tratados comerciales; los flujos migratorios; así como el flagelo de las nuevas amenazas colectivas, que reclaman soluciones conjuntas de la comunidad de naciones.

d. Redefinir la misión de la cancillería para adecuarla al trabajo consonante con los ejes fundamentales del desarrollo nacional, sirviendo de so-porte para su promoción y fortalecimiento, estableciendo sólidos mecanismos de cooperación interinstitucional que garanticen, en su ámbito, la promoción de inversiones, la transferencia de tecnología, las oportunidades comerciales, el turismo, la promoción de la marca nacional, la protección de la diáspora dominicana y la difusión de nuestros valores culturales en el exterior.

e. Enfatizar la formación, especialización y evaluación permanente de sus recursos humanos, con el propósito de garantizar niveles adecuados de eficiencia en el desempeño de sus responsabilidades.

f. Implementar una estricta selección del personal de las sedes diplomáticas y consulares, adecuada a las especificidades de nuestras relaciones y a los objetivos en cada misión, propiciando los instrumentos pertinentes a la evaluación de la gestión y el desempeño de los funcionarios.

g. Aplicar una agenda de inspección y contraloría para las sedes diplomáticas y consulares, a fin de evaluar la eficiencia de su desempeño y la pulcritud de su gestión.

h. Explorar nuevos horizontes geográficos que nos permitan ensanchar el ámbito de las relaciones internacionales, abriendo nuevas y diversas oportunidades.

i. Promover e impulsar la integración económica global, en particular con los países de nuestro hemisferio, aprovechando los esquemas regionales, sub-regionales y bilaterales de preferencias comerciales.

j.   Reforzar y consolidar la presencia y la participación del país en los organismos mundiales, regionales y especializados de las naciones unidas y la Organización de los Estados Americanos propiciando unas relaciones tendentes a consolidar un marco de cooperación en beneficio de nuestros intereses particulares en el ámbito de competencia de cada uno de ellos.

k.   Propiciar la Cooperación Internacional recíproca, para fortalecer la transferencia tecnológica, el intercambio cultural y el desarrollo sostenible.

l.   Promover la instauración y preservación de la democracia política, como medio de garantía al Estado de Derecho y al ejercicio pleno de las libertades individuales y colectivas de los ciudadanos de nuestro Continente y del mundo.

m.   Promover la democracia económica, con igualdad de oportunidades, con respeto a los valores fundamentales de los ciudadanos y a sus diferencias intrínsecas, con miras a alcanzar una adecuada distribución de la riqueza, y vía consecuente que coadyuve al compromiso y los plazos establecidos para la erradicación de la pobreza.

n.   Concertar las acciones apropiadas que conduzcan a paliar las causas que generan los flujos migratorios, originados principalmente en la des-igualdad, la pobreza, la marginalidad y en la falta de oportunidades en países con economías deprimidas, o en donde las garantías políticas y los derechos humanos se han visto conculcados.

o.   Revisar y adecuar el ámbito de las relaciones con la República de Haití, dentro del marco de la conveniencia mutua, principalmente en el área migratoria, el intercambio comercial, desarrollo industrial, la conservación de recursos naturales y el desarrollo fronterizo.

p. Implementar los mecanismos legales e institucionales que garanticen el respeto a los derechos de los dominicanos de la diáspora. Para estos fines se estimulará el registro de los mismos en las embajadas y consulados, al tiempo que se promoverá la estructuración de organizaciones que permitan encauzar hacia los estamentos del Estado las iniciativas que resulten beneficiosas para su interés particular y colectivo.

q. Promover la participación de los dominicanos de la diáspora en las decisiones que les vinculan y enfatizar el ejercicio de sus derechos ciudadanos dondequiera que se encuentren.

r. Crear una unidad operativa que permita apoyar a los dominicanos residentes en el exterior en sus necesidades, facilitando el retorno de los mismos y su incorporación al aparato productivo nacional.

Por otro lado, en el marco de las relaciones de la república dominicana con la república de Haití se proponen las siguientes acciones:

a. Elaborar una política de Estado que norme las relaciones dominico-haitianas y que abarque los aspectos históricos, políticos, económicos, migratorios, medioambientales, culturales; y que estimule y profundice los intercambios a nivel de los dos pueblos, sin desmedro de los derechos humanos y de las soberanías de ambos estados.

b. En el marco de las conveniencias geopolíticas, se propone revitalizar las relaciones de la República Dominicana con la República de Haití en términos de las relaciones comerciales; la cooperación para el desarrollo industrial, la agropecuaria, la preservación y desarrollo del medio ambiente y los recursos naturales, la educación, la cultura, proyectos hídricos, y otros.

c. En el plano migratorio los esfuerzos gubernamentales se orientarán a mantener un eficiente y permanente control fronterizo y migratorio para impedir la inmigración ilegal.

d. Iniciar las gestiones internacionales necesarias para fortalecer y acelerar los programas de conservación de los recursos naturales entre la República Dominicana y la República de Haití. Además, con la cooperación de otros países, se ejecutará un intenso plan de reforestación, manejo de aguas, producción agrícola, electrificación, procesos agroindustriales.

e. Aplicar una política migratoria de respeto recíproco, con principios claramente establecidos y de controles transparentes del proceso migratorio entre ambos países, al interior de una firme intención de consolidar

f. Los lazos de amistad, fraternidad y solidaridad que debe primar entre los dos pueblos, tomando en cuenta la Ley 258-04, sobre migración, previa elaboración de su reglamento de aplicación.

g. Coordinar con el gobierno de Haití gestiones encaminadas ante organismos internacionales para acelerar la ejecución de programas de solidaridad y colaboración internacional, apoyando en todo momento los esfuerzos de institucionalización y democratización internos de Haití; así como los proyectos y programas dirigidos a considerar la educación, la reforestación, manejo de agua, producción agrícola, electrificación y zonas francas industriales.

h. Preparar, con técnicos de ambos gobiernos, una propuesta educativa de carácter integral, con perfiles multicultural y multilingüe, estableciendo centros educativos binacionales que provean a los habitantes de la frontera con la capacitación y formación técnica inherente a los medios de producción establecidos y en proceso de desarrollo.

i. Establecer un programa de incentivos al intercambio de productos que sean generados en la franja fronteriza previamente establecida, con énfasis en la producción agropecuaria y en la defensa del medio ambiente y los recursos naturales. Igualmente, mejorar el programa de incentivos aduanales para el intercambio comercial general.

j. En la zona fronteriza se procurará establecer dos zonas de libre comer-cio, donde se expendan productos mutuamente convenidos por ambas naciones con el objetivo de dinamizar la economía de la zona fronteriza y regular el comercio informal que se realiza entre los comerciantes de ambos lados.

k. Se propondrá la formalización de un amplio acuerdo de preferencias recíprocas, cuya intensificación pueda dar paso a esquemas de cooperación sectoriales más definidos y permanentes.

l. Reactivar y dotar a la Comisión Bilateral Dominico-Haitiana de un mecanismo ejecutivo estable y eficiente que garantice la continuidad operativa de la misma, así como la ejecución de los acuerdos vigentes dentro de un Plan Maestro diseñado al efecto, con espacio físico laboral establecido de manera descentralizada.

m. Promover la instalación de una red de clínicas y hospitales fronterizos que cubran las necesidades de ambas naciones en materia de medicina preventiva, obstetricia, ginecología y atención infantil; así como ofrecer el servicio de registro civil en los establecimientos hospitalarios a los neonatos de ambos países, respectivamente, en condiciones previamente acordadas.

n. Estructurar e implementar programas de desarrollo y protección al medioambiente, con énfasis en lo hídrico, forestal y sanitario, en beneficio de ambas naciones por igual.

POBLACIÓN, DESARROLLO Y FAMILIA

Las acciones de esta vision país están orientadas a impulsar la formulación de e implementación de políticas integradas de población y desarrollo, con énfasis en la modificación de las criticas condiciones de vida prevalecientes en amplios extractos sociales y áreas del territorio nacional.

El eje central de este enfoque integrado de población y desarrollo lo constituirán las políticas de empleo productivo y de gastos públicos social. El primer eje deberá asegurar el aumento sostenido de la producción nacional de bienes y servicios económicos, y también el acceso creciente a los mismos por parte de la fuerza de trabajo existente y proyectado y de su dependiente, mediante la creación de empleo estable y adecuadamente remunerado.

El segundo eje, a su vez, propenderá a la extensión de la cobertura y el mejoramiento de la calidad de los programas sociales del Estado, garantizando de manera especial la debida atención a los sectores más desfavorecidos

Mujer, juventud, deportes y recreación Mujer y desarrollo

El gobierno propiciará la igualación de los derechos entre hombres y mujeres, y realizará los esfuerzos pertinentes para que desaparezcan todas las barreras y prejuicios que se oponen actualmente a la justa e igualitaria integración de la mujer a la tarea del desarrollo.

En este sentido ratificaremos y respetaremos los Convenios y Acuerdos internacionales relativos a la eliminación de la discriminación contra la mujer, y crearemos las condiciones para que las estipulaciones y consignaciones en dichos Convenios y Acuerdos sean realidad en el país. La política sobre la mujer involucrará, dentro de otras, las medidas y acciones específicas que aparecen a continuación:

a. Aumentar la participación de la mujer en las diferentes instancias y niveles en los organismos e instituciones de dirección y decisión del gobierno, en los puestos de dirección y ejecución. b. Establecer y res-petar el principio de igual trabajo igual remuneración, y velaremos por-que los puestos sean otorgados en función de la capacidad, sin tener en cuenta el sexo.

b. Garantizar la igualdad de oportunidades de las mujeres en el acceso a todas las formas de enseñanza, a todas las modalidades de formación educativa, en el plano intelectual, científico y cultural, y a todos los tipos y niveles de formación: primaria, secundaria, universitaria, vocacional y técnica.

c. Fomentar alternativas de empleo y promoción laboral para la mujer en igualdad de condiciones y apoyaremos la instalación de escuelas vocacionales donde la mujer pueda recibir formación que le facilite su integración al mercado de trabajo.

d. Brindar asistencia, orientación y asesoramiento a mujeres en áreas críticas: jurídica, económica, psicosocial, educativa entre otras, poniendo especial énfasis en combatir y enfrentar la violencia y la discriminación contra la mujer.

e. Establecer programas específicos orientados a promover la organización de la mujer en diversas modalidades y a elevar sus niveles de educación formal e informal, administradas por asociaciones de mujeres que fomentará el desarrollo de medianas y pequeñas empresas en diversos ámbitos productivos.

f. Combatir los estereotipos sexistas en los libros de texto y el currículo escolar, a través de la revisión de los materiales didácticos y de los planes y programas de estudios. Asimismo, auspiciaremos el desarrollo de nuevas actitudes valorativas hacia la mujer en el profesorado, a través de la formación inicial y la capacitación y sensibilización continua.

g. En correspondencia con la estrategia de empleo productivo, seguridad social y combate a la pobreza, se pondrá particular interés al desarrollo de planes y mecanismos de protección social que favorezcan a la mujer y sus hijos, fundamentalmente a las madres cabeza de familia, en los niveles de mayor pobreza y marginalidad urbana y rural.

Política de la Juventud

Uno de los sectores más desfavorecidos de la sociedad dominicana es el de la juventud. Es por eso que, en el contexto de la propuesta de modernización de la sociedad y del Estado dominicano que proponemos, la juventud ocupará un lugar protagónico como agentes sociales del cambio. Los jóvenes constituyen el futuro de la sociedad, y representan el principal recurso humano que el país posee.

A fin de enfrentar los problemas que afectan el desarrollo y la inserción productiva de los jóvenes se proponen acciones en educación, inserción laboral, salud, participación social, deportes y recreación. En el contexto que hemos descrito la política del Gobierno hacia la juventud se centrará en los siguientes aspectos:

a. El empleo juvenil es uno de los aspectos que mayor atención requiere, debido a que los jóvenes dominicanos se incorporan a muy temprana edad al mercado laboral y sin ninguna preparación. Entre los jóvenes de escasos recursos el trabajo se convierte en un verdadero obstáculo para su desarrollo personal y social. Por esta razón es que en la estrategia del empleo productivo que proponemos la juventud y la mujer dominicana constituirán los sectores prioritarios.

b. Se buscará reducir el desfase existente entre la educación formal y el mercado de trabajo. Para lograr este objetivo se estimulará la educación en ciencia y tecnología en los niveles medios y secundarios, dando especial atención a la informática y a la educación vocacional. En este Último sentido se ofrecerá todo el apoyo a los politécnicos y escuelas de formación (Loyola, ISA, INFOTEP, entre otros.)

c. Se estimulará a las instituciones, públicas y privadas que ofrecen capacitación y formación laboral a que realicen acuerdos con las asociaciones de empresarios e industriales, de manera que los jóvenes egresados realicen pasantías en las empresas e industrias, ya que la falta de experiencia laboral es uno de los principales problemas de los jóvenes que recién se incorporan al mercado de trabajo.

d. Para el financiamiento de los planes y programas para el desarrollo de los jóvenes y su formación educativa y laboral, se solicitará ayuda a las instituciones internacionales que han mostrado su disposición al apoyar el Estado dominicano en este aspecto decisivo del desarrollo.

e. El Gobierno instruirá al Ministerio de Salud a fin de que desarrolle un programa de salud para adolescentes, para que sean atendidos los problemas de las jóvenes que se embarazan a temprana edad.

f. En relación con la participación juvenil en todas las esferas de la sociedad se reformularán las estructuras del ministerio de deporte y el ministerio de la Juventud, de manera que se establezca una comunicación horizontal con los jóvenes.

En este sentido se estimulará la participación de jóvenes en clubes, asociaciones y otras organizaciones de tipo cultural, deportivas y de recreación.

g. Se diseñarán mecanismos capaces de propiciar el desarrollo de la creatividad y capacidades intelectuales de los jóvenes, el ambiente de sano y desarrollo físico y espiritual. La creación se considerará como un componente de vital importancia para el crecimiento espiritual y físico de la juventud.

h. El Gobierno desarrollará programas para que los jóvenes entren en con-tactos con la naturaleza, a fin de que conozcan y aprendan a proteger los recursos naturales y turísticos de nuestro país.

i. Se brindará apoyo y estímulo a los jóvenes para el acceso a los bienes culturales impulsando a instituciones fundamentales creadoras y transmisoras de cultura, como era el Conservatorio Nacional de Música y las escuelas de pintura y arte dramático de Bellas Artes, entre otras. Estos esfuerzos se desarrollarán a escala nacional.

Recreación: deporte con soluciones

Los deportes y la sana recreación forman parte de los derechos inalienables de los seres humanos para mejorar la calidad de vida. Ellos son el medio ideal para disminuir los altos niveles de ansiedad y estrés que producen las dificultades y limitaciones. El sano desarrollo físico y mental de los seres humanos está íntimamente ligado a la Educación Física, los Deportes y la Recreación; su práctica sistemática es condición indispensable para obtener mejor salud y sentido de vivir

Los gastos e inversiones en deporte y recreación contribuyen a la creación de nuevas posibilidades de riquezas y empleo para nuestra juventud y al mejoramiento de la calidad de vida del pueblo en general.

El nivel de abandono y atraso en que se encuentra este sector obliga al Gobierno a implementar como parte de este Programa, un conjunto de acciones orientadas a una nueva alternativa de manejo de los deportes, la recreación y la educación física: plural, socializada, programática, con soluciones y continuidad.

Lineamientos y acciones de las políticas deportivas

- Elaborando una nueva ley para el Ministerio deportes
  que contemple el deber y compromiso del Estado con la
  población dominicana, acorde a nuestra realidad y los avances
  tecnológicos que se producen a nivel mundial.

- Elaborar las normas y reglamentos que regirán el
  cumplimiento de la nueva ley que se apruebe.

- Gestionar la inclusión del derecho a la práctica deportiva y
  recreativa, en la reforma constitucional.

- Trabajar por el fortalecimiento del Comité Olímpico, las
  Federaciones, las Asociaciones y Clubes, entregándole los
  aportes adecuados.

- Facilitar los equipos, utilerías y uso de instalaciones
  deportivas requeridas.

- Facilitar el personal técnico que sea necesario para
  cumplir con los principios establecidos en las ejecuciones
  presupuestarias aportadas por el Estado a las Federaciones,
  de 50% para actividades nacionales, 30% para actividades
  internacionales y 20% a recursos humanos.

- Coordinar los programas, planes y eventos deportivos, de
  manera que los Juegos Nacionales se coloquen como parte
  del Ciclo Olímpico, donde se seleccionen los prospectos para
  los Juegos Centroamericanos, los Panamericanos y los Juegos
  Olímpicos.

- Ejecutar el Censo Nacional de Instalaciones Deportivas
  y Recreativas, para obtener conocimiento del número

existente, categoría, lugar y evaluar las condiciones en que se encuentran para fines de terminación, mantenimiento y utilización.

- Trabajar en el sistema de infraestructuras deportivas y recreativas a nivel nacional, acorde a las exigencias y normas internacionales.

- Completar la terminación de las construcciones de las instalaciones deportivas y recreativas que se encuentran financiadas por el EximBank y el Acuerdo de San José.

- Desarrollar un amplio programa de remodelación y mantenimiento de las instalaciones deportivas y recreativas, involucrando de manera conjunta a los deportistas y la población beneficiaria.

- Constituir el Consejo Nacional de Deportes y Recreación, como un organismo funcional, plural y democrático, el cual, dando cumplimiento a la Ley, elaborará las políticas generales y particulares del deporte y la recreación.

- Promover la descentralización de las labores administrativas y las actividades deportivas y recreativas, mediante la regionalización y municipalización.

- Completar y depurar el Registro de Organizaciones Deportivas y Recreativas (RED), de manera que se puedan planificar y ejecutar ordenada-mente todas las actividades nacionales e internacionales.

- Promover la capacitación de los recursos humanos, para lograr un desarrollo armonioso de los deportes y la recreación. Para tales fines se plantean las siguientes acciones:

    a. Crear Escuelas de Formación de Entrenadores Nacionales y Regionales, con categorías académicas para producir técnicos deportivos, y anima-dores recreativos, con los niveles de conocimiento y actualización cien-tífica requeridos.

    b. Se propiciará una colaboración más estrecha entre las

distintas instituciones deportivas dominicanas, Comité Olímpico, El ministerio de deporte, federaciones deportivas, grupos barriales, entre otras.

c. Dar especial atención al entrenamiento, salud y formación educativa de nuestros atletas destacados, a través de un programa especial, coordinado por el ministerio de deporte.

d. Coordinar programas nacionales e internacionales con las diversas universidades, organismos privados y oficiales ligados al deporte, la re-creación, y la educación física a fin de acrecentar los conocimientos de deportistas y técnicos en sus diversas disciplinas y niveles.

e. Impulsar en las universidades dominicanas, las especialidades en Derecho y Medicina Deportiva.

f. Terminar la Biblioteca Iberoamericana del Deporte, poniéndola a la altura de las exigencias internacionales, integrada a la red mundial de científicos y documentalistas del deporte, la educación física y la recreación.

- Fortalecer el Centro de Ciencias Aplicadas al Deporte, formando nuevos grupos de médicos y técnicos deportivos que faciliten planes adecuados de entrenamiento y alimentación; programa de seguimiento y captación de nuevos talentos deportivos y completar del estudio del somato tipo dominicano.

- Ampliar y fortalecer la cobertura médica de tratamiento físico y mental de los atletas, a través del Centro Nacional de Ciencias Aplicadas al Deporte, el cual también servirá como organismo principal de control de dopaje.

- Terminar la construcción de las instalaciones físicas del Centro Nacional de Ciencias Aplicadas al Deporte y completar su equipamiento con tecnología de punta.

- Modernizar y fortalecimiento de la Escuela Nacional de Educación Física.

- Establecer fondos de pasantía para los jóvenes que estudian Educación Física en el país y en el extranjero.

- Legislar sobre el Estatuto del Profesor de Educación Física y la obligatoriedad de su empleo en colegios, academias, universidades privadas, oficiales y militares, con sueldos decentes y condiciones adecuadas.

- Impulsar desde el Gobierno las iniciativas privadas relacionadas con los talleres e industrias deportivas, dándole preferencias en las compras y los requerimientos de su instalación y desarrollo.

- Institucionalizar Ferias "Expo-deportivas" con la integración de todos los sectores comerciales, productivos, privados y oficiales, con el fin de impulsar y regularizar el mercadeo de los productos y equipos deportivos.

A MODO DE CONCLUSIÓN

Según Bolman y Deal (1995), la palabra "Líder" tiene más de mil años de existencia y su raíz anglosajona laedare, ha sufrido pocos cambios, ya que en el inglés antiguo significaba conducir a los viajeros por el camino. Hoy en día la principal prueba de un líder no es celebrar victorias, sino superar derrotas o momentos de crisis que debemos convertir en oportunidades.

En ese orden de ideas, lo más actual del mundo del liderazgo es la palabra Resiliencia, concepto que procede de la física y le designa la capacidad de algunos materiales de doblarse sin partirse. Ese concepto lo ha traído al mundo del liderazgo el Francés *Boris Cyrulnik*, quien a la edad de 6 años presenció el asesinato de sus padres y él pudo escapar con vida de un campo de concentración nazi. Este reconocido neurólogo, psiquiatra, psicoanalista y etólogo francés dice que la *resiliencia* es la capacidad que posee un individuo frente a las adversidades, para mantenerse en pie de lucha con dosis de perseverancia, tenacidad y actitud positiva, con acciones que le permitan avanzar en contra de la corriente y superarse.

Vale destacar que una de las historias que más admiro de forma personal, es la de un señor de más de 60 años, el cual tenía en los Estados Unidos un negocio que consistía en lo siguiente: Una bomba de combustible, un restaurant y una cabaña turística. Un día recibió la visita de otro comerciante que había escuchado del éxito de esos establecimientos y le ofreció la suma de 200 mil dólares para comprarle sus negocios. Para cualquiera de más de

60 años podría ser esta la oportunidad para el retiro, pero para él no; no aceptó. La vida da tantas vueltas que sólo 12 meses después el gobierno de Norteamérica decidió construir una carretera que desvió del camino todos los clientes de esos negocios; la pregunta es, ¿Quién no hubiera pensado que lo correcto debió ser haber vendido sus negocios? Pero este hombre no se amilanó y recordó que el éxito de sus negocios se debía a que tenía una receta de comida que era lo que atraía a las personas a tan especial lugar.

Su decisión fue él visitar a algunos restaurantes para ofrecerles su receta; la reacción no se hizo esperar, visitó 100 negocios de comida y escuchó 100 No. No funcionaría decían algunos, a otros simplemente no les interesó. No obstante, siguió adelante y visitó 200 restaurantes más, aunque sin éxito. Para él esos No significaban Nueva Oportunidad, llegando a la suma de mil visitas, pero la visita 1001 significó el cambio de rumbo de la vida de este hombre, dando origen a lo que todos conocemos como el más exitoso negocio de Pollos en todo el Mundo, Kentucky Fried Chicken y su fundador fue Coronel Sanders.

Hay que recordar que en épocas de crisis la clave será siempre y así lo demuestra la historia, el poseer una actitud positiva frente a los desafíos de la mala fortuna momentánea. Estoy convencido de que el futuro es prometedor y que el secreto del éxito quedó plasmado en la pregunta que le realizó un periodista a Nelson Mandela el 11 de Febrero de 1990, día que salió del confinamiento tras 27 años de prisión. Aquel periodista le preguntó… ¿Qué significó para usted durar todos esos años en prisión?, y él respondió sin dudar y mirando a los ojos: Yo nunca estuve preso, la prisión es un estado mental; yo siempre fui un Hombre Libre.

Por eso, de acuerdo a los conceptos más actuales sobre el Liderazgo, un líder debe de tener la capacidad y/o la sensibilidad de hacerse cargo del estado de ánimo de la gente; si no se hace cargo del estado de ánimo del otro, el otro no lo siente próximo, siente que no le comprende y no le acepta como líder. Esa definición de líder la encontré en la obra: En Busca de respuestas: Liderazgo en Tiempos de Crisis, del ex presidente de España Felipe Gonzales. Este es el contenido de la visión que estoy convencido toca aportarles a miles de emprendedores y gerentes a nivel nacional, una manera novedosa de motivar a la gente y devolverles la fe; ciertamente, una forma de que ellos sepan que el éxito está en cada uno de nosotros como personas.

Para el año 1882, una niña bebé enfermó con una fiebre tan fuerte que estuvo a punto de morir. Ella sobrevivió, pero la fiebre le dejó una marca: ya no podía ver ni oír. Debido a que no podía oír se encontró con la dificultad de no poder hablar. Entonces, creció sorda y ciega desde los 19 meses de edad, llegó a desarrollarse y llegó a ser una escritora y conferencista mundialmente famosa, esta mujer se llamó en vida Helen Keller.

Hacemos referencia a Helen Keller, puesto que hace unos años leyendo el libro que escribió titulado "La Historia de Mi Vida", uno de los capítulos del libro cuenta que en una ocasión alguien le preguntó: ¿Qué sería peor que nacer ciego? y respondió, "Tener la vista, pero no tener visión". Como humanidad estamos en una época de grandes desafíos, y estos desafíos solo será posible encararlos con gran liderazgo. Un liderazgo que debemos despertar en cada uno de nosotros como dominicanos, un espíritu de fe y trabajo tesonero, que solo será posible con entusiasmo y una gran visión del futuro del país.

Creemos que es tiempo de liderazgo, de apostar a que aflore lo que mejor tenemos como país; es tiempo de que todos aportemos nuestros talentos y esfuerzos, nuestros sueños y metas, es tiempo de que emulemos a gente como Andrew Carnigie, que comenzó a trabajar ganando $4.00 dólares, John D. Rockefeller con $6.0 dólares, Abraham Lincoln que nació en una cabaña, Demóstenes era tartamudo, Julio César era epiléptico; Napoleón era de padres humildes, Bethoven fue sordo, Thomas Edison sordo y vendedor de periódico, Handel era cojo, Homero era ciego, Platón era jorobado, Madre Teresa de Calcuta una mujer pobre y físicamente débil; Rigoberta Menchú, una indígena que por sus luchas a favor de su pueblo fue coronada con el premio Nóbel de la paz, Glenn Cunningham con limitaciones y llegó a ser de los mejores corredores de pista de la historia, y Franklin Roosevelt en sillas de ruedas llegó a la presidencia de Estados Unidos de Norteamérica. Entonces es tiempo de que encaremos el futuro sin importar las circunstancias y nuestras limitaciones.

Tenemos que emplearnos a fondo por el país y vivir la vida como lo hizo Gandhi que nos dejó los siguientes enunciados como guía, y que se conocen como los 7 pecados del liderazgo de Gandhi: Riqueza sin trabajo, Placer sin conciencia, Conocimiento sin carácter, Comercio sin moralidad, Religión sin sacrificio, Política sin principios y Ciencia sin humanidad.

Al respecto, cabe apuntar las siguientes interrogantes ¿Cuál es nuestra visión como nación? ¿A quién debe de corresponderle la gran tarea de re direccionar a la nación dominicana? Evidentemente que a todos; esa debe de ser una tarea en la que participen todos los sectores que conforman el país, sin importar colores partidarios, religión, raza, o condición social y económica. Es por ello que reconocemos que lo que nos hace falta es volver a soñar, soñar como lo hicieron nuestros padres fundadores. Hoy en día esa tarea, ese reto sólo sería posible a través de un nuevo modelo de sociedad que debemos darnos como dominicanos, un plan que surja del debate de las ideas, un plan que recoja la lista de sueños de cada provincia y municipio del país; sueños que sean edificados en el amor a la patria, sueños alcanzables y que acabe de una vez con la desesperanza que deja la mala práctica de la clase política del pasado que inevitablemente, Y REPITO QUE INEVITABLEMENTE, termina su ciclo político con el nacimiento de estos nuevos sueños, con estas nuevas esperanzas.

A nuestros abuelos, a nuestros padres y a nosotros mismos nos hablaron y de forma muy frecuente hemos escuchado del sueño americano. Todos tenemos un familiar, un amigo o un vecino que se tuvo que ir a tratar de perseguir ese sueño. Eso es cierto, esto ha pasado por la falta de oportunidades económicas, pero sobre todo pasa porque a ninguno nos hablaron del sueño DOMINICANO; ese sueño que fue la visión de un verdadero líder, a ese sueño se le puso nombre: LA REPÚBLICA DOMINICANA, ese sueño tiene un himno, una bandera y un escudo, donde están marcadas tres palabras que vibran en nuestros corazones para siempre y hasta el fin de nuestros días: DIOS, PATRIA Y LIBERTAD. A cada momento pongámonos todos de pie y con un fuerte aplauso real o imaginario, rindamos tributo a nuestros padres de la patria y todos nuestros héroes y heroínas para que vivan por siempre.

Todos los problemas de este país afectan la familia. Hay que rescatar la familia dominicana, creándole oportunidades y el valor fundamental de la responsabilidad para construir un mejor modelo de familia y con ello un mejor modelo de sociedad. Hace seis meses visitando a varios líderes en sus casas, en varios parajes de todo el territorio, me han dicho, que lo que significa para ellos vivir mejor es que sus hijos lleguen seguros a sus casas cada noche después de asistir a la universidad. ¡La gente tiene pánico de salir a la calle! y eso hay que RESOLVERLO. Así como ellos tienen que enfrentar cada día la inseguridad, recuerdo que graduarme fue uno de los obstáculos más difíciles de superar; pero también dentro de mí yacía encendida una llama de superación, de un futuro de esperanza… de un porvenir lleno de FE.

Necesitamos crearle reales oportunidades a la juventud dominicana. Un país se levanta, cuando la gente abraza con fe y esperanza una causa que representa sus deseos y anhelos. Desde la iniciativa Cambiemos que presido, hemos recorrido el País, palmo a palmo escuchando la gente, cosas que dejaron de hacer los partidos de la vieja política. Desde Cambiemos se crea un camino nuevo, el que estamos implementando proyectos que cambien las comunidades y desarrollando líderes en todo el territorio nacional.

El domingo 21 de noviembre del pasado año (2021), sostuvimos nuestro primer encuentro nacional de líderes en el Hotel Dominican Fiesta, en donde convocamos a más de 1256 líderes de todo el país a soñar por una República Dominicana mejor; todo esto sin darle dinero a la gente para dejar clara nuestra diferencia de la práctica clientelista de la vieja política. Su presencia fue muestra del profundo deseo de la gente de participar y ser escuchada. Estos líderes fueron cuidadosamente seleccionados y extraídos de una base de datos de 6,800 líderes dominicanos, cuyo único requisito para su selección fue la realización de una labor de aporte a la sociedad.

Presidentes de ONG's, líderes comunitarios, federaciones de juntas de vecinos, directores de clubes, líderes de iglesias, con una destacada participación de maestros, médicos, mujeres y jóvenes cuya labor perenne ha marcado nuestra sociedad positivamente, se dieron cita ese día para iniciar el proceso de transformación en nuestra nación. Realizamos miles de llamadas preguntándole a la gente ¿Cuál República Dominicana quería?. Conversamos con dominicanos de extremo a extremo de nuestro país, desde Montecristi hasta Pedernales, y desde Pedernales hasta Higuey y Samaná, escuchamos el sentir de los comunitarios de las 32 provincias del país. Junto con jóvenes voluntarios hemos tenido la oportunidad de conversar PERSONALMENTE con miles de estos líderes para escuchar sus necesidades a lo largo de todo el territorio nacional, visitando muchos municipios del país por parte de líderes jóvenes de desean sentir y hacer por la gente.

Ahora les pido que juntos le demos una contundente respuesta a los que por años nos han hecho creer que es imposible, a los incrédulos, a los escépticos y más aun a los que han querido destruir nuestro país!... les pido que se pongan de pie, den un paso al frente, y digan conmigo con fuerza y vigor, la frase que sepultará a la vieja política: (Ya no mas)

ESA ES LA APUESTA AL FUTURO DE LA República DOMINICANA QUE HACEMOS, ASUMAMOS JUNTOS LA TAREA INSPIRADORA DE QUE UN NUEVO PAIS ES POSIBLE!

Un Camino Nuevo, es hacer por los demás proyectos que cambien las comunidades, hacer antes que decir, hacer antes que prometer. El sueño dominicano comienza con la necesidad de un nuevo modelo económico. Un modelo económico donde la gente supere el asistencialismo, un modelo que pase a empleos productivos, su pequeño negocio, con seguridad (seguro de salud, pensiones dignas para su retiro). El eje central del modelo económico que proponemos son los jóvenes y las mujeres, en base a los indicadores de que el 62% de los desempleados son jóvenes y el 52% de los desempleados son mujeres.Crear acceso a nuevos mercados, para los nuevos emprendedores que necesita nuestra economía nacional: donde nuestros cónsules y embajadores se conviertan en promotores de nuestra producción local, fortaleciendo la marca país y eso dinamizará grandemente la economía dominicana y los productores del campo.

Sabemos que la economía de República Dominicana está agotada y moribunda ya, un modelo basado en una deuda pública grave, no en función del PIB, sino en función del presupuesto nacional. No debe ser que se vaya más de un 40% del presupuesto en el pago de la deuda. Cabe preguntarse entonces, ¿De qué ha servido el crecimiento económico cuando la elite de la vieja política ha aumentado 3 veces la deuda pública? Esa elite partidaria de la vieja política agotó nuestras posibilidades de endeudamiento, ¿usted sabe cuánto debe cada niño que nace, con esa deuda que se ha triplicado en los últimos 15 años que nos ha dejado la vieja política?

Necesitamos un país que funcione para todos, un país donde la gente viva mejor. Un techo digno, que la gente tenga las 3 comidas en la mesa cada día, seguridad, más empleos mejor pagados y emprendimientos, pero sobre todo que todas estas cosas las podamos disfrutar. Es importante que salgamos a explicarle a la gente, a los ciudadanos, al pueblo que, el modelo de la vieja política, solo nos ha dejado:

- Que la economía crece, pero los pobres siguen aumentando.

- Que la economía crece, pero la deuda sube vertiginosamente.

- Que la economía crece, pero los jóvenes y las mujeres siguen sin oportunidades.

- Que la economía crece, pero los bajos salarios siguen perdiendo poder adquisitivo.

- Que la economía crece, pero la delincuencia no nos permite disfrutarla.

Martin Luther King Jr. un inspirador líder de gran legado para la humanidad dijo lo siguiente: "LA COBARDÍA, pregunta: ¿Es seguro?, LA CONVENIENCIA, pregunta: ¿Es político?, LA VANIDAD, pregunta: ¿Es popular?, LA CONCIENCIA, pregunta: ¿Es correcto?, Y llega el momento en el que uno debe de tomar una posición que no es segura, ni política, ni popular, pero hay que tomarla porque es lo correcto".

Por eso les digo que aceptamos el reto y ofrecemos nuestra experiencia, nuestra juventud y la determinación para con la ayuda de Dios y junto a ustedes hacer que las cosas en este país cambien.

"En el año 335 A.C., al llegar a la costa de Fenicia, Alejandro Magno debió enfrentar una de sus más grandes batallas. Al desembarcar observó que los soldados enemigos superaban en cantidad, tres veces mayor, a su gran ejército. Sus hombres estaban atemorizados y no encontraban motivación para enfrentar la lucha. Habían perdido la fe y se daban por derrotados. El temor había acabado con aquellos guerreros invencibles. Cuando Alejandro Magno desembarcó a todos sus hombres en la costa enemiga dio la orden de que fueran quemadas todas sus naves.

Mientras los barcos se consumían en llamas y se hundían en el mar, reunió a sus hombres y les dijo: ¡Observen como se queman los barcos, esa es la única razón por la que debemos vencer, ya que, si no ganamos, no podemos volver a nuestros hogares, y ninguno de nosotros podrá reunirse con su familia nuevamente, ni podrá abandonar esta tierra que hoy despreciamos!

–Debemos salir victoriosos en esta batalla, ya que solo hay un camino de vuelta y es por el mar. Caballeros, cuando regresemos a casa lo haremos de la única forma posible, ¡en los barcos de nuestros enemigos! "

–Para no hacerles la historia más larga: El ejército de Alejandro Magno venció en aquella batalla, regresando a su tierra a bordo de los barcos conquistados al enemigo.

– "Mientras tengamos una excusa para renunciar, nunca tendremos una razón para triunfar"

Al finalizar les regalo esta poderosa frase del insigne libertador de América, Simón Bolívar: "Dios concede la victoria a la constancia". Dios le bendiga a cada uno de ustedes y a la República Dominicana.

Muchas Gracias!!

REFERENCIAS BIBLIOGRÁFICAS ACTUALES

—Berumen, Sergio A; F. Baganasco Petrelli; y J. Ceja Pizano. Economía crítica: escuelas y pensadores para una globalización alternativa. México: Trillas, 2008.

—Common, Michael, y Stagl Sigrid. Introducción a la economía ecológica. Barcelona: Editorial Reverté, 2008.

—Corraggio, José Luis. Política social y economía del trabajo: alternativas a la política neoliberal para la ciudad. México: El Colegio Mexiquense / Buenos Aires: Miño y Davila, 2003.

—Coraggio, José Luis. Economía social, acción pública y política: hay vida después del neoliberalismo. Buenos Aires: Centro Integral Comunicación, Cultura y Sociedad, 2007.

—Etxezarreta Zubizarreta, Miren, coord. Crítica a la economía ortodoxa. España: Universitat Autònoma de Barcelona/ Servei de Publicacions, 2004.

—Guerrien, Bernard, y Sophie Jallais. Microeconomía. Una presentación crítica. Madrid: Maia Ediciones, 2008.

—Katz, Claudio. El rediseño de América Latina: ALCA, MERCOSUR y ALBA. Buenos Aires: Luxemburg, 2006.

—Lebaron, Fréderic. La croyance économique. Paris: Seuil, 2000.

—N. Stehr; C. Henning; y B. Weiler, coords. The Moralisation of the Markets. New York: Transaction Books, 2005.

—Naredo, José Manuel. La economía en evolución: historia y perspectivas de las categorías básicas del pensamiento económico. Madrid: Siglo XXI Editores, 2003.

—Reyes Guzmán, Gerardo. Economistas contemporáneos: un resumen de obras selectas. Puebla: Universidad Iberoamericana Puebla / Benemérita Universidad Autónoma de Puebla, 2003.

—Sapir, Jacques. Les trous noirs de la science economique. Paris: Albin Michel, 2000.

—Sen, Amartya. La desigualdad económica. México: Fondo de Cultura Económica, 2001.

—Stiglitz, Joseph. Economics. Nueva York: W. W. Norton, 2006.

—Stiglitz, Joseph. Macroeconomía. Barcelona: Ariel, 2004.

—Svallfors, Stefan. The moral economy of class.

California: Stanford University Press, 2006.

—Thompson, Edward Palmer. Agenda para una historia radical. Barcelona: Crítica, 2000.

GENERALES

—Barrat Brown, M. The Economics of Imperialism. Baltimore: Penguin, 1974.

—Brewer, A. Marxist Theories of Imperialism. A Critical Survey. Londres: Routledge and Kegan Paul, 1990.

—Finkelstein, Joseph. Economistas y sociedad: El desarrollo del pensamiento económico desde tomas de Aquino o Keynes. México: Logos consorcio, 1976.

—Garegnani, P., et al. Debate sobre la teoría marxista del valor. México: Cuadernos de Pasado y Presente, 1979.

—Georgescu-Roegen, Nicholas. The entropy law and the economics process. Cambridge: Harvard University Press, 1939.

—Gouverneur, J. Éléments d'Économie politique marxiste. Bruselas: Contradictions, 1978.

—Gouverneur, J. Contemporary Capitalism and Marxist Economics. Oxford: Martin Robertson, 1983.

—Guerrero, Diego. Historia del Pensamiento Económico Heterodoxo. Madrid: Trotta, 1997.

—Harrison, John. Economía marxista para socialistas:
Una critica del reformismo. Barcelona: Crítica, 1980.

—Keynes, John, Las consecuencias económicas de la
paz. Barcelona: Crítica, 1987.

—Kregel, J. A. The reconstruction of political economy:
An introduction to postkeynesian economics. Nueva
York: Wiley, 1973.

—Keynes, John. Crítica de la economía clásica.
Barcelona: Ariel, 1970.

—Keynes, John. Teoría general de la ocupación,
el interés y el dinero. México: Fondo de Cultura
Económica, 1971.

—Lavigne, M. The Economics of Transition. From
Socialist Economy to Market Economy. Londres:
Macmilan, 1995.

—Martínez Alier, Joan. De la economía ecológica al
ecologismo popular. Barcelona: Icaria, 1992.

—Mattick, P. Marx y Keynes: los límites de la economía
mixta. México: Era, 1975.

—Nickel, Herbert, coord. Paternalismo y economía
moral en las haciendas mexicanas del porfiriato.
México: Comisión V Centenario / Puebla: Universidad
Iberoamericana - Departamento de Historia, 1987.

—Robinson, J. V. Introducción a la economía marxista.
México: Siglo XXI Editores, 1968.

—Sen, Amartya. Nueva economía del bienestar: escritos

seleccionados. Valencia: Universitat de Valencia, 1995.

—Sen, Amartya. Sobre ética y economía. México: Alianza / Consejo Nacional para la Cultura y las Artes, 1991.

—Smith, Adam. Investigación sobre la naturaleza y causa de la riqueza de las naciones. México: Fondo de Cultura Económica, 1958.

—Weber, Max. Economía y sociedad. México: Fondo de Cultura Económica, 1964.

—Weber, Max. The Theory of Social and Economic Action. New York: The Free Press, 1947.

—Economía Politica Dominicana, Centro Bonó, José Luis Alemán, 2012

—Informe Regional de Desarrollo Humano | Atrapados: Alta desigualdad y bajo crecimiento en América Latina y El Caribe, Pnud 2021

—Estudio Económico de América Latina y el Caribe · República Dominicana, CEPAL. 2021

—Informe sobre Desarrollo Humano 2019, PNUD Republica Dominicana.

—Politica social: Capaciades y derrechos, República dominicana Volumen 1 y 2 . Oficina de Desarrollo Humano PNUD, 2010

Esta edición de 2000 ejemplares de
"Repensando El Estado Dominicano:
Una Visión de País", de Eglenin
Morrison, se termino de imprimir en
la Editora Cosme Peña, S.R.L.,
en el mes de abril de 2022,
Santo Domingo,
República Dominicana